T0123668

Sammlung Metzler
Band 271

Georg Scherer

Philosophie des Mittelalters

Verlag J. B. Metzler
Stuttgart · Weimar

Die Deutsche Bibliothek – CIP-Einheitsaufnahme

Scherer, Georg:
Philosophie des Mittelalters / Georg Scherer.
– Stuttgart ; Weimar : Metzler, 1993
(Sammlung Metzler ; Bd. 271)
ISBN 978-3-476-10271-3
NE: GT

ISSN 0558

ISBN 978-3-476-10271-3
ISBN 978-3-476-03971-2 (eBook)
DOI 10.1007/978-3-476-03971-2

SM 271

© 1993 Springer-Verlag GmbH Deutschland
Ursprünglich erschienen bei J.B. Metzlersche Verlagsbuchhandlung
und Carl Ernst Poeschel Verlag GmbH in Stuttgart 1993

EIN VERLAG DER ▲ *SPEKTRUM FACHVERLAGE GMBH*

Inhaltsverzeichnis

0. Einleitung

Im folgenden geht es um eine Hinführung zur Philosophie des Mittelalters. Sie kann nicht mit dem Anspruch einer möglichst umfassenden Darstellung dieser Epoche der Geschichte der Philosophie auftreten. Eine solche dürfte heute angesichts der ständig sich weiter ausbreitenden Forschungen kaum noch möglich sein. Sie würde aber auch am Sinn des Versuches einer Einleitung vorbeigehen. Ihr Ziel muß es sein, ein Interesse am mittelalterlichen Denken zu wecken, welches ein tiefer eindringendes und ins einzelne gehendes Studium zu motivieren vermag. Es sind daher Informationen anzubieten, die einen ersten Zugang erschließen. Man hat gesagt, es fehle uns immer noch »ein Werk, dem es um das Philosophische in der Philosophie des Mittelalters geht, das in die Tiefe des Zusammenhangs von Begriffen wie Sein, Gott, Geist, Liebe hineinführt und wenigstens ahnen läßt, was der Mensch des Mittelalters darin erfuhr« (Albert, 1989, 384ff). Auch dieser Anspruch geht weit über das hier Erreichbare hinaus. Indem vom Zusammenhang die Rede ist, wird aber eine Richtung angesprochen, in welche die hier vorgelegte Hinführung ebenfalls blicken möchte. Gegenüber der hoch spezialisierten Erforschung detaillierter Sachverhalte geht uns Heutigen immer mehr der Sinn für Zusammenhänge, allgemeine Tendenzen und übergreifende Verflechtungen verloren. So unverzichtbar solche spezielle Forschung auch für diese Zusammenhänge selbst ist, alleine auf sich gestellt führt sie zu einer wachsenden Orientierungslosigkeit. Sie ist nicht nur ein Symptom, welches das durchschnittliche historische Bewußtsein heute betrifft, sondern oft auch eine bestimmte Wissenschaft in sich selbst. Solchen Gefahren ist nur entgegenzusteuern, wenn man das Risiko der Unschärfe im einzelnen eingeht, um einen gewissen Überblick zu erhalten. Damit ist in einem ersten Hinweis deutlich gemacht, worum es in den folgenden Kapiteln gehen soll. Es versteht sich fast von selbst, daß die Wahl der gesetzten Schwerpunkte von subjektiven Interessen des Autors mitbestimmt sind und andere, ebenfalls sinnvolle Akzente möglich bleiben. Das gilt auch für die Auswahl der behandelten Autoren. Vollständigkeit war auch auf Grund des begrenzten hier zur Verfügung stehenden Raumes nicht möglich.

In dieser Absicht die vorliegende Schrift fertigzustellen, wäre dem Verfasser nicht möglich geworden ohne die tätige Mithilfe von Frau Erika Tönis, Frau Sabine Rose und meiner Frau Hannelore Scherer. Ich danke ihnen für das Schreiben des Textes sowie ihre Mitarbeit bei den Korrekturen und der Erstellung der Register und des Literaturverzeichnisses.

Bevor wir uns unserem Thema zuwenden, sind noch einige Vorfragen zu klären. Auf die erste stoßen wir, wenn wir bedenken, daß das Mittelalter der geschichtlichen Vergangenheit angehört. Warum beschäftigen wir uns mit Geschichte? Wir müssen es nicht. Denn es gibt Menschen, welche ohne jedes historische Interesse leben und kaum über Geschichtskenntnisse verfügen. Ein geschichtliches Bewußtsein zu entwickeln, stellt offenbar eine frei zu vollziehende Möglichkeit dar, der wir uns auch verweigern können. Eröffnen wir sie uns, so vermag uns allerdings das Studium der Geschichte zu faszinieren. Wir sehen dann Lebensformen vor uns, die nicht mehr die unsrigen sind. Sie sind uns vertraut und fremd zugleich. Vertraut, weil es sich, wie bei unserer eigenen Gegenwart, um Verwirklichung menschlicher Seinsmöglichkeiten handelt. Fremd, weil sie ihre unverwechselbare Eigenprägung besitzen, so daß wir im Gegenüber mit ihnen unser Dasein als ein selber geschichtlich begrenztes erkennen. Alle Vorstellungen, so wie es bei uns ist, sei natürlich, normal und notwendig, zerplatzen dann. Denn wir sehen ein: Es könnte sehr wohl anders sein und muß nicht so sein, wie es ist. Angesichts der Geschichte stoßen wir auf die Faktizität, die Zufälligkeit dessen, was wir heute sind. Diese Geschichtserfahrung immer wieder zu machen, gibt historischen Studien bereits Sinn.

Ein weiteres Motiv für die Zuwendung zur Geschichte ist das Interesse an unserer Herkunft. Wir sind immer das, was wir geworden sind. Wir sind es durch uns selbst, unsere Entscheidungen, Lebensprojekte und grundlegenden Einstellungen, aus denen wir unser Dasein verstehen. Aber wir sind es doch niemals nur durch uns selbst, sondern auf dem Hintergrund von Bedingungen. Sie sind uns vorgegeben, bilden den Boden unserer Möglichkeiten, begrenzen sie aber auch zugleich. Solche Bedingungen als vorgegebener Rahmen für unsere Situation gehören zum Teil in den Bereich des Biologischen, wie z.B. unsere genetischen Anlagen. Zu ihnen zählt aber auch der Umkreis von geschichtlichen Gegebenheiten, die wir vorfinden, wenn wir mit unserer eigenen Geschichte beginnen. Sie besitzen ihrerseits weiter zurückliegende geschichtlich gewordene Voraussetzungen. Wer diese seine geschichtliche Herkunft nicht kennt, ist seiner selbst nur unvollständig bewußt. Freilich vermögen wir unserer Herkunft nie ganz ansichtig zu werden, weil die hohe Komplexität des geschichtlichen Ursachengeflechts eine lückenlose Überschau unmöglich macht. Das historische Wissen stößt auch auf unaufhebbare Grenzen, weil wir nur einen kleineren Teil des Lebens der Menschheit zu überblicken vermögen, während sich deren lange

Vorgeschichte ins Unbekannte entzieht. Der Ursprung ihrer Geschichte ist erst recht historischer Forschung entzogen. Das Verlangen, ein Wissen um ihn zu erlangen, gehört allerdings unabdingbar zum Menschen, sobald er ein Verständnis dessen gewinnen will, wer er ist und wo er sich befindet.

In diesem Zusammenhang ist an die Zeitlichkeit als grundlegende Existenzverfassung des Menschen zu erinnern. Wir stehen in unserer jeweiligen Gegenwart im planenden oder erwartenden Vorgriff auf die Zukunft. Ihn vollziehen wir immer auch im Rückgriff auf die Vergangenheit. Wir erinnern uns ihrer, weil wir an ihr anknüpfen und sie weiterführen wollen. Das geschieht, wenn eine uns überkommene Möglichkeit unseres Daseins in der Welt als so sinnvoll erscheint, daß ihr – und uns in ihr – eine weitere Zukunft eröffnet werden soll. Es kann aber auch sein, daß wir uns der Vergangenheit erinnern, weil wir sie verurteilen wollen, damit, was damals gewesen ist, nie wiederkehren möge. Weiter kann es geschehen, daß wir Vergangenes für einen ersten, unvollkommenen Anfang von etwas verstehen, was wir weiterentwickelt, ja zu einem Höhepunkt geführt haben. Dann erscheint die Geschichte als Fortschrittsgeschichte und gerät leicht in Gefahr, zu einem Instrument der Selbstbestätigung zu werden. Umgekehrt hat man immer wieder eine vergangene Epoche im Vergleich zur eigenen Zeit als die einer verlorenen Größe oder eines heilen Anfangs angesehen, den man verlassen hat. Gewesenes wird zum Bild eines besseren Zustandes verklärt, an dem sich eine neu zu gewinnende Zukunft wieder auszurichten hat. Welches Interesse auch immer den Blick in die Vergangenheit leiten mag, in jedem Falle ist es das Spannungsgefüge des Daseins, welches seine Gegenwart nur im erinnernden Rückgriff und in der Entschiedenheit für das besitzt, dem es eine Zukunft geben will. In dieser Spannung liegt, wie Heidegger mit Recht bemerkt hat, der Grund dafür, daß wir überhaupt Historie als Wissenschaft, auszubilden vermögen (»Sein und Zeit« § 76). Keine geschichtliche Gegenwart kann rein in sich beruhen. Sie drängt über sich hinaus, weil sie ungelöste Probleme in sich birgt und durch Scheitern, Verkrustungen, Zerfall und Sinnwidrigkeiten belastet ist. So ist die Gegenwart ständig gezwungen, sich in die Zukunft hinein zu überwinden.

Was kann für uns Heutige unter diesen allgemeinen, unsere geschichtlichen Interessen überhaupt betreffenden Perspektiven, das Studium der Philosophie des Mittelalters bedeuten? Um diese Frage beantworten zu können, müssen zunächst zwei Vorurteile beseitigt werden: Die in der gängigen Redensart vom »finsteren Mittelalter« zur Sprache kommende Verachtung und deren Gegenstück, seine romantische Verklärung. Die Verachtung des Mittelalters hat ihren historischen Wurzelboden in der Renaissance. Sie sah sich durch den Graben des Mittelalters von der Antike getrennt und versuchte in Kunst, Wissenschaft, Bildung und im Selbstverständnis des Menschen überhaupt wieder an ihr anzuknüpfen. Von da an erschien das Mittelalter als eine tausendjährige Periode der Barbarei, der Inhumanität, der unfreien, dogmatischen Kirchengläubigkeit, der geringen naturwissenschaftlichen Kenntnisse und des Tiefstandes der Technik. Reformation, Humanismus und Aufklärung haben zu dieser Geringschätzung des Mittelalters beigetragen. Sie betrifft auch die mittelalterliche Philosophie, welche lange Zeit für viele Philosophen überhaupt nicht vorhanden war. Für sie beginnt ein neuer Anfang der Philosophie nach dem Ende der Antike erst mit der Neuzeit.

»Aber auf die Länge konnte man das Mittelalter wohl verschätzen, doch nicht verachten; das Bewußtsein drang durch, daß unsere Existenz darin wurzele, mochte auch die moderne Bildung überwiegend vom Altertum entlehnt sein. Allmählich gewann man dem Mittelalter sein spezifisches Interesse ab, nach zahlreichen Seiten – und für einzelne Partien erwachte sogar eine wahre Begeisterung, welche jedoch bei ganz modern gesinnten Menschen auch wieder Feindschaft weckte, und bei sehr starken und weit verbreiteten Vorurteilen gegen das Mittelalter ist es im ganzen bis heute geblieben, abgesehen von den tiefer Eingedrungenen« (Burkhardt, 37 f).

Dieser 1882 niedergeschriebenen Bemerkung entspricht die heute noch zwiespältige Beziehung der Gegenwart zum Mittelalter durchaus noch. Es kann allerdings keine Frage sein, daß die finsteren Seiten des Mittelalters zu beachten sind: z. B. die Kreuzzüge, die Inquisition, die Anfälligkeit für Seuchen, Hungersnöte, Bauernelend, hohe Kindersterblichkeit, überhaupt die Herrschaft eines frühen Todes für die Mehrheit der Bevölkerung, Anfänge des Hexenwahns und der Hexenprozesse, die ihren Höhepunkt allerdings erst gegen die Mitte des 15. Jahrhunderts erreichen, so daß er in die frühe Neuzeit fällt. Diese dunklen Seiten des Mittelalters sind stark genug, um zu verhindern, daß wir uns nostalgisch in es zurücksehnen. Aber es steht doch dem im 20. Jahrhundert Lebenden schlecht an, andere Zeitalter als finster zu bezeichnen. Zwei Weltkriege, Nagasaki und Hiroshima, Auschwitz und die anderen KZs, die Völkermorde in unserem Jahrhundert, die Ausbreitung totalitärer Gesellschaftssysteme, soziale Katastrophen und die rücksichtslose Gewalt gegenüber der Natur verbieten uns eine solche Überheblichkeit. Diese Finsternisse unserer Zeit hat es im Mittelalter nicht gegeben, wohl aber andere. Jede Vergangenheit hat ihre eigenen Übel und auch die Zukunft wird die ihren haben.

Allerdings gehören zu jeder geschichtlichen Periode auch auf ihrem Boden gewachsene Sinnverwirklichungen. Manchmal sind sie mit ihr für immer zu Ende gegangen. Andere müssen als Voraussetzungen späterer Entwicklungen anerkannt werden. Wieder andere können, unter neuen historischen Bedingungen, in verwandelter Gestalt neu aufgegriffen werden. Sie tragen, obwohl vergangen, doch auch noch zukünftige Möglichkeiten in sich. Das gilt auch für das Mittelalter. Als eine im ganzen untergegangene geschichtliche Welt, die so nie wiederkehren wird, bildet es die historische Grundlage für wichtige Tendenzen in der Neuzeit. So wäre z. B. ohne die Weiterführung des antiken Erbes durch das Mittelalter die Renaissance nicht möglich geworden und so das Tor zur Neuzeit verschlossen geblieben. Die verschiedenen Rationalitätsschübe im Mittelalter haben eine Haltung entstehen lassen, welche für die empirische und rationale Durchdringung der Welt in der Neuzeit wichtige Voraussetzungen geschaffen hat. Weiter darf nicht vergessen werden, daß mit dem antiken Erbe auch der christliche Glaube durch das Mittelalter in die Neuzeit und bis in unsere Tage weitergegeben worden ist. Zu erinnern ist auch an die das Mittelalter kennzeichnende Spannung zwischen geistlicher und weltlicher Autorität. Sie fand in der jahrhundertelangen Auseinandersetzung zwischen Papst- und Kaisertum ihren wichtigsten Ausdruck. In ihrem wechselhaften Verlauf wurden Grundlagen für die Auflösung der Einheit von politischer und geistlicher Macht geschaffen, wie sie für andere Kulturen maßgeblich ist, z. B. auch für das oströmische Reich mit seiner cäsaropapistischen Struktur. Obwohl es zu überspannten Machtansprüchen von beiden Seiten kam, war das geschichtliche Ergebnis schließlich die gegenseitige Anerkennung unabhängiger Rechts- und Machtsphären sowohl auf Seiten der Kirche als auch des Staates. Ohne diese Voraussetzung wäre es wohl kaum zur neuzeitlichen Weiterentwicklung der modernen westlichen Gesellschaft gekommen, für welche die deutliche Unterscheidung dieser Machtsphären eine wichtige Bedingung der Freiheit des einzelnen Menschen ist.

Ein Beispiel dafür, wie Mittelalterliches in der Gegenwart eine Sinnstelle zu behaupten vermag, zeigt uns die Kunst des Mittelalters. Seine Architektur prägt den Kern vieler europäischer Städte. Plastik und Malerei, insbesondere die Buchmalerei, oder im Mittelalter hergestellte Geräte, finden in Ausstellungen lebhaftes Interesse. Manches davon, vor allem in Kirchen, findet sich nicht im Museum, sondern gehört noch lebensweltlichen Zusammenhängen an. Aber auch wo das nicht der Fall ist, vermögen uns solche Werke durch ihre ästhetische Meisterschaft zu überzeugen. Darüber hinaus eröffnen sie auch manchem unter den heutigen Betrachtern Zugänge zu einem religiösen Verständnis des Daseins.

Die Philosophiegeschichte kann sich allerdings auf diese Aspekte nicht beschränken. In ihr setzt sich die Philosophie in Beziehung zu ihrer eigenen Vergangenheit und darin zu sich selbst. Dieser Versuch besitzt selber philosophischen Charakter. Werden nämlich philosophische Theorien zum Gegenstand historischer Forschung, wird das Verhältnis zu ihrem Gegenstand von einem bestimmten Begriff von Philosophie geleitet. In ihm bilden sich die Perspektiven des philosophiehistorischen Interesses und des Lichtes heraus, in welchem die historischen Befunde erscheinen. In ihm entscheidet sich, ob z.B. ein früher geäußerter philosophischer Gedanke als endgültig vergangen und abgetan oder als noch zukunftsträchtig angesehen wird.

Philosophische Aussagen treten mit dem Anspruch auf Wahrheit auf. Werden sie Gegenstand der Philosophiegeschichte, müssen sie in diesem Wahrheitsanspruch ernst genommen werden. Das gilt selbst dann noch, wenn behauptet wird, die Philosophiegeschichte sei der Beweis für die Unfähigkeit philosophischen Denkens, wesentliche Wahrheiten zu finden und zu vermitteln. Denn auch diese Aussage über die Philosophiegeschichte müßte selber wieder mit dem Anspruch der Wahrheit auftreten. Philosophiegeschichte macht unausweichlich Aussagen, die wahr sein sollen, über andere Aussagen, die ebenfalls wahr sein sollen. Vergißt sie das, so fällt sie unter ihren eigenen Anspruch herab und wird zugleich ihrem Gegenstand nicht gerecht. Damit soll nicht behauptet werden, alle Aussagen von Philosophen seien nur, sondern daß sie mit dem Anspruch auf Wahrheit auftreten. Er bleibt auch dort erhalten, wo Philosophen sich gegenüber den Erkenntnismöglichkeiten des Menschen kritisch einstellen. Denn die Reflexion der Wahrheitsfähigkeit des Menschen will über diese ebenfalls zu wahren Aussagen gelangen. Ja, wir müssen sagen: Wie es zum Wesen der Philosophie gehört, Wahrheitsansprüche zu erheben, so ist die Philosophiegeschichte auch von der Kritik am Wahrheitsanspruch anderer Denker und darüber hinaus des Denkens überhaupt gekennzeichnet. Die Philosophiegeschichte ist auch die Geschichte der Selbstkritik der Philosophie.

Kurt Flasch hat die Ansicht vertreten, in der Philosophiegeschichte seien die »realen Lebensbedingungen« zu beachten und zu erforschen, wie sie und die philosophischen Gedanken sich gegenseitig »durchdrungen« haben. Es müßten »schlecht-idealistische Geschichtsdeutungen« überwunden werden,

»die dieses Durchdringen nicht erforschen, weil sie von der spätbürgerlichen Autonomie der Kultur (der Wissenschaften, der Philosophie, der Kunst usw.) als von einer ewigen Wahrheit ausgehen. Ihnen gegenüber ist der Rekurs auf Landwirtschafts- und Stadtgeschichte, auf Handelswege und technische Arbeitsbedingungen unerläßlich. Was die Philosophie dabei an aeternistischem Gepränge verliert, gewinnt sie wieder an Lebensbezug und Konkretheit. Die Geschichtsschreibung der Philosophie setzt sich wieder in Verbindung zum realen Leben der menschlichen Gattung« (Flasch, 1987, 15).

Dieser Forderung kann man nur zustimmen, wenn sie nicht die andere verdeckt, den Wahrheitsanspruch der Philosophie ernstzunehmen. Philosophische Gedankengänge behaupten ja

»als jederzeit wiederholbare unbedingt verbindliche Erkenntnisse nicht nur den zeitgenössischen Leser, sondern jeden möglichen Leser, d.h. auch uns heute noch, belehren zu können. Wer sich diesem Anspruch nicht stellt, d.h. darauf verzichtet, die überlieferten Argumentationszusammenhänge selbst nachzuvollziehen und zu prüfen, wird dem Charakter der überlieferten philosophischen Texte, so wie sie sich von sich selbst her darbieten, nicht gerecht. D.h. der Literatur- oder Kulturhistoriker, der philosophische Texte genau wie andere Zeugnisse der Vergangenheit behandelt, verfehlt – streng genommen – bereits im Ansatz, ob er das will oder nicht, dasjenige, wovon er annähernd objektiv zu berichten beansprucht.« Das gilt, obwohl zugegeben werden muß: »daß die früheren Philosophien unzweifelhaft Bestandteile der geschichtlichen Entwicklung darstellen« (Held, 15).

So ist es auch hinsichtlich der Zeugnisse der mittelalterlichen Philosophie:

»Wo einmal Gedachtes nicht mehr aufgrund seines Inhaltes für eine jeweilige Gegenwart von Relevanz ist, sondern wo nur noch sein Umfeld, die Art und Weise seines Gebrauches und sein Scheitern zählen, ist das philosophische Moment obsolet geworden, unterscheidet sich die Metaphysik eines Johannes Duns Scotus in ihrer Bedeutung für die Gegenwart nicht mehr von der Architektur einer frühmittelalterlichen Klosteranlage, löst sich philosophiehistorische Mediaevistik letztlich in historische Mediaevistik auf« (Dreyer, 367).

Hinzu kommt folgendes: Wenn wir unsere eigenen Fragen richtig einschätzen wollen, müssen wir ihre Geschichte kennen. Wir übersehen sonst Frageaspekte und wissen nichts von den Lösungen, die schon vorgeschlagen worden sind. Wir geraten in Gefahr, das Problem mit unserer persönlichen Sicht dieses Problems zu verwechseln. Philosophiegeschichte zu treiben, trägt darum immer auch zur Korrektur blinder Flecke bei. Um ein Musterbeispiel zu erwähnen, sei auf die immer wieder neue Aktualität des Leib-Seele-Problems hingewiesen. Heute behandeln manche Autoren es so, als würde es erst seit Descartes am Anfang der Neuzeit diskutiert. Im besten Fall greift man noch auf die Entwicklung dieses Problems in der Antike zurück. Seine mittelalterliche Entwicklung bleibt aber unerwähnt, obwohl sie wichtige Beiträge zu dieser Frage enthält. An diesem Beispiel zeigt sich: So wenig wir die philosophischen Probleme, welche uns bis heute beschäftigen, ohne eine Kenntnis ihrer antiken Geschichte angemessen verstehen können, so wenig ohne ein Wissen um ihre mittelalterlichen Perspektiven.

In diesem Zusammenhang darf nicht vergessen werden, daß unser eigenes Denken immer wieder leicht von undurchschauten Vorentscheidungen getragen wird. Dann kommt es zu dogmatistischen Verengungen. Man nimmt etwas als selbstverständliche Voraussetzung an, was in Wahrheit erst erwiesen werden müßte. Die Gefahr modischer Verkürzungen des Denkens wird nicht mehr reflektiert und etwas für wahr gehalten, nur weil es in der Flut des allgemeinen Geredes oftmals wiederholt wird. Demgegenüber kann das Studium der Philosophiegeschichte »eine produktive ›Störung‹ entstehen« lassen, »die eine ganz spezifische kritische Funktion im Denken der Gegenwart erfüllen kann. In seinen letzten Schriften hat Michel Foucault die Aufgabe der Philosophiegeschichte in diese Richtung gedeutet ...« (Imbach, 1987, 246). Wir müssen immer wieder daran erinnert werden, daß auch unser heutiges Denken kein endgültiges Resultat ist und keineswegs in jeder Hinsicht vergangenes Philosophieren übertrifft.

Die Erforschung der mittelalterlichen Philosophie seit den ersten Jahrzehnten des 19. Jahrhunderts hat heute bereits selber eine wechselvolle Geschichte hinter sich. Sie kann hier nicht dargestellt werden. Es sei auf den Überblick von W. Kluxen »Die geschichtliche Erforschung der mittelalterlichen Philosophie und die Neuscholastik« hingewiesen. Bei diesen Forschungen geht es um die historisch-kritische Sichtung, Sicherung und Herausgabe des Quellenmaterials. Man untersucht die Frage nach der Bedeutung der Autorität von Texten, die den mittelalterlichen Denkern vorlagen. Außerdem muß der Hintergrund der kulturellen Gesamtsituation in seiner Bedeutung für die Philosophie des Mittelalters sichtbar gemacht werden. Je weiter die Forschung voranschreitet, umso differenzierter wird ihre Arbeit. Denn die Philosophie des Mittelalters stellt sich immer mehr als ein vielgestaltiges Gelände dar, das nicht so leicht, wie man manchmal annahm, auf einen gemeinsamen Begriff gebracht werden kann. Lohnt sich diese schwierige und mühevolle Arbeit? Diese Frage kann letztlich nur dann sinnvoll beantwortet werden, wenn wir der Überzeugung sind, daß es unter den alten philosophischen Gedanken solche gibt, von denen wir nicht nur geschichtlich herkommen, sondern die aufgrund ihres Gehaltes auch in der heutigen geschichtlichen Situation noch von Bedeutung werden können.

I. Geschichtliche Voraussetzungen und Grundlagen der mittelalterlichen Philosophie

1. Begriff, Beginn und Ende des Mittelalters

Als Mittelalter bezeichnet die Geschichtswissenschaft zumeist die Zeit von etwa 500 n.Ch. bis ungefähr 1500. Der Name ›Mittelalter‹ für diese tausendjährige Epoche hat sich durch die 1688 erschienene »Historia medii aevi« des Christoph Cellarius durchgesetzt. In dem unsere Geschichtsauffassung weithin prägenden Einteilungsschema »Altertum – Mittelalter – Neuzeit« erscheint das Mittelalter als eine Zwischenzeit, welche Altertum und Neuzeit voneinander trennt. Es ist nicht mehr Antike und noch nicht Neuzeit. Es erscheint so »als Zwischenphase zwischen den ›vorbildlichen Alten‹ und der eigenen ›Erneuerung‹ oder auch als ›Wiedergeburt‹ der antiken Sprachen und Künste« (Angenendt, 23).

Diese Einschätzung jener Zeit, die in der Bezeichnung ›Mittelalter‹ zum Ausdruck kommt, entspringt einer »Etikettierung humanistischer Philologen seit der Mitte des 15. Jahrhunderts. Sie bezeichneten die Zeit zwischen der Antike und ihrer zur Antike zurücklenkenden Gegenwart als ›mittlere Zeit‹.« Mit einem solchen Verständnis des Mittelalters sind negative Vorurteile verbunden. Sie werden dem Mittelalter nicht gerecht. Dennoch hat sich der Name so stark durchgesetzt, daß er aus dem Gliederungsschema der Geschichte nicht mehr weggedacht werden kann. Das gilt umso mehr, als »dem Begriff bestimmte Wesensmerkmale (z.B. die Feudalstruktur und die Adelsgesellschaft, die Einheitlichkeit eines Weltgefühls und die Anfänge eines Städtewesens) zugeschrieben und idealtypisch bei verschiedenen Kulturkreisen beobachtet wurden« (Fuhrmann, 16).

Nach der Ansicht des Christoph Cellarius beginnt das Mittelalter bereits mit dem Regierungsantritt Constantin des Großen im Jahre 306. Er war wohl von der Absicht geleitet, das Mittelalter als die Zeit einer gegenseitigen Durchdringung von politischer Ordnung und christlichem Glauben zu verstehen. Von daher ergab sich ihm die Herrschaft Constantins als Ausgangspunkt des Mittelalters. Denn er war der erste römische Kaiser, der sich dem Christentum zugewandt hatte und bestrebt war, die Kirche in die Verwaltung des Reiches einzugliedern. Er war bemüht, dem christlichen Kult eine Art reichsideologische Funktion zu geben. Zweifellos wurde damit eine geschichtliche Entwicklung eingeleitet, welche, unter veränderten

Voraussetzungen, im Mittelalter weitergeführt worden ist. Aber Constantin und seine Nachfolger bewegten sich im Rahmen des alten römischen Reiches und gehören damit in die Geschichte der Antike. Daher konnte sich die Auffassung von Christoph Cellarius auf die Dauer nicht durchsetzen.

Wenn der Beginn des Mittelalters für die Zeit um 500 angesetzt wird, so geschieht es unter Berufung auf den Frankenkönig Chlodwig (482–511). Er hatte die verschiedenen Stämme der Franken unter blutigen Kämpfen zur Einheit eines Grundstammes zusammengeführt. 486 besiegte er den Römer Syagrius. Dieser gilt als der letzte »Verteidiger der römischen Restherrschaft zwischen Somme und Loire« (Angenendt, 130). Dem Zusammenbruch der römischen Herrschaft im Westen Europas war die Teilung des römischen Imperiums in eine Ost- und eine Westhälfte nach dem Tode Kaiser Theodosius des Großen (395) vorhergegangen. 496 erlischt das weströmische Kaisertum. Von den germanischen Herrschaften, welche aufgrund von Eroberungen errichtet worden waren, konnte nur das Frankenreich Dauer erlangen. Nachdem Chlodwig 496 die Alemannen besiegt hatte, trat er zum Christentum über und ließ sich taufen. Damit war die Grundlage für eine neue politische Ordnung in Westeuropa gelegt. 754 erbittet Papst Stephan II. den Schutz des Frankenkönigs Pippin I. Der Papst verleiht ihm den Titel Patricius Romanorum. Von daher kam den Frankenherrschern gegenüber dem Papst eine Schutzfunktion zu. In diesem Zusammenhang festigt und vergrößert Pippin den Kirchenstaat. Auf dieser Grundlage konnte es dann zur Erneuerung des Gedankens eines Imperium Christianum durch Karl den Großen unter Anknüpfung an Constantin I. kommen. Die Kaiserkrönung Karls in Rom Weihnachten 800 wird in diesem Sinne zum Zeichen einer neuen Epoche.

Im Zusammenhang mit dieser Entwicklungslinie muß noch ein anderes Ereignis in Erinnerung gerufen werden, welches es als sinnvoll erscheinen läßt, den Beginn des Mittelalters um das Jahr 500 anzusetzen. Es berührt die Philosophie unmittelbar: Die Schließung der Akademie in Athen 529 durch Kaiser Justinian. Von Platon zwischen 384 und 361 v.Chr. gegründet, hatte sie über 900 Jahre bestanden. Ihr Ende kann als Symbol für den Untergang der antiken Bildungswelt stehen. Im selben Jahr gründet Benedikt von Nursia das Kloster Monte Cassino »zwischen Rom und Neapel, hoch über einer der Heerstraßen der Völkerwanderung … Hier … wird … so etwas wie eine Grenze sichtbar, an welcher zwei Zeitalter, ein abgelebtes und ein beginnendes, einander berühren.« (Pieper, 160, 20) Das Kloster auf dem Monte Cassino wurde im Verlauf seiner Geschichte zu einem bedeutenden Zentrum mittelalterlicher Gelehrsamkeit und besaß eine große Bibliothek, in der man 70.000 Bände mit wertvollen Handschriften gezählt hat. Seinen Charakter als »Schule« verstand man von der Regel der Benediktiner her. Ihr gemäß soll das Leben im Kloster »dem in der Taufe neu begründeten Leben« dienen. Um ihm »die nötige Dauer zu verleihen, bedarf es der ›Schola dominici servitii‹ (Schule des Herrendienstes). Hier lernt der zu neuem Leben Erweckte von Christus ... den engen Weg« (Angenendt, 107) der ins ewige Leben führt. In diesem Sinne kontrastiert die im selben Jahre vollzogene Gründung der christlichen Klosterschule mit dem Ende der athenischen Schule, welche mit dem Höhepunkt der klassischen antiken Philosophie aufs engste verbunden ist.

Zum Mittelalter gehört die Auseinandersetzung zwischen dem mächtig sich ausdehnenden Islam und dem christlichen Europa. Der Islam setzt den Anfang seiner Zeitrechnung in das Jahr 622. In diesem Jahr wurde Mohammed von Mekka vertrieben und floh in das heutige Medina. Dort legte er den Grund für eine die arabischen Stämme vereinigende neue politische Ordnung, ein Vorgang, der auffallende Ähnlichkeiten zur Einigung der Frankenstämme unter Chlodwig besitzt. Die Beendigung der innerarabischen Stammesfehden setzte eine starke kriegerische Stoßkraft frei, die die benachbarten Länder überflutete. Zwei Jahre nach dem Tod des Propheten begann der Angriff auf Syrien und Persien. Unter den Kalifen Omar I. und Wallid I. gerieten die gesamte arabische Halbinsel, Nordafrika, Ägypten, Persien und Damaskus unter islamische Kontrolle. Konstantinopel wurde belagert und nach Vernichtung des spanischen Westgotenreiches stoßen die Araber über die Pyrenäen hinweg vor. Erst 732 bringt der fränkische Hausmeier (Majordomus) den Expansionsdrang der Araber durch den Sieg bei Tours und Poitier zum Stehen. Das spannungsreiche Verhältnis des Westens Europas zum Islam hat insbesondere auch für die Philosophie des Mittelalters eine große Bedeutung gewonnen.

Folgt man dem Vorschlag, den Beginn des Mittelalters um das Jahr 500 anzusetzen und läßt es mit der Renaissance um 1500 enden, so kommt man auf eine ungefähre tausendjährige Dauer des Mittelalters. Es scheint, daß diese Periodisierung durch den Nimbus der tausend Jahre mit provoziert ist. Das gilt auch unter der Voraussetzung, daß es für die Ansetzung des Beginns des Mittelalters um 500 sinnvolle Überlegungen gibt. Es erhebt sich aber dagegen der Einwand, das Mittelalter habe seine politisch-kulturelle Gestalt mit ihren spezifischen Strukturen erst mit der Kaiserkrönung Karls des Großen im Jahre 800 gefunden. Die Schwelle um 500 sollte eher als das Ende der Spätantike angesehen werden, aber noch nicht als der

Beginn einer neuen Weltordnung. Die Völkerwanderungszeit erscheint als Übergangsphase zwischen dem Verfall der römischen Ordnung im Westen Europas, in welcher sich allmählich die politischen und kulturellen Lebensformen herauskristallisiert haben, welche wir als mittelalterlich ansehen.

Freilich sind alle Festsetzungen von geschichtlichen Epochen von Momenten subjektiver Entscheidung mitbestimmt. Es ist möglich, die Geschichte ohne die Einschnitte der Epochenschwellen zu betrachten. Sie stellt ja einen zusammenhängenden Fluß von Personen, Ereignissen, Institutionen und Verhältnissen dar. Die Fragwürdigkeit solcher Grenzziehungen beruht einmal auf der Ungleichzeitigkeit des geschichtlichen Geschehens. Politik, Recht, Kunst, Religion, Philosophie usw. befinden sich nicht immer auf der gleichen Stufe geschichtlicher Entwicklung. Auf dem einen Gebiet ist das Neue bereits voll entfaltet, während es sich auf einem anderen erst ankündigt und wieder auf einem anderen das Alte noch kraftvoll weiterbesteht. Auch gibt es regionale Verschiebungen, man denke etwa an die zeitliche Versetzung zwischen dem Entstehen der Gotik in Frankreich und ihrem Übergreifen auf Deutschland.

So ist zu verstehen, daß die Einteilung in die verschiedenen Perioden unter subjektiven Gesichtspunkten erfolgt. Sie gehören daher nicht einfach der Geschichte an, sondern dem Interesse geleiteten Bewußtsein von Geschichte. Schließlich unterliegt die Periodisierung der Geschichte selber wieder einer Geschichte. So wird z.B. die Bezeichnung ›Neuzeit‹ immer fragwürdiger, je länger die Geschichte fortschreitet. Niemand vermag zu sagen, ob nicht Historiker, die um das Jahr 2500 arbeiten, was wir heute noch als Neuzeit bezeichnen, eher zum Mittelalter schlagen werden. Vielleicht rechnen sie dann aber auch das Mittelalter zum Altertum. Man könnte sich auch eine Geschichtsschreibung denken, welche im Mittelalter selbst eine entscheidende Epochenschwelle im 11. und 12. Jahrhundert erblickt, von der aus sich alle folgende Geschichte in ihrer Kontinuität konstruieren läßt. Wie immer man aber auch die Geschichte gliedern mag, immer gehen in sie selbstgewählte Perspektiven des jeweiligen Betrachters ein, die er von anderen abhebt oder sie ihnen entgegensetzt. Freilich bringt auch die Erweiterung des historischen Gesichtsfeldes, die Erschließung neuer Quellen und neuen historischen Stoffes u.U. eine Veränderung unseres Bewußtseins von den Abschnitten der Geschichte mit sich. Ein besonders lehrreiches Beispiel dafür ist die Wandlung unseres Verständnisses der alten Geschichte von der »klassischen Antike«, gewonnen am humanistischen Verständnis römischer Latinität durch Humanisten der Renaissance, zur heutigen »Alten Geschichte«, welcher, unserem heutigen Wis-

senstand entsprechend, eine »Älteste Geschichte« oder »Frühge-
schichte« vorgeordnet werden muß.

Solche Bedenken sollten uns allerdings nicht an der Tatsache
epochaler Veränderungen in der Geschichte vorbeisehen lassen. Als
Einbrüche des Neuen oder auch als längerfristige Entwicklungen
beanspruchen sie unser historisches Interesse. Man forscht nach ihren
Bedingungen und Ursachen, verleiht ihnen aber auch einen besonderen Stellenwert im Ablauf der geschichtlichen Zeit. Historische
Forschungen können aus dem Interesse an geschichtlicher Kontinuität betrieben werden, aber auch aus dem, das eigene Gesicht eines
bestimmten Ereignisses oder einer Epoche herauszuarbeiten. Ja,
ohne den Blitz des Neuen und den Weg, den es in der Geschichte
nimmt, verlöre diese das Element schöpferischer Freiheit aus sich, des
Unableitbaren, welches sich nicht lückenlos aus den vorhergehenden
Zuständen ableiten läßt. Umgekehrt gilt: Fehlte der Geschichte das
Moment der Kontinuität, so könnte man nicht mehr von der einen
Geschichte reden, sondern nur noch von vielen Sondergeschichten.
In der Geschichte finden einzelne Personen, Sippen, Stämme, Stadtstaaten, Nationen, Kulturkreise und schließlich die Menschheit ihre
Identität in der Zeit und durch sie hindurch. Aber in der Geschichte
geschehen auch Wendepunkte, ereignet sich der Kairos, die einmalige
und unwiederbringliche Situation. Sie muß ergriffen werden, sonst ist
sie für immer vorbei. Auch ist zu bedenken: Die verschiedenen
geschichtlichen Perioden sind von spezifischen Grundstimmungen
geprägt. In ihr erfahren Menschen die Wirklichkeit je anders und
bilden von daher unterschiedene geschichtliche Welten aus. Sie stellen Lebensformen dar, in denen der Mensch sein Dasein im Ganzen
der Wirklichkeit denkend, handelnd, Institutionen gründend, Symbole findend, darstellt. In diesem Sinne ist z.B. die Lebenswelt des
mythischen Zeitalters eine andere als die der klassischen Antike, des
Mittelalters oder der Neuzeit. Freilich ist ihnen allen eines gemeinsam: In ihnen suchten Menschen nicht nur danach, sich selbst zu
erhalten, sondern den Sinn ihres Daseins mit Geburt und Tod,
Geschlecht und Alter, Arbeit und Fest zu deuten. In allem Werden
und Vergehen der Geschichte halten sich doch auch anthropologische
Konstanten durch. Der Mensch ist immer er selbst und das Geschlecht (Kierkegaard), er selbst als dieser einzelne Mensch in seiner
jeweiligen Geschichtszeit, welche die ganze bisher abgelaufene Geschichte zur Voraussetzung hat und in der Gegenwart zugleich in eine
noch unbekannte Zukunft fortgetragen wird. Will er sich selbst
verstehen, muß er auch diese seine Geschichtlichkeit verstehen lernen, in der also Kontinuität und Diskontinuität unauflöslich ineinander verschlungen sind.

Wenn auch der Übergang vom Mittelalter zur Neuzeit nur unscharf datierbar ist, so sprechen doch viele Gründe dafür, den Beginn der frühen Neuzeit in der Renaissance zu suchen. Dafür spricht zunächst ihr Sebstbewußtsein als Beginn einer neuen Epoche. In ihm unterscheidet sie sich ausdrücklich vom Mittelalter. Ihm gegenüber greift man auf die antike Kunst zurück, will im Humanismus eine Rückbesinnung auf die antike Literatur erreichen, vor allem in der Gestalt der klassischen Latinität. Das antike Rom wird zum Vorbild einer politischen Neugestaltung. Aber der Rückgriff auf die Antike, durch welche die dunkle Zwischenzeit des Mittelalters überwunden werden sollte, bedeutet in Wirklichkeit den Beginn einer neuen Epoche mit ihrer spezifischen Eigenart. Sie steht vielfach in Kontinuität mit dem Mittelalter und bedeutet doch den Anfang einer neuen Welt.

Eine wichtige Vorraussetzung dafür ist im Niedergang der kaiserlichen Macht seit dem späten zwölften Jahrhundert zu sehen. Nach einer Zeit der Überspannung päpstlicher Machtansprüche erlebt auch das Papsttum einen Niedergang seiner politischen Macht, der vor allem durch das Exil der Päpste in Avignon (1309–1377) zum Ausdruck kommt. Mit dem Machtverlust der beiden zentralen Spannungspole der mittelalterlichen Ordnung büßt diese die Grundlage ihrer Einheit ein. Die europäischen Territorialmächte gewinnen an Selbständigkeit, so daß das Fundament für die späteren europäischen Nationalstaaten gelegt wird. Die italienischen Stadtstaaten bauen ihre für die Renaissance kennzeichnende Stellung aus und es entstehen Städtebünde, vor allem die Hanse, mit weitreichendem Einfluß (Gerl, 19). In der beginnenden neuen Zeit sind nicht mehr Mönche und Kleriker die Träger der wissenschaftlichen Kultur, sondern Laien. Im Zusammenhang damit entwickelt sich eine Laienfrömmigkeit. Im Zusammenhang mit der Erfindung des Buchdrucks werden die »zunächst nur einer Elite von Laien zugänglichen Bildungsgüter gleichsam« (Gerl, 27) demokratisiert. Frauenbildung und Frauenstudium erlangen wachsende Bedeutung. Vor allem: In den humanistischen Tendenzen der Zeit, aber auch ihren künstlerischen Programmen und in den weiterführenden Ansätzen der Philosophie geht es um den sich selbst gehörenden, sich selbst genießenden und in seiner Kultur sich vor sich und zu sich selbst bringenden Menschen. Er rückt in das Zentrum aller Dinge. Die im Mittelalter durch die Tendenzen zur persönlichen Verinnerlichung vorbereitete moderne Subjektivität tritt auf den Plan. Mit ihr ist eine »anthropozentrische Bemächtigung des Wirklichen« verbunden. Das »Wissen erhält seine Rechtfertigung, seinen Charakter als Wissen, durch den Bezug« auf das für den Menschen Gute und Nützliche. Die Natur erscheint jetzt als Gegenstand der menschlichen Bemächtigung: »Unzweifelhaft ist Natur oder Welt als Ganzes in ein Gegenüber eingetreten,« so daß sie für den Zugriff des sie sich unterwerfenden Menschen immer mehr offen wird. Darin überkreuzen sich der Versuch »Naturwissenschaft als Magie zu betreiben« und die »Forderung Francis Bacons, der Natur durch die Macht eines methodisch geleiteten Wissens Herr zu werden« (Gerl, 36ff).

Freilich hat die auf Selbsterhaltung, Daseinsbewältigung, Verbesserung der menschlichen Daseinsbedingungen und Machtentfaltung ausgerichtete Einstellung niemals die von solchen Absichten freie Erkenntnishaltung ganz verdrängen können. Sie tritt im Verlauf der Neuzeit wiederholt als bewußt aufgegriffene kritische Gegenposition bis in die Gegenwart hinein auf. In der Renaissance gab es eine Entfaltung dieses Erkenntnisinteresses, vor allem im Zusammenhang mit einer sich z. T. auf Pythagoras und Platon berufende Zuwendung zur Natur verbunden. Aus dieser Begeisterung an der Größe, Ordnung und Schönheit der Natur schöpft noch z. B. Johannes Kepler. Seine für die moderne Astronomie bahnbrechenden Forschungen waren von dem Verlangen bestimmt, die Weltharmonie im gesetzlich von der Weisheit Gottes geordneten Kosmos aufzuspüren. Dabei griff er den alten, bis auf die Pythagoreer zurückgehenden Gedanken von der Beziehung der Astronomie zur Musik auf. Kepler spricht in einem Gebet am Ende seines Werkes »Harmonices mundi« (1609) von seiner Freude an der »staunenswerten Schönheit« der Schöpfung Gottes. Sie ist es, welche sein Erkenntnisinteresse bestimmt. Ihr »unendlicher Reichtum« soll den Lesern deutlich werden.

2. Zum Begriff der mittelalterlichen Philosophie

Was ist die mittelalterliche Philosophie? Die naheliegenste Antwort kann denkbar einfach gefaßt werden: Es geht um jene Philosophie, welche in der geschichtlichen Zeit stattgefunden hat, die wir Mittelalter nennen. Bestimmt man sie in dieser Weise rein historisch, so wird sie von den Epochenschwellen abhängig, welche man jeweils für Anfang und Ende des Mittelalters ansetzt. Für den hier vorliegenden Versuch besagt dies: Die mittelalterliche Philosophie beginnt mit der karolingischen Renaissance und endet am Ende des 14. Jahrhunderts. Auf der Schwelle vom Mittelalter zur Neuzeit steht vor allem Nikolaus von Kues, so daß unser Überblick mit ihm abschließen wird.

Man hat aber über ein solches chronologisches Verfahren hinausgehend nach einem Wesen der mittelalterlichen Philosophie gefragt und wollte diese Epoche der Philosophie in ihrer eigentümlichen Gestalt idealtypisch fassen. So wurde z. B. versucht, sie im ganzen vom »Aristotelismus der Scholastik« her zu verstehen. Er sei »bei Thomas am vollkommensten ausgebildet« und gilt als »normative Gestalt«. An ihm orientiert sich die »historische Forschung ...«, wenn sie den Prozeß der Ausbildung, der Durchsetzung und auch der Verdeckung dieser normativen Gestalt verfolgt« (Kluxen, 368). In diesem Sinne wird die mittelalterliche Philosophie von Franz Ehrle (1845–1934) und seinen Schülern gefaßt. Da dieser normative Charakter für ein dem christlichen Glauben verbundenes Philosophieren gelten soll, gerät eine solche Betrachtung in die Gefahr, die Philosophie nur soweit in den Blick zu bekommen, als sie »die systematische Darstellung der Heilswahrheit« ermöglicht (Kluxen, 370). Martin Grabmann (1875–1949) hat dieses Verständnis in seinem Hauptwerk »Geschichte der scholastischen Methode« 2 Bde., 1909–1911 vorgetragen. Dabei war er der Überzeugung, daß dieser Philosophie eine unüberschlagbare Gegenwartsbedeutung zukomme, vor allem für die Erneuerung der Metaphysik.

Ein solcher Begriff von Scholastik ist zweifellos zu eng, um die mittelalterliche Philosophie im ganzen erfassen zu können. Er leidet darunter, eine normative Zielvorstellung anzusetzen, welche nicht am historischen Verlauf der mittelalterlichen Philosophie orientiert ist, sondern am Philosophieverständnis einer bestimmten Phase der Neuscholastik im 19. und 20. Jahrhundert. Darum forderte bereits Clemens Baeumker (1853–1924), »die Ausgestaltung der sachlichen Probleme selbst aus dem historischen Geschehen hervorleuchten zu lassen« (Baeumker, 19). Dabei lehnt Baeumker eine bloß historisch archivierende Forschung ab. Es geht ihm um eine Problemgeschichte. Eine solche Problemgeschichte zeigt ein vielgestaltigeres Profil der mittelalterlichen Philosophie, als es die Orientierung an einem eng gefaßten Begriff von Scholastik vermag.

Scholastik kann aber auch weiter gefaßt werden. So rechnet J. Pieper die »Verknüpfung des Geglaubten mit dem Gewußten zu den unterscheidenden Merkmalen der Scholastik.« Es ist eine schulmäßig eingeübte Rationalität, in welcher diese Verknüpfung geschieht: »Wie sehr nun diese letztere tatsächlich die ganze Scholastik kennzeichnet, das ist überall abzulesen. Ihre, der Scholastik, hohe Zeit ist ja geradezu hierdurch definiert, daß die führenden Geister, Thomas etwa und Bonaventura, jene Zuordnung von gläubiger Hinnahme der offenbarten und überlieferten Wahrheit einerseits und der rationalen Argumentation andererseits mit völlig konsequenter Entschiedenheit, freilich auch mit äußerst genauer und differenzierter Zuteilung der Ansprüche, verwirklichen« (Pieper, 1960, 51). In diesem Sinne hat für Pieper Boethius die Scholastik grundgelegt.

Kann man aber Scholastik in diesem Sinne als das Wesen der mittelalterlichen Philosophie bezeichnen? Man hat dagegen eingewandt, das Streben nach einer Synthese von Glauben und Philosophie sei keineswegs für das gesamte Mittelalter kennzeichnend. Sie sei nämlich nicht von allen Denkern angestrebt worden, z.B. nicht von Duns Skotus, von Siger von Brabant oder Wilhelm von Ockham. Scholastik müsse grundsätzlich anders verstanden werden, nämlich im Sinne einer über die Philosophie hinausgehenden wissenschaftlichen Tätigkeit, die sich von bestimmten methodischen Regeln bestimmen läßt (De Rijk, 1985). In ähnlichem Sinne haben sich J. Koch (1961) und W. Kluxen (1975) dafür ausgesprochen, den Begriff »Scholastik« im Sinn eines wissenschaftsgeschichtlichen Epochenbegriffs zu fassen. Denn es

»sei das Kennzeichen der Scholastik, mit Hilfe des Prinzips der Rationalität alles Weltauffassen in wissenschaftliche Gestalt bringen zu wollen. Konstituiert habe sich die Wissenschaft durch die Herausbildung der fünf Disziplinen Medizin, Theologie, Philosophie, kanonisches und weltliches Recht im institutionellen Rahmen der Universität« (Dreyer, 357).

Worin besteht aber das Eigentümliche der Scholastik als epochenprägende Methode? Um eine Antwort auf diese Frage vorzubereiten, sei zunächst kurz auf die Geschichte des Wortes »Scholastik« verwiesen. In der Antike bedeutet »scholae« Muße im Sinne des Freiseins von Arbeit. Wahrscheinlich wird das Wort von einem Verbum abgeleitet, welches die Bedeutung von »Zeithaben« oder »Verfügen über Zeit« besitzt. Die Muße, um die es hier geht, darf man aber nicht mit Müßiggang verwechseln, »sondern positiv als Zeithaben für etwas« (Schmidinger, 26). Ein Scholastiker ist also im Sinne der antiken Bedeutung von scholae ein Mensch, der etwas betreibt, das »dem unmittelbaren Zweck- und Nützlichkeitsgeflecht des Lebens enthoben ist«. Solcher Muße ist bei Aristoteles die Theoria zugeordnet, welche sich einem Gegenstand um seiner selbst willen zuwendet, wie es vor allem in der Metaphysik als der Untersuchung des Seienden als Seiendem geschieht. Sie hat es mit dem in sich selbst Ruhenden, dem Selbstgenügsamen zu tun und birgt deshalb »das ›Ruhevolle‹« in sich, und zwar als »das durch die Dringlichkeit des Lebens nicht Beeinträchtigte« (Schmiedinger, 26). Es ist leicht zu verstehen, daß von hierher auch die Einrichtung als Schola bezeichnet werden konnte, in der man sich zusammenfindet, um sich gemeinsam dem zu widmen, für das man frei ist. Von daher ist dann ein Scholastiker ein zur Schule gehöriger Mensch und jemand, der durch diese Zugehörigkeit Bildung erlangt hat. Dies wiederum macht verständlich, daß man im Mittelalter »scholasticus« häufig als Ehrentitel verwendet. Als »schola« bezeichnete man aber nicht nur Kloster- oder Pfalz-Schulen, sondern auch z.B. die Sängerschola oder das Kloster als Schule Gottes oder des Heiligen Geistes. Überblickt man genauer die mit Scholastik zusammenhängenden Begriffe, »so sieht man, daß es zunächst überhaupt nicht auf der Hand lag, mit ihm eine bestimmte theologisch-philosophische Richtung von Gelehrten zu bezeichnen. Zu viele andere Inhalte waren mit ihm verbunden, als daß man ihn derartig hätte einengen können ...« (Schmidinger, 34).

Unserem heutigen Begriff von Scholastik haftet häufig eine abwertende Bedeutung an. Scholastisch nennt man leere Begriffsklauberei, Spitzfindigkeiten, die Beschäftigung mit überflüssigen Fragen, aber auch eine in sich festgefahrene Systematik, welche für kreative Weiterentwicklungen nicht mehr offen ist. Diese negative Wertung der Scholastik geht in ihren ersten Anfängen auf den Widerstand der »Mönchstheologie« gegen die sich ab dem 12. Jahrhundert entwickelnde wissenschaftliche Theologie zurück, die an den Domschulen und später an den Universitäten gelehrt wurde, die »Schultheologie«. Die Mönche meinten, sie würde für den verinnerlichten Glaubensvollzug, für das geistliche Leben mit Selbstbeherrschung, Gebet und Liturgiefeier ohne Nutzen bleiben. Sie zogen die Lektüre der Kirchenväter und ihre Interpretation den logischen Ansprüchen und dem rationalen Scharfsinn der neuen Denkweise vor. Freilich richtet sich der Angriff gegen das, was später Scholastik genannt wurde, der Bezeichnung nach gegen die Dialektik oder die Dialektiker. Nur selten taucht der Begriff des Scholastikers oder der scholastischen Denkweise auf. Das bleibt auch in der Renaissance und bei den Humanisten so. Der »bis heute geläufige Wortgebrauch« wird erst »an der Schwelle zum 16. Jahrhundert« verbreitet, und zwar im Sinn der »Identifizierung von ›Scholastik‹ mit den mittelalterlichen Theologenschulen« (Schmidinger, 37), und zwar in der negativen Sicht der Humanisten, aber auch Luthers.

Im Dienst einer neuen Rationalität also steht die Entwicklung der Scholastik als Methode. Als ihre Elemente werden von M. D. Chenu (Chenu, 482ff) folgende genannt:

Die Lesung (Lectio). Sie ist »das Grundverfahren, unterrichtstechnisch und denkmethodisch«. Dafür bildet die »literarische Renaissance« im 12. Jahrhundert eine wichtige Voraussetzung. Zahlreiche Textvervielfältigungen sind Ausdruck der Bewunderung für die antiken Schriften. Es geht aber nicht nur um »Nachahmung der

Antike«, sondern um die »Findung« des eigenen Geistes an den Texten. Ihr Ziel ist »der Überschritt des hellenistischen Geistes zum christlichen«. Auch steht die Interpretation der Texte immer unter der Absicht, die Wahrheit zu finden und nicht nur zu studieren, was andere Menschen gesagt haben. Steht es so, dann kann man bei der Lesung nicht stehenbleiben, sondern muß Fragen stellen. Die vorliegenden Texte widersprechen sich zum Teil, es finden sich in ihnen dunkle Stellen, so daß man nicht mehr einfach den Autoritäten folgen kann, sondern die nun entstehende eigene Meinung (sententia) zu begründen hat. So werden Beweisverfahren notwendig. Sie erhalten in der Hochscholastik durch die aristotelische Logik »ein fortan unersetzliches Arbeitsinstrument«.

Von hier aus wird verständlich, warum die Scholastiker und ihre Vorläufer im Mittelalter selbst als Vertreter der Dialektik verstanden werden. Sie bedeutet »– wenn auch historisch in verschiedenen Gestalten – den Einsatz der Vernunfttätigkeit: Alle rationalen Methoden werden ins Spiel gebracht.« Schließlich gehört zur Scholastik die in der Form des Streitgespräches versuchte Lösung eines Problems, die quaestio disputata. Sie »bleibt das Meisterwerk der ›Schule‹, denn sie ist in Wahrheit der Berufsvollzug« des Scholastikers. Diese wissenschaftlichen »Techniken« geben der Scholastik ihr Gepräge. Ihre Theologie, so hat man gesagt, »wurde die erste große Technik der christlichen Welt«.

In ihrer Ausbildung geht es um ein Verständnis der Glaubensgehalte, durch welches die Vernunft mit ihren höchsten Möglichkeiten beansprucht wird. Dieser Grundeinstellung verdankt sich das Entstehen einer wissenschaftlichen Theologie im Mittelalter. Von ihr her muß auch die Bedeutung gesehen werden, welche die Philosophie in dieser Synthese als wesentlicher Pfeiler einnimmt. Nur unter diesen Voraussetzungen kann man die Scholastik als einen Epochenbegriff verstehen. Das besagt aber: Er übersteigt das bloß Methodische, wenn sich in ihm auch sein spezifisches, mittelalterliches Gepräge darstellt. Was die Philosophie angeht, ist noch mit J. B. Lotz (1976) hinzuzufügen, zwar diene im Mittelalter die Philosophie der Theologie, werde aber »zugleich immer mehr ... eine selbständige Wissenschaft mit eigenen Grundlagen, Problemen und Methoden« (Brugger, 335).

Mit dem so verstandenen Epochenbegriff scheint so etwas wie eine Grundtendenz und Grundstruktur der mittelalterlichen Philosophie ausgesprochen zu sein. Demnach sollte man nicht von einem Wesen der mittelalterlichen Philosophie, sondern vorsichtiger von grundlegenden Tendenzen und Strukturen sprechen. Der Begriff des Wesens sperrt sich gegenüber der Vielfalt, dem Gleitenden und der Komplexität des geschichtlichen Geschehens. Dies gilt besonders für die Philosophie, wo wir es immer auch mit der Originalität und dem persönlichen Profil der einzelnen Philosophen zu tun haben.

Im Anschluß an die vorstehenden Überlegungen zum Mittelalter als geschichtlicher Epoche und zum Begriff der mittelalterlichen Philosophie soll unser Überblick mit der karolingischen Renaissance einsetzen. Zuvor müssen aber noch einige Voraussetzungen auf dem Gebiet der Philosophie selbst geklärt werden, ohne welche das mittelalterliche Denken kaum verständlich werden kann. Dabei müssen wir auf die Spätantike und ihre Grenze zur Völkerwanderungszeit hin zurückgreifen.

3. Neuplatonismus

Der Neuplatonismus ist die letzte Gestalt des antiken Denkens. Er versucht eine Synthese seiner vielfältigen Strömungen. Dabei knüpft er vor allem an die Tradition platonischen Philosophierens an, bezieht sich aber auch auf Aristoteles und die stoische Schule. Einflüsse der Pythagoreer sind gegeben.

Als Begründer gilt Ammonios Sakkas (175–242) aus Alexandrien. Er war als Christ erzogen worden, wandte sich aber später heidnischer Religiosität und philosophischem Denken zu. Sein Standpunkt ist weithin unbekannt. Als Stammvater des Neuplatonismus gilt er aufgrund seines Verhältnisses zu Plotin (203–269). Von ihm stammt die dem neuplatonischen Denken für uns sichtbare Prägung. Aller späterer Neuplatonismus ist Systematisierung, Ergänzung oder Abwandlung seiner Philosophie.

Neben Plotin ist vor allem der Einfluß des Proklos (410–485) zu beachten. Für das Mittelalter ist er durch seinen Einfluß auf Pseudodionysius Areopagita besonders wichtig geworden. Er hat den Neuplatonismus als umfassendes System entfaltet und in es auch die antiken Götter aufgenommen. So räumte er den alten Mythen einen Platz im neuplatonischen Denken ein. Die Schriften Plotins gab sein Schüler Porphyrios (geboren 232 oder 233 in Rom) heraus, indem er sie in sechs Abteilungen zu je neun Kapiteln ordnete. Von daher erhielten die Schriften Plotins den Namen »Enneaden« (von griechisch »ennea« = 9). Seine Einführung in die Logik, die sogenannte »Eisagoge« gewann im späteren Altertum aber auch im Mittelalter eine weitreichende Wirkungsgeschichte. Wegen seines Einflusses auf Augustinus sei Marius Victorinus aus dem 4. nachchristlichen

Jahrhundert erwähnt. Seine Begriffe des Seins und des Lebens, die Spekulation über die Trinität sowie die Lehre von der göttlichen Vorherbestimmung gaben Augustinus wichtige Anregungen. Von hohem Ansehen unter den Neuplatonikern war auch Jamblichos (+ um 330). Auf der Grundlage der platonischen Dialoge vertrat er Auffassungen, die mit den Überzeugungen Platons nicht immer in Übereinstimmung standen. Es gelang ihm aber, die neuplatonische Philosophie als einheitliches Gefüge darzustellen. Zu den letzten Neuplatonikern, die 529 aus Athen flohen, nachdem Kaiser Justinian die Akademie Platons geschlossen und das Lehren der Philosophie in Athen verboten hatte, gehörte Simplicios. Er vertrat die Auffassung einer weitgehenden Übereinstimmung von Platon und Aristoteles.

Im folgenden sei versucht, einen für die Zwecke dieses Textes ausreichenden Hinweis auf die Grundtendenzen des Neuplatonismus vorzulegen:

1.) Das mystische Element. Die ursprüngliche Wirklichkeit, das Urwesen, das Eine vor aller Vielheit, für die meisten Neuplatoniker mit dem Guten identisch, steht als höchste Gottheit jenseits aller Vorstellungen, Worte, Bilder und Begriffe. Für diskursives Denken, das von einem Gesichtspunkt zum nächsten in einen zeitlichen Vorgang übergeht, bleibt es unerreichbar. Nur in einer Ekstase, einem Heraustreten über das Denken hinaus, vermag der Mensch es zu berühren. Dennoch bleibt die Vereinigung mit ihm, die Henosis, das Ziel, in welchem sich das philosophische Denken vollendet. Darin ist eingeschlossen: Der Geist des Menschen kommt jenseits der Sprache zur Vollendung, nämlich im schweigenden Einssein mit der Urwirklichkeit.

2.) Das Verlangen nach Alleinheit. Das Eine ist von allem anderen verschieden als das alles Übersteigende, schlechthin Transzendente. Damit wird es und die Vielheit der Welt aufs schärfste auseinandergespannt. Der gestaltlose Abgrund ist aber auch mit allem Seienden verbunden. Als dem Einen kann ihm nichts anderes gegenüberstehen. Denn dann wäre es nicht mehr das Eine. So ist es der Baum, aus dem die Vielheit hervorgeht, die Quelle, aus welcher der Strom des Seins fließt oder wie die Sonne, aus welcher das Licht strahlt. Darum ist das Eine als das schlechthin Transzendente zugleich auch in allem anwesend, ihm immanent. Den Hervorgang der vielgestaltigen Welt aus dem Einen hat man vom Bild des Ausfließens her als Emmanation bezeichnet. Dieser Prozeß des Überströmens des Einen geschieht, nicht etwa als eine freie Setzung, als Tat eines über das Sein frei verfügenden Schöpfergottes. Mit Notwendigkeit strömt das Eine aus seiner Vollkommenheit über zur Weltwerdung. Dabei ist das Weltall in einer Stufenfolge geordnet. Den obersten Ausflüssen des Einen, dem Geist, dem Sein, der Seele steht die Materie als die geringste Form von Wirklichkeit an der Grenze des Nichts gegenüber.

3.) Aufstieg und Abstieg. Das Eine entläßt alles aus sich. Es strömt in eine Entfernung von sich weg, ohne jedoch aus sich herauszufallen. Diesem Abstieg korrespondiert ein Aufstieg oder besser Rückstieg zum Einen. Der Mensch ist der Wendepunkt, an dem sich die Richtungen umkehren. Er kann sich in die Vielheit der Welt verlieren und in ihrer Materialität für das Eine erblinden, sich durch Reinigung und Einsicht aber auch auf den Rückweg des Aufstiegs begeben, welcher in der Rückkehr zum Einen, der mystischen Vereinigung endet. So steht der Mensch im neuplatonischen Weltsystem an einem entscheidenden Ort. In dieses Verständnis des Menschen konnte der dem Sinnlichen und Materiellen mißtrauisch gegenüberstehende Grundzug des Platonismus in das neuplatonische System eingetragen werden. Die materielle Welt ist hier, weil von der einen, guten Wirklichkeit umgriffen, nicht das Übel schlechthin, aber doch das gefährliche »Niedere«.

4. Augustinus

Er ist einer der entscheidensten Orientierungspunkte des Mittelalters. Seine theologischen Ansichten wirken durch das ganze Mittelalter hindurch. Daher wäre es sinnvoll, hier eine genauere Darstellung der philosophischen Lehren des Augustinus vorzulegen. Dadurch würde aber der dieser Arbeit gesteckte Rahmen überschritten. So müssen wir uns auf einige Angaben zur Person Augustins beschränken und können nur stichwortartig auf die wichtigsten philosophischen Theorien hinweisen, welche für das Mittelalter von Bedeutung sind. Dabei ist es bei ihm nicht möglich, eine scharfe Grenze zwischen Theologie und Philosophie einzuhalten.

Augustinus wurde am 13.11.354 in Tagaste in Numidien geboren. Von großem Einfluß auf seinen Lebensweg war seine christliche Mutter Monnika. Nach seinen Studien lehrt Augustinus Rhetorik in Mailand. Obwohl christlich erzogen, war er nicht getauft worden. Durch Ciceros Dialog »Hortensius« wurde eine Hinwendung zur Philosophie ausgelöst. Eine Zeitlang wandte er sich den Manichäern zu, deren Verachtung der materiellen Welt Augustinus in sich selbst nie ganz überwinden konnte, obwohl er sich später über ihren unüberbrückbaren Gegensatz zum biblischen Schöpfungsbegriff durchaus im klaren war. Vor allem der Einfluß des Ambrosius von Mailand, aber auch Einsichten, die ihm durch den Neuplatonismus vermittelt wurden, führten zu seinem Entschluß, sich in der Osternacht des Jahres 387 taufen zu lassen. Danach brachte er sein Leben in einer Art von Klostergemeinschaft zu mit dem Ziel, ein ganz von religiösen und geistigen Interessen bestimmtes Leben in der Gemeinschaft führen zu können. Auch nachdem er zum Bischof von Hippo geweiht und berufen worden war, stand er im Mittelpunkt der geistigen Auseinandersetzungen seiner Zeit und setzte seine weit ausgreifende schriftstellerische Tätigkeit fort. Er starb am 28.8.430, während die Vandalen seine Bischofsstadt belagerten. Unter diesen Umständen wirkt sein Tod wie ein Symbol des Endes der spätantiken Kultur im Westen.

Die Entwicklung seines inneren Lebens hat Augustinus in seinen berühmten »Confessiones« geschildert. Er versteht dort das eigene Leben als einen Triumpf der Gnade Gottes über sein eigenes Widerstreben. So ist das Buch Bekenntnis im Sinne von Anklage und zugleich Bekenntnis im Sinne von lobpreisender Bezeugung der Liebe und Macht Gottes. In ihm finden sich aber auch wichtige philosophische Gedanken, so vor allem im XI. Buch die Auseinandersetzung mit dem Problem der Zeit. Sie ist bis in die Gegenwart hinein für die Frage nach dem Wesen der Zeit von Bedeutung geblieben. Durchmustert man die Titel seiner Werke, so werden die Schwerpunkte seines Denkens deutlich. Da geht es um das Glück, die Unsterblichkeit, die Seele, die Freiheit des Menschen, aber auch um den Zusammenhang von Glauben und Wissen. Seine umstrittene Lehre von der Vorherbestimmung wird uns weiter unten noch beschäftigen müssen, ebenso seine für das Mittelalter wichtigen Gedanken über das Schöne.

Hier geht es um andere im Mittelalter einflußreiche Gedanken des Augustinus. Er fordert den Menschen auf, sich von der äußeren Welt abzukehren, um die Wahrheit in sich selbst, im inneren Menschen zu suchen. Indem der Mensch so zu sich zurückkehrt, erhebt er sich zugleich über sich selbst. Er entdeckt nämlich in sich selber seine Verwiesenheit auf das Ewige. Das geschieht einmal durch die unausweichliche Unruhe, in welche ihn sein Verlangen nach Glück hineintreibt. Mit den Neuplatonikern ist sich Augustinus bewußt, daß dieses Glück nur in der Teilhabe des Menschen an der unwandelbaren und selbstgenügsam in sich ruhenden Wahrheit und Schönheit des ewigen Gottes gefunden werden kann. Das Herz, für Augustinus das Wort für die existentielle Mitte des Menschen, seine Liebesfähigkeit, ist darum nach einem berühmt gewordenen Wort aus den »Confessiones« ruhelos, bis es ruht in Gott.

Diese Verwiesenheit auf das Ewige leuchtet uns aber auch auf, wenn wir unsere Beziehung zur Wahrheit philosophisch reflektieren, wie sie in der Mathematik gegeben ist. Ihre Gesetze erweisen sich als schlechthin allgemeingültig. Alle Denkenden müssen in ihnen übereinstimmen, so z. B. in der Notwendigkeit, die Summe von 3 plus 7 als 10 zu errechnen. Dieser logische Sachverhalt ruht unwandelbar in sich selbst. Daß es so ist, haben wir Menschen nicht festgelegt. Wir entdecken es vielmehr als eine Notwendigkeit des Denkens. Wir Menschen verändern uns. Das gilt auch für unseren Geist, denn er vermag neue Einsichten zu erwerben. Er ist nicht durch sich selbst mit der Wahrheit eins, sondern bewegt sich auf sie hin. Sie aber steht, wie wir es an den Zahlen sehen, unwandelbar in sich selbst. Darum ist sie dem menschlichen Geist überlegen. Die Wahrheit übersteigt uns in uns selber. Augustinus hat diesen Gedankengang in einen Gottesbeweis münden lassen (De libero arbitrio und De vera religione).

Als ein Hauptwerk Augustins gilt »De Trinitate – über die Dreieinigkeit«. Augustinus bezieht die biblische Lehre von der Gottebenbildlichkeit des Menschen auf dessen Geist. Als Gottes Bild ist er für Gott aufnahmefähig und kann an ihm teilhaben. Dieser Geist ist einer, vollzieht aber sein Leben, indem er sich in eine Dreiheit entfaltet. So trägt er das Bild des trinitarischen Gottes in sich. Der Geist des Menschen liebt sich selbst. Er lebt in dem Willen, sich selbst zu besitzen und zu genießen. So fallen der Gegenstand seiner Liebe und diese Liebe selbst in eins zusammen, während bei einer Liebe zu etwas anderem der Liebende, das Geliebte und die Liebe selbst auseinandertreten. Nun gibt es keine Liebe ohne eine gewisse Kenntnis des Geliebten. Daher gehören zur Selbstliebe des Geistes drei Momente: Der Geist selbst (mens), seine Erkenntnis (notitia) und seine Liebe (voluntas). Diese Drei treten in der Beziehung des Geistes zu sich selbst hervor, sind aber zugleich identisch. Dabei kann die Selbsterkenntnis als ein Erzeugnis des Geistes verstanden werden, die Liebe dagegen als Antrieb zu dieser Zeugung, als Hinwendung zum Erzeugten und als Verbundenheit mit ihm. Auf diese Weise leuchtet im menschlichen Geist seine, allerdings nur sehr entfernte, Bildhaftigkeit zur Trinität als Einheit von Vater, Sohn (Wort) und Geist auf.

Die göttlichen Personen durchdringen sich in ihrer Einheit gegenseitig. Auch dafür gibt es im menschlichen Geist eine Entsprechung. Augustinus versucht dies am Verhältnis von Erinnerung (memoria), Einsicht (intelligentia) und Liebe = Wille (voluntas) sichtbar zu machen: Wir erinnern uns, daß wir Einsicht und Willen haben. Wir sehen ein, daß wir uns erinnern und lieben. Und wir wollen es, daß wir uns erinnern und einsehen. Dennoch bleiben alle drei sie selbst, nämlich Erinnerung Erinnerung, Einsicht Einsicht und Liebe Liebe. Sie sind gleichursprünglich. Diese Einsicht hat ihre Bedeutung für die Theorie des Geistes, auch wenn man dem christlichen Glauben an den dreieinigen Gott nicht folgt.

Trotz der genannten Gleichursprünglichkeit der Kräfte des Geistes gibt es bei Augustinus einen Vorrang des Willens, der als Liebesfähigkeit verstanden wird. Für Augustinus ist der Mensch das, was er liebt. Lieben heißt, etwas um seiner selbst willen zu schätzen. Eine solche Liebe vollendet sich im Genießen (frui) dessen, was sie liebt. Um seiner selbst willen lieben soll der Mensch aber nur Gott, weil er allein in diesem Sinne liebenswürdig ist. Was in der Welt ist, sollen wir gebrauchen (uti). Lieben wir nämlich die Welt um ihrer selbst willen, dienen wir im Grunde nur uns selbst. Wer sich an sich selbst klammert, sucht Besitz. In dieser Habsucht verlangen wir nach Sinnenfreuden, Besitz, aber auch Wissen. Indem wir das alles unser Eigentum nennen, befriedigen wir unsere Eitelkeit. Die Möglichkeit, so zu leben, hängt mit dem Leib zusammen. Über ihn verfügen wir zunächst, sodann über vieles, das wir uns durch ihn aneignen und auf ihn beziehen. In den Dienst dieser Selbstsucht tritt dann auch die Vernunft als niedere in den weltlichen Wissenschaften ein. Die Aufgabe des Menschen ist es, von diesem »äußeren Menschen« zum »inneren«, geistigen zurückzukehren. Das geschieht, wenn wir in der höheren Vernunft Weisheit realisieren. Sie versucht ein Verstehen aus den »ewigen Gründen«, den Ideen und sucht die Gegenwart Gottes, um ihn in seiner Unbegreiflichkeit, sei es auch nur für Augenblicke, zu berühren. Die Wissenschaft kann auf diesem Wege der Weisheit dienstbar werden, auch die Philosophie. Einen Wert in sich selber besitzen die Wissenschaften aber sowenig als die Welt, auf die sie sich beziehen.

Augustinus begreift den Menschen vom Geist her. Darum muß er versuchen, der Vereinigung von Seele und Leib gerecht zu werden. Von daher kommt eine Spannung in sein Verständnis des Menschen. In ihr spiegelt sich die Schwierigkeit, die Bibel und das neuplatonische Denken in eine Synthese zu bringen. Auch Augustinus sieht das Wesen des Menschen in der Einheit von Seele und Leib. Aber die Seele ist nicht nur der höhere und bessere Teil, sondern auch der schlechthin bestimmende. Durch sie ist der Leib lebendig, sie organisiert ihn. Die Seele dagegen darf in keiner Weise als vom Leib abhängig angesehen werden. Sie verfügt über ihn und gebraucht ihn. Nur durch ihre Vermittlung erlangt der Leib seine Ordnung und Schönheit. Sie bedeuten eine Teilhabe an den göttlichen Ideen. Da der Leib aus sich unfähig ist, mit ihnen in Beziehung zu treten, muß die Seele zwischen ihnen und ihm vermitteln. Darum muß die Seele den Leib auch beherrschen. Von seinen eigenen Antrieben her ist er gefährlich. Augustins Verständnis der Seele als einer den Leib ausschließlich gebrauchenden und beherrschenden Macht hat schwerwiegende Auswirkungen auf das Verhältnis des Mittelalters zu Sinnlichkeit, vor allem Sexualität, und dem Verhältnis des Menschen zur materiellen Welt überhaupt gezeitigt. Der grundsätzlich andere Ansatz des sich auf Aristoteles stützenden scholastischen Denkens hat die praktisch-existentiellen Folgen des Augustinismus in dieser Sache nicht entscheidend überwinden können. Der Materialismus des 19. und 20. Jahrhunderts in seinen verschiedenen Formen muß auch als eine schlechte Alternative zu dem vor allem durch Augustinus Westeuropa vermittelten Verständnis von Leib und Seele angesehen werden.

Umstritten ist Augustins sogenannte Illuminationstheorie (Erleuchtungslehre). Über sie hat er sich zusammenhängend nie geäußert. Es geht dabei um das Problem der apriorischen Strukturen der menschlichen Erkenntnis. »A priori« heißt seit Kant »vor aller Erfahrung«, nämlich Erfahrung ermöglichend und bedingend. Das Problem, welches damit angesprochen wird, ist aber viel älter und gehört seit Platon zu den Grundfragen der Philosophie. Es geht um folgendes: Wir beurteilen, was uns durch Erfahrung zukommt, im Licht schon in uns bereitliegender Ideen und Regeln. Wer z.B. wissen will, was in einem konkreten Streitfall die gerechte Lösung ist, muß schon vorher vom Gedanken der Gerechtigkeit überhaupt bestimmt sein. Oder: Was als schön gilt, ist den wechselnden Moden und Meinungen ausgesetzt. Diese könnten sich aber gar nicht entwickeln, wenn wir nicht zuvor bereits den Gedanken der Schönheit überhaupt zu denken vermöchten. Woher stammt dieses ursprüngliche Wissen? Platon, der Entdecker dieses zentralen Fragebereiches der Philosophie hatte geantwortet: Durch Erinnerung. Diese Auskunft geht von der Voraussetzung aus, die Seelen der Menschen hätten vor ihrer Geburt das »wahrhaft Seiende«, die unwandelbaren Ideen geschaut. An sie erinnern sie sich beim Anblick der Gestalten und Ereignisse in der sinnlich faßbaren Welt und beurteilen sie dann im Licht der Ideen ihrer Urbilder. Zu der Einsicht, daß es so ist, bringt sie allerdings erst die Philosophie. Die Voraussetzung Platons von einem vorgeburtlichen Leben der Seele hält der Christ Augustinus für absurd. Daher muß er eine andere Erklärung für unser apriorisches Wissen finden. Die Gestalt seiner Antwort bleibt umstritten. Ist es die Natur des menschlichen Geistes selbst, die als Geschöpf Gottes mit dem Licht jener ideellen Erkenntnis begabt ist? Oder »strahlt« Gott dem Menschen dieses geistige Licht ein, in welchem wir die uns in der Welt begegnenden Gegenstände beurteilen? Im Blick auf die einschlägigen Texte neigt man heute zu der Meinung, daß Augustinus wohl nicht habe sagen wollen, daß wir im Augenblick der Begegnung mit einem innerweltlich Seienden es aufgrund einer im selben Augenblick erfolgenden, aktuellen Erleuchtung durch Gott bzw. die Idee dieses Seienden erkennen. Das Mittelalter hat es aber oft so verstanden und diskutiert, als ob Gott es uns ermöglichte, die Dinge in ihren »ewigen Gründen« zu sehen und so der Notwendigkeit und Unveränderlichkeit der Wahrheit teilhaftig zu werden. Augustinus selbst spricht mehr metaphorisch von der Prägung des menschlichen Geistes durch die ewigen Wahrheiten (De civit. Dei, 10, 30).

Von weittragender Bedeutung für das Mittelalter wurde Augustins Spätwerk »De civitate dei – über den Gottesstaat«. In ihm liegt sein Versuch vor, das Christentum gegen den Vorwurf zu verteidigen, es trage die Schuld am Niedergang des Römischen Reiches. Von daher wird Augustinus zu einer umfassenden Deutung der Gesamtgeschichte der Menschheit geführt, soweit sie damals bekannt war oder als bekannt galt. Der Grundgedanke ist folgender: Menschen streben von Natur aus, auf verschiedenen Stufen in Kommunikation miteinanderzutreten und sich zu vergesellschaften. Sie werden zu Freunden, leben in der Hausgemeinschaft, verlangen nach Rechtssicherheit im Staat und erfüllen als Menschheit den Erdkreis (19, 5–7). Das alles geschieht aber unter den Vorzeichen von zwei verschiedenen Grundformen der Liebe, nämlich der Selbstliebe, die Gott verachtet und der Liebe zu Gott, in der sich der Mensch über sich selbst erhebt. Sie sind sozusagen der Nährboden für zwei einander entgegengesetzte Staaten, den irdischen und den Gottesstaat. Kennzeichen des ersten sind Selbstruhm, Herrschsucht, Götzendienst und Verlangen nach den Gütern der Welt, sowohl den leiblichen als auch den geistigen der Menschenweisheit. Auf der anderen Seite zeigen sich Fürsorge und gegenseitiger Dienst, Vertrauen auf Gott und nicht auf die eigene Stärke, Lob und Anbetung des wahren Gottes. Das Symbol der einen Civitas ist Babylon, das später als geschichtliche Macht von Rom abgelöst wurde. Der Gottesstaat dagegen wird durch Jerusalem bezeichnet.

Von diesem Ausgangspunkt her verfolgt Augustinus die Entwicklung und Auseinandersetzung der beiden Staaten vom Beginn der Menschheitsgeschichte an bis zu ihrem Ziel. Es ist das Kommen des himmlischen Jerusalem als Sieg Gottes. Dann tritt die ewige Sabbatruhe ein oder der ewige achte Tag, der mit der Auferstehung Christi von den Toten schon begonnen hat. Dann wird Gott alles in allen sein, weil die Menschen frei geworden sind, ewige Muße genießen und zugleich von ihrer Selbstsucht gereinigt, leer, d.h. »offen für Gott«. Diesen Bedeutungsspielraum bezeichnet das hier von Augustinus verwandte Wort »vacare«. Das siebte Zeitalter »wird unser Sabbat sein, dessen Ende kein Abend ist, sondern der Tag des Herrn, gleichsam der achte ewige, … und die ewige Ruhe vorbildet, nicht nur des Geistes, sondern auch des Leibes! Dann werden wir … schauen und lieben, lieben und loben.« Das wird »dereinst sein … an jenem Ende ohne Ende« (Andresen, 1978, 835).

Der Gottesstaat ist allerdings von Anbeginn auf Erden anwesend, in einzelnen Menschen aus allen Völkern, vor allem aber im Volk Israel und in der Kirche. Augustinus setzt sie aber nicht einfach mit dem Gottesstaat gleich, da es in ihr auch Angehörige des Gegenreiches gibt und in ihm Angehörige des Gottesstaates. Er hat in anderen Schriften die Bedeutung der Kirche stark herausgestellt. Dennoch entzieht er den Gottesstaat der institutionellen Festlegung. Von Karl d. Großen wird durch Einhard berichtet, er habe die Bücher Augustins geschätzt, vor allem aber den »Gottesstaat«. Durch dieses Buch ist seine Idee der Entfaltung eines christlichen Imperiums wohl stark mitbestimmt worden. Das Buch wurde auch zu einer Voraussetzung der mittelalterlichen »Zuordnung von ›regnum‹ und ›sacerdotium‹«. Sie geschah allerdings »im Sinne einer politischen Verkürzung« der Gedanken Augustins. Diese Interpretation auf aktuelle Politik hin »sollte dann nicht nur das frühmittelalterliche Geschichtsbild prägen, sondern auch … überall dort mitsprechen, wo man im Spannungsfeld von Reich und Kirche, Staat und Christenheit aus dem ›Gottesstaat‹ die geschichtliche Legitimierung zu erweisen suchte« (Andresen, XIV).

5. Boethius

Er lebte von 480 bis 525 und stammte aus einem römischen Adelsgeschlecht, den Aniciern. Karriere machte Boethius am Hof des Ostgotenkönigs Theoderich des Großen. Dieser hatte nach seinem Sieg über einen anderen Germanen, Odoaker, den er ermordete, die Herrschaft der Ostgoten über Italien begründet. Er herrschte dem Namen nach als Statthalter des oströmischen (byzantinischen) Kaisers tatsächlich aber aus eigener Machtfülle. Dabei stützte er sich auf die römische Verwaltung, während sich sein Heer aus den Ostgoten rekrutierte. Seine Herrschaft erstreckte sich nördlich bis an die Donau und östlich bis an die Trennungslinie zwischen Ost- und West-Rom. Indem Boethius als römischer Patrizier der Herrschaft des Germanenkönigs dient, wird er zu einer Art Grenzgänger zwischen Antike und Mittelalter:

»Boethius siedelt auf dem schmalen Streifen Niemandsland, der die Zeitalter scheidet; durch diesen geschichtlichen Ort ist sein Lebensschicksal bestimmt. Er weiß, daß die Welt, in der er aufgewachsen ist, dem Untergang geweiht ist; und die heraufkommende Welt ist nicht die seine, obwohl er sich ihr leidenschaftlich zuwenden wird. Weder im Alten noch im Neuen also ist er unangefochten zu Hause.« (Pieper, 1960, 34).

In dieser Situation versucht Boethius die Weitergabe der antiken Philosophie und der auf ihr gründenden Bildung an die neue Zeit. Hätte es damals für sie keine »Rettung vor dem Vergessenwerden« gegeben, »dann wären die Funde und Errungenschaften der Alten Welt zum guten Teil einfach aus der fortwirkenden Geschichte verschwunden.« (Pieper, 1960, 33). Boethius plant eine Übersetzung des gesamten Werkes des Aristoteles ins Lateinische. Wegen seines frühen Todes gelang ihm dies nur zum Teil. Er übersetzte aber auch die »Isagoge« (= »Einführung«) des Porphyrios (233–300). Boethius kommentierte diese Übersetzungen in eigenen Schriften, verfaßte kleinere Schriften zur Logik und theologische Traktate. »Alle diese Schriften wurden wegweisend für die Entstehung des philosophisch-theologischen Denkens im lateinischen Mittelalter ... und ohne seine Aristoteles-Übersetzung hätte man bis zum 13. Jahrhundert im Westen nichts von Aristoteles gekannt.« Allein »durch die Prägekraft seiner Definitionen und Begriffe hätte sich Boethius einen wichtigen Platz in der europäischen Geistesgeschichte gesichert.« (Held, 1990, 305).

Boethius geriet in den Verdacht, in Ost-Rom gegen Theoderich gearbeitet zu haben. Theoderich ließ ihn verhaften und schließlich hinrichten. In der langer Kerkerhaft vor seinem Tod schrieb Boethius ein Werk, welches im Mittelalter eine große Verbreitung fand und »eigentlich ... auch heute noch zum Kanon der Weltliteratur gehören« (Held, 306) sollte. Es trägt den Titel »Trost der Philosophie«. In diesem Buch tritt die Philosophie in Gestalt einer Frau auf, nämlich als Ärztin. Er erhofft nämlich von der Philosophie, daß sie ihm in seiner aufs äußerste bedrängten Situation Heilung gewähren könne. Boethius stützt sich auf stoische und platonische Gedanken. Die Ärztin macht ihm deutlich, er müsse aus den Verwirrungen des Lebens in der äußeren Welt zu sich selbst, in das Innere seiner Seele, zurückkehren, um seine Selbständigkeit gegenüber den Wechselfällen des äußeren Glücks und Unglücks zu finden. Mit Aristoteles teilt er die Überzeugung, das Glück müsse eine selbstgenugsame, in sich ruhende Lebensfülle gewähren. Denn nur als ein in sich selbst erfüllter vermag der Mensch seine Unabhängigkeit zu erreichen. Ein solches Glück kann nur in der in sich selbst ruhenden Fülle des Einen, Ewigen, des Seins, gefunden werden, welches Boethius auch Gott nennt. Er folgt der platonisch-neuplatonischen Tradition, welche das Glück des Menschen in der Teilhabe an dieser Transzendenz sucht.

Boethius setzt sich sodann mit der Frage auseinander, warum es den Treulosen, Korrupten, Machtlüsternen, Ungerechten und Habgierigen in der Welt oft gut geht, während »seine Bemühung um Gerechtigkeit in der Politik ihn ins tiefste Elend gestürzt hat« (Held, 311). Boethius hilft sich mit dem Gedanken, das Glück der Bösen sei ein Scheinglück. Darüber, daß es so ist, vermag uns die Philosophie aufzuklären. Dennoch läßt sich nicht leugnen: Gute Menschen müssen oft leiden, während die Schuldigen im äußeren Glück leben. Glück und Unglück sind ungerecht verteilt. Angesichts dieser bedrückenden Erfahrung beruft sich Boethius auf die Unerforschlichkeit der göttlichen Vorsehung: Was uns als sinnblindes Schicksal erscheint, kann doch von der göttlichen Vorsehung her zu einem Sinn finden. Darauf müssen wir vertrauen. Unterliegt aber alles Geschehen in der Welt dieser Vorsehung, wird dann nicht die Freiheit des Menschen aufgehoben? Bestimmt nicht der alles vorsehende Blick im voraus unsere Entscheidungen und Handlungen, so daß wir nicht für sie verantwortlich sind? Wird so nicht in letzter Konsequenz der Unterschied von Gut und Böse aufgehoben? Auf diese Fragen antwortet Boethius im streng neuplatonischen Sinn: In Gott gibt es keine Zeit, keine Unterschiede von Zukunft, Vergangenheit und Gegenwart. Er ist nämlich reine Gegenwart, d. h. Ewigkeit.

In diesem Zusammenhang gibt Boethius seine berühmt gewordene Bestimmung der Ewigkeit. Zusammen mit einigen anderen Definitionen des Boethius, vor allem der Person, ist sie durch das ganze Mittelalter weitergetragen worden. Auch heute noch muß sich jeder, der es mit der Frage nach Ewigkeit und Zeit aufnehmen will, auf sie einlassen. Sie lautet: »Ewigkeit ist der vollkommene Besitz der unbegrenzten Lebensfülle seiner Ganzheit nach in reiner Gegenwart (Aeternitas est interminabilis vitae tota simul et perfecta possesio). Ist Gott in diesem Sinne ewig und somit jenseits aller Zeitlichkeit, kann seine Vorsehung keine Festlegung zeitlicher Ereignisse bedeuten. Daß Gott sie wissend immer schon umgreift, besagt dann, »daß für Ihn alles Vergangene, Heutige, Zukünftige« zugleich da ist in der Gegenwart »eines ewigen Jetzt«. Aus einer solchen ewigen Schau folgt aber keine Bestimmung des zeitlichen Geschehens. Dieses verbleibt in seiner eigenen Dimension. Daraus folgt auch: »Die menschliche Freiheit bleibt unversehrt.« (De Vogel, 136).

In dem Buch über den Trost der Philosophie tritt die Polarität deutlich hervor, in welcher Boethius lebte. Er folgt einerseits der Tendenz spätantiker Philosophie zur »Sammlung auf Gott, das Eine, Wesentliche, Ewige«. Sie hängt mit einer Abkehr von der Beteiligung am politischen Leben in den zerfallenden Ordnungen der Antike zusammen. Andererseits waren Boethius politische Karriere, Machtausübung, aber auch Verantwortung für den Staat, »Anerkennung und Glanz« vertraut, die damit verbunden sein können.

»Er ist wie Cicero und Augustin ein römischer, lateinischer Denker; deshalb kann er der Tendenz zur Entpolitisierung, die sich in der Philosophie seit dem Hellenismus durchgesetzt hatte, nur mit Zögern folgen. Wie bei Cicero und Augustinus nehmen die politischen Phänomene und deshalb Macht, Herrschaft, Ruhm, Ämter und Würden auch seine Aufmerksamkeit gefangen. Aber in der Krise seiner politischen Existenz, im Scheitern seines Daseins entscheidet er sich für die stoisch-neuplatonische Verinnerlichung, den radikalen Abschied vom Politischen« (Held, 316).

Zweifellos war Boethius ein »Wegbereiter des mittelalterlichen Denkens« (Held, 316). Aber er steht selber noch in der Spätantike. Denn die »Herrschaft Odoakers oder Theoderichs« bedeutet in Italien keineswegs »den Untergang der Antike, reagieren doch beide noch ganz von antiken Voraussetzungen her« (Angenendt, 158). Das gilt, obwohl Boethius dem Mittelalter nicht nur durch seine Übertragung antiker Autoren ins Lateinische zentrale philosophische Begriffe vermittelt hat, sondern sich auch Probleme und Weiterentwicklungen in der mittelalterlichen Philosophie zum Teil von den Vorgaben des Boethius her entfalteten. Durch den Einfluß seiner Schriften wurde bereits der Frühscholastik Aristoteles als Logiker und als Metaphysiker bekannt.

»Boethius ist fast ausschließlich der Präger und Vermittler des Aristotelismus für die Frühzeit der Scholastik. In formeller Beziehung gab er den ersten Anstoß und die erste Anleitung zu eigenen Interpretierungs- und Kommentierungsversuchen und bildete das einflußreiche Vorbild für die im Mittelalter viel geübte Literaturgattung des philosophischen Kommentars.« (Geyer, 137).

Es muß auch auf die Bedeutung des Boethius für die Grundlegung des mittelalterlichen Bildungswesens hingewiesen werden. Sie wurde für den Begriff der Philosophie und ihre Stellung im Gefüge dieses Bildungswesens wichtig. Es geht dabei um die sogenannten artes liberales (freie Künste). Sie gehen bis auf die griechischen Sophisten zurück und wurden am Ende der Antike in einem System von sieben Disziplinen zusammengefaßt. Im Mittelalter unterschied man das Trivium und das Quadrivium. Das Trivium, wohl zuerst von Isidor v. Sevilla so bezeichnet, umfaßte Grammatik, Rhetorik und Dialektik. Das Quadrivium, das schon bei Boethius unter diesem Namen auftaucht, schließt Arithmetik, Musik, Geometrie und Astronomie in sich. Boethius verstand es als Voraussetzung für die Philosophie im Anschluß an die antike Tradition. Sie hießen »freie« Künste, weil man sie in der Antike für eines freien Mannes würdig und erstrebenswert hielt. Sie beziehen sich nämlich nicht auf irgendeine Art von Nutzen im Sinne der Selbsterhaltung und Lebensbewältigung, sondern vermitteln Wissen und Fähigkeiten, welche in sich selber einen kulturellen Sinn tragen. Die sieben freien Künste bezeichnen nicht nur für die Philosophie unerläßliche Voraussetzungen. Vielmehr gilt: »Der Begriff Philosophie bezeichnet ... – und das gilt bis ins zwölfte Jahrh. – das durch die sieben freien Künste erwerbbare Wissen« (Kobusch, 634).

Boethius galt dem Mittelalter auch als wichtiges Beispiel für die Vereinbarkeit von christlichem Glauben und philosophierender Vernunft. In seinen Opuscula sacra versucht Boethius die theologische Glaubenslehre mit Hilfe von philosophischen Begriffen und logischen Methoden zu erfassen und zu durchdringen. Für Boethius gilt die Forderung Augustins: »Verbinde Glauben und Vernunft soweit du kannst.«

6. Dionysius Areopagita

Wahrscheinlich gegen Ende des 5. Jahrhunderts n. Chr. sind wohl in Syrien oder innerhalb syrischer Kreise in Konstantinopel Schriften entstanden, welche man als »Corpus Areopagiticum« (CA) zusammenfaßt. Das CA umfaßt folgende Schriften: Über die göttlichen Namen (De divinis nominibus = DN), Über die mystische Theologie (De mystica theologia = MTh), Über die himmliche Hierarchie (De caelesti Hierarchia = CH), Über die kirchliche Hierarchie (De ecclesiastica hierarchia = EH). Seit sie im Jahre 533 in Konstantinopel bei einer Kontroverse über die Frage, ob es in Christus eine oder zwei Naturen gibt, eine Rolle gespielt hatten, gewannen sie im christlichen Osten immer mehr an Bedeutung. Nachdem sie durch ein Geschenk Kaiser Michael d. Stammlers von Ost-Rom an den Nachfolger und Sohn Karl d. Großen, Ludwig d. Frommen, gelangt waren, gewannen sie auch im Westen höchste Autorität und wurden für das Mittelalter zu einer wichtigen Quelle seines Denkens. Das hing sicher auch damit zusammen, daß der uns unbekannte Verfaser sei jener Dionysius, welcher gemäß der Apostelgeschichte (17,34) nach der Rede des Paulus auf dem Areopag in Athen diesem nachgefolgt sei. Als angebliche Schriften eines Apostelschülers wurden sie verehrt »fast wie die Bibel selbst« (Gilson/Böhner 131). Allerdings muß beachtet werden, daß sich der Verfasser jener 533 aufgetauchten Texte als »Dionysius d. Ältere« bezeichnete. Durch »Einfügung von ... Details« erweckte er »jedoch den Eindruck ..., als sei er ein Zeitgenosse der Apostel ...; was wunder, daß man ihn umgehend mit dem ›bekannten‹ Dionysios Areopagites von Apg. 17,34 identifizierte« (Ritter, 112).

Abt Hilduin von St. Denis (um 830) identifizierte den Verfasser nicht nur mit Dionysius Areopagita, sondern auch mit Dionysius, der als Apostel Frankreichs gilt und erster Bischof von Paris gewesen sein soll. Unter Kaiser Decius (249–251) sei er, so heißt es, den Märtyrertod gestorben. Außerdem übernahm »Dionysius die Rolle des antiken Weingottes Dionysos«, was »heute selten erwähnt« wird. Abt Hilduin aber »sah es als einen Vorzug seines Dionysius an, daß er ein Nachkomme des »großen Dionysius« sei, der den Weinstock aufgebracht habe. Auch griechische Bauern des 19. Jahrhunderts erzählten westlichen Reisenden von Dionysius als dem Patron des Weines.« (Flasch, 1992).

Es wäre verfehlt, die große Wirkungsgeschichte des CA ausschließlich auf die Autorität zurückzuführen, welche sie als angebliche Werke eines Apostelschülers gewannen. In ihnen wurde vielmehr eine Synthese von christlichem Glauben und neuplatonischer Philosophie vollzogen: »Der Versuch, neuplatonische Vorstellungen ... dem Christentum zu integrieren, dieses mit neuplatonischer Begrifflichkeit auch theologisch formulierbar zu machen, war ... in der unbeirrbaren Entschiedenheit des dionysischen Zugriffs und seiner Diktion« (Ruh, 1990, 41) eine Neuerung, welche faszinierte, aber auch Gegnerschaft hervorrief. Pseudo-Dionysius kam dem Verlangen nach einem zusammenhängenden Gesamtverständnis der Wirklichkeit entgegen. Zugleich eröffnete er mystische Dimensionen. Gerade durch sie gewann sein Autor »in der Geschichte der mittelalterlichen Theologie und Philosophie außergewöhnlichen Einfluß ..., nicht zuletzt auf Meister Eckhart. Nikolaus v. Kues nennt ihn »jenen größten unter den Erforschern des Göttlichen« (De docta ignorantia I 16). Die Stimme des Nikolaus v. Kues ist deshalb bemerkenswert, weil er seine Hochschätzung nicht unbedingt von der Verfasserschaft des Apostelschülers Dionysius abhängig gemacht hat. Wie vor ihm schon P. Abelaerd, äußerte er nämlich Zweifel daran, der Verfasser des CA sei identisch mit dem Apostelschüler Dionysius. Nachdem diese Zweifel verstärkt in der Renaissance von Lorenzo Valla sowie von Erasmus v. Rotterdam vorgetragen worden waren und sich die Kritik immer mehr durchsetzte, gelangte man schließlich zu der Einsicht, daß die Schriften des CA erst gegen Ende des 5. Jahrhunderts geschrieben seien, also unmöglich von einem Apostelschüler stammen können. Diese 1895 von J. Stiglmayr und H. Koch vorgetragene Auffassung beruht auf der Gewißheit, der Autor setze die Kenntnis Plotins, anderer Neuplatoniker und vor allem des Proclos voraus. Aber auch diese Ergebnisse historisch-kritischer Wissenschaft haben die Wirkungsgeschichte der pseudo-dionysischen Schriften keineswegs beendet.

Im Zentrum des diese Schriften bestimmenden Denkens steht die Verborgenheit Gottes und der Aufstieg des menschlichen Geistes in das dunkle Licht der Gottheit. Damit hängt aufs engste die Frage nach den Möglichkeiten des Menschen zusammen, über Gott zu sprechen. Für den Pseudo-Areopagiten ist Gott wegen seiner absoluten Unbegrenztheit der »überwesentliche Gott«, welcher alle begrenzten Wesen schlechthin übersteigt. Als der zuletzt für uns Unerkennbare und Unaussprechliche verbirgt er sich im Nichtwissen, Nichtwort und im Nichtname. Im neuplatonischen Sinn ist er der Eine, als solcher das Gute, welches bei Dionysius zugleich als das Schöne gilt. In dieser Gutheit teilt er sich mit und ist so die überwesentliche Ursache alles Seienden. Als die absolute Einheit des Guten und des Schönen kann er auch geistiges Licht und Liebe genannt werden. Aus seiner Überfülle bringt das Gute alles hervor und läßt den Strahl des Lichtes, das es selber ist, auf allem ruhen. Diese Lichthaftigkeit wirkt in den geistigen Wesen, je nach dem Maß ihrer Teilhabe an dem Licht, Erkenntnis begründend sowie Irrtum und Unwissenheit vertreibend. Der Hervorgang der Welt aus dem Guten wird ebenfalls als ein Erleuchtungsgeschehen gedeutet. Zum Sein kommen, heißt erleuchtet werden.

Das Bild des Lichtes bei Dionysius kann nur richtig verstanden werden, wenn man seine Unterscheidung zwischen dem sichtbaren, sinnlichen Licht und dem geistigen, dem intelligiblen Licht ernstnimmt. Es ist deutlich im Anschluß an das Gute in Platons »Politeia« konzipiert, nämlich als ein die Vernunftwesen in ihrer Erkenntnisfähigkeit erleuchtendes Licht, das aber zugleich alle Wesen trägt. Da alles ein aus seinem Überströmen leuchtender Lichtstrahl ist, ergibt sich zugleich der innere Zusammenhang des Guten mit der Schönheit. Das Licht wird als Schönheit bezeichnet, weil es Schönheit verleiht. Die Schönheit ist schöpferische Ursache. Sie verleiht allem Schönen ihre Schönheit, so daß jedes Schöne an der ursprünglichen Schönheit Teilhabe besitzt. Sie wirkt sich als eine Kraft der Vereinigung aus. Zugleich zieht die Schönheit alles auf sich als das Ziel

jeglichen Strebens. Daher bewegt es die Seienden (Suchla, 46f).
Indem es in allem aufleuchtet, ruft es den Menschen an. Gemäß
einem griechischen Wortspiel ist das Schöne nämlich das Rufende,
der Strahl aus dem Absoluten, durch den es die geistbegabte Seele zu
sich zurückruft. In der Schönheit fallen Ursprung und Ziel in eins
zusammen. Um des Schönen willen entsteht nämlich alles. Weil es
das von allen Begehrte ist, wird es als mit dem Guten identisch
angesehen.

Der Areopagite weiß sich der Bibel verpflichtet. In ihr findet er die
Namenlosigkeit des überwesentlichen Gottes zum Ausdruck gebracht, stößt in ihr aber auch auf eine Vielzahl von göttlichen Namen. Diese Namen sind möglich und notwendig, weil Gott, der in
sich selber jenseits aller Bezeichnungen durch menschliche Sprache
lebt, die Ursache von allem ist, so daß alles in ihm seinen Bestand hat
und von seiner Vorsehung geleitet wird. Diese Überzeugung, daß
Aussagen über Gott von seinen Werken her möglich sind, in welchen er sich gleichsam nach außen kundtut, die Sprache aber versagt,
sobald wir versuchen, sein Wesen zu ergründen, findet sich bereits
bei Gregor von Nyssa (335–394). In der Bibel gibt es aber nicht nur
göttliche Namen, welche von der Welt und dem Wirken Gottes in
ihr hergenommen sind. Es findet sich vielmehr in ihr ein Name
Gottes, welcher als Name alle Namen ins Namenlose übersteigt. Es
ist der »Wunderbare« (Ri 13,18). Er ist »der namenlose Name, der
über jeden ›genannten Namen‹ erhabene Name, sowohl ›in dieser
Welt‹ als auch ›in der zukünftigen‹« (Eph 1,21). So kennt Dionysius
symbolische und positive Aussagen über Gott, die aber alle zuletzt
aufgehoben werden müssen. Diesen drei Wegen der Gotteserkenntnis sind die Grundformen der Theologie zugeordnet, die symbolische, die bejahende und die verneinende (negative) Theologie als
Überstieg in das dunkle Licht.

Diesen Überstieg scheint der Pseudo-Dionysius durch seinen
eigenen Sprachstil nachahmen zu wollen. Man hat ihn »als ›barock‹,
›unnatürlich‹, ›dunkel‹, ›verdrechselt‹, ›orgiastisch‹ empfunden.
Man kann aber seine »Einzigartigkeit und Unverwechselbarkeit«
nicht bestreiten. Sie befindet sich nämlich in Entsprechung »zur
theologisch-spirituellen Aussage« des Dionysius. Es handelt sich
daher »um einen originalen Stil« (Ruh, 68). Er zeichnet sich durch
den häufigen Gebrauch des Superlativs, steigernde Adjektive, sakra-
lisierend-feierliche Sprechweise, verneinende Ausdrücke in Bezug
auf Gott und vor allem Wortbildungen mit »über« aus, welche oft
gehäuft zusammengestellt werden. Um einen Eindruck von der,
allerdings in der Übersetzung nur gebrochen darstellbaren, Eigentümlichkeit des pseudo-dionysischen Stiles zu vermitteln, sei der

Anfang der Schrift über die mystische Theologie in der Übersetzung von Kurt Ruh (69) hier wiedergegeben:

»Überwesentliche, übergöttliche und übergute Dreieinigkeit, Leiterin der Theosophie der Christen, führe uns auf den über alle Erkennbarkeit Erhabenen, im Überlicht strahlenden höchsten Gipfel der mystischen Erkenntnisse, dorthin, wo die einfachen, unverhüllten und unwandelbaren Geheimnisse der Theologie im überhellen Dunkel des geheimnisumhüllten Schweigens enthüllt werden, Geheimnisse, die in ihrem Finstersten das Überhellste überstrahlen und im gänzlich Unfaßbaren und Unsichtbaren, mehr als der überschönste Glanz es vermag, die augenlosen Geistwesen erfüllen.«

Paradoxien wie »das Überhellste überstrahlende Finstere« zielen auf den innersten Kern des dionysischen Denkens und weisen auf den Punkt hin, zu welchem der Leser in immer neuen Bewegungen des Umkreisens dieses Zentrums geführt werden soll. Es ist der Schritt nicht nur über alle leibgebundene Sinnlichkeit hinaus, sondern auch der Überschritt über alle Grenzen der Vernunft und damit der Sprache. Es geht um keine Erkenntnis im üblichen Sinne mehr, sondern um ein Vernehmen jenseits der Vernunft, um ein Betreten der Zone eines Schweigens, in der auch Worte wie Sein und Nichts nicht mehr tragen. Dort erst berühren wir den Ursprung in sich selber. In ihm existiert alles in absoluter Einfachheit voraus, was wir in der Vielheit der Welt auf die verschiedenen Wesen verteilt ausgebreitet finden. Deswegen vermag alles zum Hinweis auf das überhelle Dunkel des geistigen Lichtes zu werden, aus welchem alles ausstrahlt. Darum sind Symbole möglich, welche in ihrer Bildhaftigkeit menschlicher Fassungskraft angemessen sind. Daher können wir aber auch Gottes Namen im Bereich vernunfthafter Begrifflichkeit finden (z. B. der Seiende, der Gute, die Weisheit, der Friede, der Vollkommene, der Eine). In diesem Bereich des theologischen Denkens bemüht sich der Areopagite, trotz seiner engen Bindung an die neuplatonische Philosophie, dem christlichen Glauben an den dreieinigen Gott gerecht zu werden.

Das Universum stellt sich für Dionysius als eine Stufenordnung dar. In ihr nimmt jedes Seiende auf seine ihm gemäße Weise am Licht, am Guten-Schönen teil. Genauer: Das Maß seiner Fassungskraft für diese Teilhabe macht sein Wesen aus. Dabei ist es mit den ihm gleichgeordneten Seienden – etwa der Mensch mit dem Menschen oder Tiere mit Tieren – auf vielfältige Weise verbunden. Zugleich teilt es von seinem Licht an die untergeordneten Wesen mit und strebt zugleich über sich hinaus nach dem je Höheren. Die Höchsten, nämlich die oberste Ordnung der Engel, sind gottunmittelbar. Zugleich ist aber die überwesentliche Gottheit in allem gegenwärtig. Die Welt befindet sich in einer im Drang der Liebe alles einbegreifenden Kreisbewegung, die zugleich in Aufstieg und Abstieg verläuft. Sie wird von der Liebe, dem Eros, bewirkt. Er ist die den Kosmos erfüllende Allkraft, weil in allem Liebenden und allem Geliebten anwesend. Auch er gilt als einer der von der Vernunft auffindbaren Namen Gottes.

In diesem bewegten Stufenbau haben auch die himmlischen Hierarchien ihren Ort. Das Wort ›Hierarchie‹ geht wohl auf Dionysius Areopagita zurück. Die Hierarchien bezeichnen die drei Ordnungen der Engel, welche sich jeweils in weitere drei Ränge untergliedern. Diese entsprechen den drei Stufen, welche der Mensch auf dem Wege zur Vollendung durchlaufen muß: Reinigung, Erleuchtung und Vollendung als der Einung mit dem absoluten Urgrund. In seinem Buch über die kirchliche Hierarchie sieht Dionysius diese Ordnung der Engel sich in der des kirchlichen Lebens widerspiegeln.

7. Der kulturelle Rückgang in der Zeit der Völkerwanderung

Von Boethius abgesehen ist die Zeit der Völkerwanderung im Westen für die Philosophie eine dürftige Periode ohne weiterführende Impulse. Man beschränkt sich darauf, das antike Erbe nicht ganz in Vergessenheit geraten zu lassen, und es an die sich im Übergangsfeld zwischen Antike und Mittelalter abzeichnende neue Welt weiterzugeben.

Nachfolger des Boethius am Hofe Theoderichs wurde Cassiodor (gestorben nach 580). Nach dem Ende seiner Tätigkeit als höchster Beamter Theoderichs und dessen Tochter Amalaswintha lebte er fast 15 Jahre in Konstantinopel. Nach seiner Rückkehr in den Westen gründete er das Kloster Vivarium in Süditalien. In ihm verwirklichte er einen früher schon gehegten Plan, eine theologische Akademie zu errichten. Sie ist wegen der von Cassiodor mit eigenen Mitteln zusammengestellten Bibliothek für die Sammlung und Vervielfältigung antiker Texte durch Abschriften von Bedeutung geworden. Er selbst verfaßte historische Bücher, darunter eine Geschichte der Goten und eine Kirchengeschichte, sowie der Bibelerklärung dienende Schriften. In einer Schrift »De anima« (Über die Seele) versucht er, die Unsterblichkeit des Menschen zu erweisen. Dabei unterscheidet er sie wegen ihrer stets ungeteilten Selbstgegenwart von allem Materiellen. Es ist aus Teilen zusammengesetzt, so daß die Ganzheit niemals in jedem Teil gegenwärtig sein kann. Als nicht in diesem Sinne zusammengesetzt, gilt Cassiodor die Seele im antiken Sinne als einfach. Auch im Leib des Menschen ist sie ungeteilt anwesend. Weil sie durch sich selbst bewegt ist, sieht er in ihr die Gottähnlichkeit des Menschen, welche durch geistige Erkenntnis und Tugenderwerb entfaltet wird. Cassiodor wendet sich gegen die Vorstellung, die Seele sei ein Teil Gottes. Sie ist nämlich nicht wie er unveränderlich. Wohl aber muß sie als Gottes Bild bezeichnet werden. Mit diesem Gedanken kommt es zu einer Verzahnung der philosophischen Lehre von der Seele mit einer zentralen biblischen Aussage über den Menschen.

Cassiodors wichtigstes Werk sind die »Institutiones divinarum et saecularium lectionum«, in welchem also die göttlichen und die weltlichen Studien dargestellt werden. Im zweiten Buch dieses Werkes empfiehlt er das Studium der sieben Künste als theologisch bedeutsam, nämlich als dienlich für Gotteserkenntnis und Bibelstudium. Auch für die Philosophie besitzen die sieben Künste eine vorbereitende Funktion. Die Philosophie selbst umfaßt bei ihm Metaphysik, Physik, Mathematik und philosophische Theologie. Das alles wird als »philosophia inspectiva« zusammengefaßt. Ihr stehen die als »philosophia actualis« bezeichneten »drei klassischen Handlungswissenschaften, Ethik, Ökonomie und Politik« gegenüber. (Kobusch, 634). Eine kurze Zusammenfassung der logischen Schriften des Aristoteles zeigt seine Hauptabsicht an, antikes Erbe nicht verlorengehen zu lassen: »Cassiodorus will in allen seinen Schriften nicht einen wesentlichen Fortschritt des Denkens begründen«, sondern nur von ihm selbst gelesenen Werken »eine übersichtliche Zusammenstellung des Notwendigsten geben« (Geyer, 138), wie er selbst in seiner Schrift über die Seele zum Ausdruck bringt.

Von ähnlichen Zielsetzungen wie Cassiodor ist Isidor von Sevilla (+636) geleitet. Die breit angelegte Tätigkeit dieses Erzbischofs von Sevilla dient ebenfalls der »Vermittlung der antiken ... Bildung an die Mit- und Nachwelt«. Dafür ist eine Exzerpten-Sammlung kennzeichnend. Isidor stellte sie aus den verschiedensten Wissensgebieten unter dem Titel »Origines« oder »Etymologien« zusammen. Er schöpfte dabei aus den Kirchenvätern, aber auch aus anderen antiken Quellen. »Durch dieses Realwörterbuch« wurde »die antike Schultradition« im Rahmen der sieben freien Künste »dem frühmittelalterlichen Unterrichtsbetrieb eingegliedert« (Geyer, 139f).

Die Reduzierung philosophischer und theologischer Bildung auf spärliche Reste, die Notwendigkeit, das antike Erbe nicht ganz in Vergessenheit geraten zu lassen und die Unfähigkeit zur schöpferischen Weiterentwicklung entsprechen dem Zusammenbruch der antiken Kulturwelt. Es herrschten Zustände, »die – von der Antike her gesehen – als ›vorzivilisatorisch‹ bezeichnet werden müssen.« Es gingen »viele Kenntnisse und Techniken« verloren. Auch ist auf einen starken Rückgang der Bevölkerung und eine geringe Dichte der Besiedelung in dieser Zeit hinzuweisen. Für das Gebiet der alten Bundesrepublik Deutschland zum Beispiel wird »eine Bevölkerungszahl von nur einer halben Million angenommen.« Wenige »Siedlungsinseln« lagen im Wald, »meist in der Form undurchdringlicher Urwälder«. Nicht die Stadt, sondern der »Bauernhof und das Dorf mit ihrer agrarischen Selbstversorgung und nur bescheidener handwerklicher Differenzierung bildeten den Lebensrahmen«. Die Verkehrsverhältnisse waren schwierig, so daß es zum Rückgang der öffentlichen Kommunikation kam. Eine solche Welt der »Enturbanisierung« bot wenig Möglichkeiten einer »literarischen und schulischen Bildung« (Angenendt, 146ff). Es kommt im Vergleich zur Spätantike zu einer Abnahme der Schreibfähigkeit. »Lesen konnten noch relativ viele, schreiben nur wenige. Weder Odoaker noch Theoderich d. Große, die es doch zu einer geradezu perfekten Zusammenarbeit mit der römischen Administration brachten, vermochten zu schreiben« (Angenendt, 151). Unter all dem litt auch die Theologie. Denn der christliche Glaube, der an ein Buch, die Bibel, gebunden ist, erfordert sprachliche Bildung, wenn es zu einem vertieften Verständnis des Glaubens kommen soll. In der Antike »hatten sich die christlichen Theologen auf eine ›vernünftige‹ Begründung ihres Glaubens eingelassen und dabei ›die antike Geistigkeit, vor allem die Philosophie, zu Hilfe genommen. Um eine solche Synthese Wirklichkeit werden zu lassen, waren Bücher, Schulen und ein geordneter »Wissenschaftsbetrieb« notwendig. Das alles entsteht nur dort, wo ein »Wirtschaftspotential« freigesetzt wird, welches Voraussetzungen dafür bietet, »daß Möglichkeiten für die über die Alltagsbedürfnisse hinausführende Geistigkeit entstehen«. Im allgemeinen können solche Voraussetzungen nur durch eine »Stadtkultur« verwirklicht werden. »Insofern mußte die Reduzierung des städtischen Lebens im Übergang zum Mittelalter das Christentum empfindlich treffen und die Theologie verdunkeln.« Es kommt zu einer reflektionslosen Volksreligiosität (Angenendt, 156).

Angesichts dieser sozial- und kulturgeschichtlichen Hintergründe der Völkerwanderungszeit mußte es zu einem allgemeinen Neuanfang kommen, wenn die Philosophie und ihr Studium sich wieder entfalten sollten. Dieser Neuanfang ereignete sich in der sog. Karolingischen Renaissance. In ihr die erste Periode der mittelalterlichen Philosophie anzusetzen, hat im Blick auf die oben erörterten Zusammenhänge gute Gründe für sich. Mit der karolingischen Renaissance beginnt daher der folgende Überblick.

II. Die Karolingische Renaissance

1. Allgemeiner geschichtlicher Hintergrund

Am Weihnachtsfest des Jahres 800 wird Karl d. Große durch Papst Leo III. zum Kaiser gekrönt. Karl ist der Überzeugung, dadurch Nachfolger Konstantins d. Großen zu sein, versteht sich als Schutzherr der Kirche und herrscht über ein Reich, das von der Nordsee bis nach Rom, von Nordspanien bis zur Ostsee und vom Atlantik bis zur Grenze Bayerns nach Kärnten hin reicht. Es wurde zur Grundlage des mittelalterlichen Europa und der aus ihm hervorgegangenen kontinental-europäischen Nationen.

Karls Regierung entsprach einem »Regierungskonzept«. Sein wichtigster Berater, Alkuin, hat es formuliert: Der Herrscher muß »Böses berichtigen, Gutes bestärken« und »selbst mit tugendhaftem Beispiel vorangehen ...«. Frieden und Wohlstand sind nur erreichbar, wenn das Volk, dem Beispiel des Herrschers folgend, tugendhaft lebt: »Rechte Lebensführung bei Herrscher und Volk einerseits, sowie Wohlergehen und Natursegen andererseits bedingen einander.« Das Böse muß unterdrückt werden, das Gute bestärkt. Anderenfalls hat man den Zorn Gottes zu fürchten. Nur das Tun des Guten »verschafft den Lohn des Wohlergehens. Zur guten Regierung gehört darum unabdinglich die ›Pietas‹, die Hinführung zu einem gottgefälligen Leben. Dies betrifft den rechten Glauben, weswegen der Herrscher die Häresien zu bekämpfen und die Mission voranzubringen hat ...«. Notwendig sind der rechte Gottesdienst und »die Sorge um die Armen und Unterdrückten. Karls Herrschaftsverständnis griff ... tief in den innerkirchlichen Bereich hinein.« Karl rechtfertigte dies gegenüber dem Papst »in einem wohl von Alkuin geschriebenen Brief«. Darin betont er, er habe »als König sowohl die äußeren wie auch die inneren Feinde der Kirche zu bezwingen und ... den Glauben zu bestärken ..., während es dem Papst zukomme, mit zum Himmel erhobenen Händen zu beten. Unmißverständlich war dies der Anspruch auf Lenkung auch der inneren Kirchendinge« (Angenendt, 304).

Im Zusammenhang mit diesem Herrschaftsgedanken Karls steht seine Bildungsreform. Karl wollte an der christlichen Spätantike anknüpfen und auch an oströmischer Kultur. Daher ging es um eine Art von Wiedergeburt, eine Renaissance. Der von Karl begonnene Neuanfang war also »nicht eigentlich ›kreativ‹« (Angenendt, 305). Mit ihm schuf Karl »ein zukunftsträchtiges Fundament ..., ein

Fundament sogar für die ganze weitere abendländische Geschichte« (Angenendt, 305).

Karls Bildungsprogramm zielte auf die Wiederherstellung der Schriftkultur. Dazu gehörte eine Schriftreform. Ihr verdanken wir es, »daß bis heute die Länder der sog. westlichen Welt eine gemeinsame Schrift schreiben« (Angenendt, 311). Karl forderte auch literarische Studien. Denn »ohne literarische Bildung« kann es kein angemessenes Bibelverständnis geben. Für den Vollzug des Gottesdienstes war das Latein unentbehrlich. Darum wurde mit der Schriftreform der Erwerb von Lateinkenntnissen verbunden. Vor allem den Klerikern wurde »wenigstens ein Minimum an lateinischer Sprachkenntnis ... abverlangt«. Das Studium des Lateins führte notwendig zur Beschäftigung mit nichtchristlicher antiker Literatur. So sahen sich die »führenden und entschiedenen Vertreter« des christlichen Glaubens, »der Klerus und die Mönche, ... immer wieder einer Kultur ausgesetzt, deren intellektuelle und poetische Kraft versucherisch an sie herantrat«. So war ein »unbefangen in sich ruhendes Christentum ... nicht mehr möglich« (Angenendt, 312).

Es kommt auch zu einer Wiederbelebung der Buchmalerei im Anschluß an die Spätantike. Mit einem aus Anlaß der Taufe von Karls Sohn Pippin 781 entstandenem Evangeliar beginnt eine sich steigernde künstlerische Entwicklung. »Die unbekannten Künstler, die für eine gewisse Zeit an Karls Hof tätig gewesen sein müssen, erreichten eine geradezu vollkommene Wiederbelebung der antiken Kunst.« Man kommt zu einem eindrucksvollen »Spiel von Licht und Schatten« mit einem »illusionistischen Landschaftshintergrund; es gibt keine lineare Begrenzung mehr, nur noch die Farbe und den raschen Duktus des Pinsels« (Angenendt, 314f). Über Aachen hinaus kommt es auch sonst im Anschluß an römische Vorbilder zu großartigen Leistungen der Architektur.

Das Zentrum, von dem aus Karl die Verwirklichung seines Bildungsprogramms erhoffte, war seine Hofschule, die manchmal von den Zeitgenossen auch als »Akademie« bezeichnet wurde. Karl holte Gelehrte und Dichter für eine gewisse Zeit an seinen Hof. Sie konnten dort ihre Studien betreiben, als Lehrer wirken und bildeten »das geistige Element des Hofes«. Diese Männer pflegten vielfältige Verbindungen über das ganze Reich hin. Manche von ihnen wurden »Leiter von Abteien«, so daß sie »ihr Programm weithin auszubreiten vermochten«. Die Konzentration von hervorragenden Gelehrten am Hofe Karls sicherte der Hofschule ein so eindrucksvolles Niveau, daß der an ihr »geübte Lehrbetrieb reichsweit zum Vorbild« wurde (Angenendt, 306).

Im Reiche Karls, auch unter seinen Nachfolgern, wurde das Kloster zum Träger der Bildungsreform. Es wurde zur »Stätte der Kultur« und war gleichzeitig »Zentrum einer ausgedehnten Ökonomie. Überhaupt bildete es so etwas wie einen beispielhaften Kosmos im kleinen« (Angenendt, 401). Hier wurden Bücher produziert, und zwar nicht nur die Bibel, Bibelkommentare, theologische und für die Liturgie benötigte Bücher, sondern auch von heidnischen Autoren stammende Werke. Außerdem unterhielten die Klöster Schulen für ihren Nachwuchs, für angehende Kleriker und die Söhne der politischen Großen. Das Kloster war weithin die einzige Bildungsstätte in der damaligen Zeit.

2. Alkuin

Im Jahre 781 lernte Karl d. Große in Italien den damals schon hoch angesehenen Gelehrten Alkuin aus York kennen. Ihn machte er zum Leiter seiner Hofschule. Er wurde auch Karls Berater auf dem Gebiet der Bildung und in kirchlichen Fragen. In seinem Auftrag verfaßte Alkuin Briefe und wirkte bei der Ausarbeitung wichtiger Erlasse Karls mit. Auf dessen Verlangen erarbeitete er einen lateinischen Bibeltext im Anschluß an die Vulgata, also die von Hieronymus im 4. Jahrhundert verfaßte lateinische Bibel. Der Text Alkuins wurde weit verbreitet und zählt, was die künstlerische Gestaltung angeht, zu den Höhepunkten der karolingischen Buchkunst. Alkuin ging es »um Rechtschreibung, Satzzeichnung, Behebung von allzu offensichtlichen Fehlern und Beseitigung der gröbsten Barbarismen.« (Angenendt, 319). Gegenüber der gewaltsamen Missionierung der Sachsen durch Karl betonte Alkuin, daß die Entscheidung zum christlichen Glauben in Freiheit erfolgen müsse. Er schrieb auch Biographien, z. B. die des Willibrordt, des Apostels der Friesen und Bischofs von Utrecht. Sein Hauptwerk ist theologischer Art. Es handelt von der Dreieinigkeit. Außerdem verfaßte Alkuin Schriften zur Grammatik, Rhetorik und Tugendlehre. Seine Abhandlung über die Seele (De anima ratione ad Eulaliam Virginem) gilt als »die erste Psychologie des Mittelalters« (Ueberweg-Geyer, 161).

»Über die Dreieinigkeit« versteht sich als eine handbuchartige Zusammenfassung der christlichen Lehre im Anschluß an Augustinus. Alkuin bezieht sich auch auf die theologischen Schriften des Boethius. Von beiden Autoren her ergibt sich eine Beziehung zur Philosophie. Wir dürfen »nicht vor dem theologischen Titel dieses Buches« zurückscheuen, »wenn wir Alkuins Umgang mit der Philosophie kennenlernen wollen«. Denn im Mittelalter waren »philosophische Untersuchungen oft in grammatischen oder medizinischen Texten enthalten, häufiger noch in theologischen. Unsere Abtrennungen der Fächer sind späte Produkte. Die Grenzlinien liefen früher anders oder fehlten völlig. Man muß sich auf den Inhalt einlassen; die Überschriften zählen wenig.« (Flasch, 1987, 4) Alkuin selbst ist der Überzeugung, man habe von Augustinus zu lernen, daß die mit dem Glauben an die Dreieinigkeit verbundenen Probleme mit Hilfe der Logik und unter Anwendung philosophischer Kategorien geklärt werden müssen. Er widmet das Buch dem Kaiser, weil dieser die Pflicht habe, für die christliche Unterweisung in seinem Reich zu sorgen, ja selber als Lehrer und Verkündiger der christlichen Botschaft zu betrachten sei. Alkuin hofft, der Kaiser werde mit seiner Autorität dem Buch Ansehen verschaffen. Er versteht Karls Kaisertum also durchaus als theokratisch. Damit befand er sich in Übereinstimmung mit dem Selbstverständnis Karls.

Alkuin verstand unter Philosophie Dialektik = Logik und diese vor allem als Kategorienlehre. Die Kategorien sind für ihn die zehn »allgemeinsten Bestimmungen menschlicher Rede« (Flasch, 1987, 7). Ihren Grund haben sie aber nicht in der Sprache als solcher. Sie sind vielmehr Realitäten, die zu Ursachen unserer Sprache werden. Im Zusammenhang der Lehre von der Trinität geht es Alkuin vor allem um Substanz und Beziehung. Unter Substanz versteht er, was später im mittelalterlichen Denken eher Wesenheit heißt: Zwei Menschen sind als zwei Personen voneinander unterschieden, besitzen aber eine gemeinsame Substanz, weil sie Menschen sind. Da alle Menschen die gleiche menschliche Natur besitzen, bilden »alle Menschen ... eine einzige Substanz« (Flasch, 1987, 8). Das im Allgemeinbegriff ›Mensch‹ ausgedrückte Wesen war ihm also eine alle Menschen umfassende Realität. Er vertritt einen starken Begriffsrealismus. Wir werden sehen, wie sich später an einem solchen Begriffsrealismus heftige Auseinandersetzungen entzündeten, indem im sog. Universalienstreit dieses realistische Verständnis der Begriffe in Frage gestellt wurde. Unter ›relativ‹ versteht Alkuin Bestimmungen, bei welchen in der einen eine andere bereits mitgesetzt ist, z. B. beim Herrn der Knecht oder beim Vater der Sohn und umgekehrt.

Alkuin versucht, die Kategorien auch auf die Bibel anzuwenden und macht sie zu Regeln des Bibelverständnisses. Damit schuf er »die erste mittelalterliche Gesamtdarstellung des christlichen Glaubens«, indem er sie diesen Regeln gemäß in »ein geordnetes Ganzes« (Flasch, 1987, 8) brachte. Das hatte gemäß dem oben erläuterten Reichsverständnis Karls auch einen politischen Sinn (Flasch, 1987, 6f). Freilich wäre es einseitig, Alkuins Denken als bloße politische Ideologie anzusehen, die kein anderes Ziel hat, als Machtverhältnisse zu begründen und Herrschaft zu befestigen. Er und die anderen Träger der karolingischen Reform haben vielmehr Elemente einer auf der Verbindung von christlichem Glauben und Vernunft begründeten Kultur in das Frühmittelalter einführen wollen. Dieses war von starken »archaisierenden« Zügen bestimmt (Angenendt, 45). Frühzeitliche Lebensformen z. B. Sippe und Stamm bestimmten die Sozialordnung. Dämonenglauben, Reliquienfrömmigkeit, der Glaube, sich vor übermenschlichen Mächten schützen zu müssen, aber auch der Tiefstand der Kulturtechniken bezeichnen diese archaisierenden, frühmenschlichen Verhältnissen ähnlichen Strukturen im Frühmittelalter. Wenn Alkuin im Anschluß an die Antike großen Wert auf das Studium der sieben freien Künste als Inbegriff der weltlichen Weisheit legt, die Zeitgenossen anleitet, mit Hilfe seiner philosophischen Kategorienlehre zu einem vernunftgemäßen Verständnis der Bibel vorzustoßen, so empfiehlt er damit Kräfte, welche jenen archaisierenden Tendenzen entgegenwirken. Wenn er erreichen will, daß man bildliche Ausdrucksweisen in der Bibel als solche durchschaut, so liegen darin Ansätze eines aufgeklärteren Umgangs mit der Bibel.

3. Hrabanus Maurus

Solche Tendenzen Alkuins hat vor allem sein Schüler Hrabanus Maurus aufgegriffen. Für ihn ist im Anschluß an Platon und Cicero die Philosophie »die Erforschung der Natur und die Erkenntnis der menschlichen und göttlichen Dinge, aber auch die ›Würde des Lebens‹, das Bestreben, gut zu leben, die Übung des Todes und die Verachtung der Welt.« Er teilt die Philosophie in theoretische und praktische ein. Auch hier gehen das philosophische und theologische Denken im Sinne der Bibelauslegung ineinander über. Denn für ihn ist die »wahre Philosophie in metaphysischer Hinsicht ... Verehrung Gottes in Glaube, Hoffnung und Liebe«. Die praktische Philosophie besteht »in einem sittlich guten Leben« (Kobusch, 634f). Als Abt von Fulda hat Hrabanus Maurus (+856) dort die »berühmteste Klosterschule des ostfränkischen Reiches« geschaffen. Durch ihn, so hat man gesagt, sei »die Schule Alkuins nach Fulda verlegt worden« (Angenendt, 432f). Sein Hauptinteresse galt der Bildung des Klerus. Im Zusammenhang damit haben die sieben freien Künste und die Philosophie erstmalig »Aufnahme in das Studien- und Unterrichtsprogramm einer der bedeutendsten Theologenschulen Deutschlands gefunden« (Geyer, 182).

Aus der Schule des Hrabanus sei Candidus von Fulda wegen seines Gottesbeweises erwähnt: Er setzt anthropologisch beim Menschen an. Dieser findet sich auf der höchsten Stufe einer dreifachen Stufenreihe vor. Die unterste bildet das bloß Seiende, die nächste das Lebende und die dritte, die höchste, nimmt der erkennende Mensch ein. Diese Dreistufung findet sich bereits bei Augustinus. Der Mensch ist nicht allmächtig. Er kann nicht alles, was er will. Es fällt schwer, vorzustellen, daß die Reihe der existierenden Wesen mit dem der Erkenntnis teilhaftigen, aber begrenzten Menschen endet. Über ihm muß noch die Allmacht stehen, Gott, welcher über alles andere verfügt.

4. Johannes Skotus Eriugena

a) Über die Einteilung der Natur

Johannes wurde zwischen 800 und 815 in Irland geboren. Darauf weist sein Name »Eriugena« = der in Irland geborene hin. Der Beiname Skotus bedeutet eine Verdoppelung. Man sollte daher dem Vorschlag von Kurt Ruh folgen, ihn Johannes Eriugena zu nennen, wie er sich selbst bezeichnet hat. Man vermeidet dann Verwechslungen mit Johannes Duns Skotus, dem franziskanischen Denker aus dem 13. Jahrhundert (Ruh, 172). Johannes Eriugena kam an den Hof Karls des Kahlen, wo er eine wichtige Rolle spielte. Von großer Bedeutung wurde für ihn die Bekanntschaft mit den Schriften des Pseudoareopagiten. Nach dem Tode Karls des Kahlen (877), verlieren sich die Spuren des Johannes, so daß wir über sein Lebensende nichts wissen.

Ohne die Aneignung des Denkens des Dionysius Areopagita wäre das Werk des Eriugena nicht möglich geworden. Durch ihn ist Proklos und in diesem Plotin bei Eriugena anwesend. Er bezieht sich aber auch auf die griechischen Kirchenväter, vor allem Gregor von Nyssa (335–394) und Maximos Confessor (580–662) sowie auf Augustinus. Auf dem Hintergrund dieser Quellen schuf Eriugena eine durchaus originelle Synthese. Er ist ein spekulativer Denker ersten Ranges. Johannes vermochte nicht nur mit hoher Gelehrsamkeit die ihm vorliegende Tradition anzueignen, sondern erscheint als ein genialer Selbstdenker in einer Zeit dürftiger kultureller Voraussetzungen. Seinen Schriften stand »in der Zeit ihrer Entstehung, im 9. Jahrhundert, nichts Vergleichbares« gegenüber, weil »deren spekulative Kraft die Möglichkeiten des Zeitalters überforderte«. Daher beginnt die Zeit ihrer Wirksamkeit »erst vom 12. Jahrhundert an ..., als ein neues Lebensgefühl, ein freieres Denken und eine dadurch neu engagierte Wissenschaftlichkeit aufbrach« (Ruh, 1990, 177). Damals wurde seine Übersetzung der Schriften des Pseudo-Dionysius bekannt, aber auch Auszüge aus seinem Hauptwerk »Über die Einteilung der Natur« (De divisione naturae, auch »Periphyseon« genannt). Es war eine Zeit der Neubelebung platonischen und neuplatonischen Denkens und der Begeisterung für die pseudo-dionysischen Schriften. Was die spätere Zeit angeht, so gilt der Einfluß Eriugenas auf Meister Eckhart als wahrscheinlich, da es »im engsten Umkreis von Meister Eckhart eine Dokumentation von Eriugena-Texten gegeben« hat (Ruh, 1990, 181). Man hält es für möglich, daß Eckhart auch die genannten Auszüge aus der Schrift über die Einteilung der Natur gekannt hat. Manche Fragen der Wirkungsgeschichte des Johannes Scotus sind allerdings noch offen.

Das Denken Eriugenas stellt ein umfassendes System dar. In ihm geht es um eine gegenseitige Durchdringung von neuplatonischer Philosophie und Bibelauslegung. Im folgenden soll versucht werden, die tragenden Grundgedanken der Synthese des Eriugena darzustellen, und zwar im Blick auf das Hauptwerk »Über die Einteilung der Natur«.

Zunächst ist ein naheliegendes Mißverständnis auszuräumen: Wenn Eriugena von der Natur spricht, meint er nicht im neuzeitlichen Sinne einen bestimmten, von anderen unterschiedenen Bereich der Wirklichkeit, etwa Natur im Unterschied zu Kultur, wie es z. B. im Gegensatz von Natur- und Geisteswissenschaften zum Ausdruck kommt. Bei Eriugena geht es um die Totalität, das Ganze schlechthin. Es soll in seiner Entfaltung dargestellt werden, d. h. als Hervorgang aus dem Ursprung, als Erscheinung dieses Ursprungs in der Welt und als Bewegung der Rückkehr des Ganzen zu dem Ursprung. In diesem Rahmen will Eriugena auch die Grunddaten der Heilsgeschichte im biblischen Sinne verstanden wissen: Schöpfung, Sündenfall, Erlösung und Rückführung von Mensch und Welt in Christus zur endzeitlichen Vollendung. Das ist der Zusammenhang hinsichtlich dessen Eriugena von Einteilungen spricht.

Er setzt mit der fundamentalsten Unterscheidung ein, die es überhaupt gibt, nämlich der von Sein und Nichts. Er bemüht sich, sie in den verschiedensten Sachverhalten aufzuspüren. Zuerst findet sie sich in Gott. Wegen der Unbestimmbarkeit seiner Natur, von der noch zu reden sein wird, ist er wie nichts. Aber er existiert, ist also. Weil er so jenseits von Sein und Nichts steht, lassen sich die Kategorien des Aristoteles nicht auf ihn anwenden. Er ist überkategorial, d. h. kein Seiendes von der Art der Seienden in der Welt. Jenseits des Seins ist auch das Wesen der Dinge, insofern es für uns unter seinen

Akzidentien (Eigenschaften, Quantitäten, usw.) verborgen bleibt. Aber es gilt doch auch: Die Wesenheiten sind. Sodann zeigt sich das Nichts in den Seienden in ihrer Unterschiedenheit voneinander. Etwas ist z. B. ein Mensch, indem er kein Engel ist. Ohne das Nichtsein des Engels kein Sein des Menschen und umgekehrt. Behauptung und Verneinung tragen sich gegenseitig. Sodann müssen wir den Unterschied von dem beachten, was schon ist und dem, was noch werden kann. Auch hier sind Sein und Nichts aufeinander bezogen. Weiter erklärt Eriugena, gegenüber den Ideen sei ihre Verwirklichung in der Welt eine Art von Nichtsein. Die letzte Weise der Verflechtung von Sein und Nichtsein erscheint im Unterschied des jetzigen Zustandes des Menschen von seiner ursprünglichen Verfassung, aus welcher er herausgefallen ist.

Eriugena gelangt von der ersten Unterscheidung aus zu einer vierfachen Einteilung der Natur. Sie ist die Natur, welche schafft und nicht geschaffen wird, sodann die, welche geschaffen wird und schafft, diejenige, welche geschaffen wird und nicht schafft und schließlich die Natur, welche nicht schafft und nicht geschaffen wird.

Natur im ersten Sinne ist als der Urgrund von allem die ungeschaffene Gottheit, die ewige Natur schlechthin. Sie ist in allem anwesend. Daher kann alles Seiende als ihre Erscheinung, als Theophanie (Gotteserscheinung) verstanden werden. Die erste Natur, die Gottheit selbst, ist für sich genommen nichts im Sinne dessen, was in der Welt ist. Sie geht, indem sie schafft, dazu über, etwas zu sein. Damit tritt Gott in den Bereich des sinnlich und geistig Erkennbaren ein. Das gilt auch für ihn selbst. Denn in sich selbst steht er jenseits aller bestimmbaren Objekte. Darum ist auch für ihn die Schöpfung seine eigene Erscheinung. In ihr bringt er die verborgen in ihm eingefaltete überwesentliche Fülle in der Vielheit des Seienden zur Darstellung und so auch vor sich selber. Auf diese Weise ist Gott nicht nur in seiner unantastbaren Grenzenlosigkeit das Eine über allem, sondern auch alles als die eine Natur.

Der Hervorgang oder Abstieg aus der ungeschaffenen Natur in die geschaffene, beginnt mit der bereits geschaffenen Natur, die selber weiterschafft. Damit bezeichnet Eriugena zunächst die Urbilder, denen gemäß die Gattungen und Arten und auch die Einzelwesen in der Welt im Geist Gottes schon entfaltet sind, bevor sie in der sichtbaren Welt in Erscheinung treten. Eriugena legt großen Wert auf die Feststellung, daß diese Prototypen oder Ideen als die Bestimmungsgründe der zeitlichen Erscheinungen gelten müssen, selber aber nicht der Zeit unterliegen. Sie sind gleich ewig mit Gott aber doch nicht einfach mit seiner Natur im ersten Sinn der Einteilung identisch. Sie gelten als erste Form seiner Selbstdarstellung. Für unser menschliches Erkennen entspricht ihnen die Vielheit der Dinge. Durch sie werden Unterscheidungen, Ähnlichkeiten und Unähnlichkeiten möglich. In Gott fallen sie aber in eine Einheit zusammen, sozusagen in eine einzige Uridee. In ihr treffen sie sich wie die Radien eines Kreises im Mittelpunkt. Aus ihr entfalten sie sich wie die Zahlen aus der Einheit. Sie ist mit dem ewigen Logos, dem Wort Gottes, identisch. In ihm ist alles vor den Dingen und der Zeit aus dem Vater geboren. Die Hervorbringung des Wortes ist aufs engste mit der Schöpfung verknüpft. In ihm bringt Gott vor aller Zeit die geschaffene Welt hervor. Der Logos wird hier zum Inbegriff einer rein geistigen, vorzeitlichen und vormateriellen Welt.

Die dritte Weise der Natur ist die, welche geschaffen ist, aber nicht schafft. Es ist die Welt der Vielheit der Seienden. Auch sie gilt als Gottes Selbstentfaltung und daher als Theophanie, als Erscheinung Gottes. Immer wieder bemüht sich Eriugena, den Pantheismus als schlichte Identifizierung von Gott und Welt abzuweisen. Aber er bleibt doch auch immer dabei, daß die Welt seine Erscheinungsweise und insofern er selbst ist. Er ist in allem und erscheint in allem. Zugleich bleibt er aber so jenseits von allem, daß Eriugena sagen kann, es handele sich in der Schöpfung um seine »Erscheinung« als »des Nichterscheinenden, das Offenbarwerden des Verborgenen ...«. In dieser Dialektik, welche Eriugena zu paradoxen Formulierungen zwingt, liegt der Sinn der Schöpfung. In ihr wird Gott »allschaffend zu etwas in allem Geschaffenen (omnia creans in omnibus creatum)« (Kreuzer, 1991, 12). So wird Gott in allem alles (im Anschluß I, Kor 15,28). Dabei gilt für Eriugena, daß Gott die Schöpfung aus dem Nichts hervorbringt. An diesem Punkt wird besonders deutlich, wie er versucht, grundlegende Inhalte der christlichen Glaubenslehre mit seinem spekulativen System zu versöhnen.

Drei Bereiche gehören zur Gesamtheit dieser aus dem Nichts geschaffenen Theophanie. Es sind die rein geistigen Wesen, die ihnen entgegengesetzte sichtbar-körperliche Welt und in der Mitte zwischen ihnen der Mensch, welcher an den beiden anderen Bereichen anteil hat, weil er aus Leib und Seele besteht. Als diese Mitte umfaßt er in sich die ganze übrige Schöpfung und ist so auf seine Weise alles. Der innere Zusammenhang dieser gestuften Welt wird durch den Begriff der Teilhabe erläutert. Denn die Welt »erstreckt sich zwischen demjenigen, das an keinem Höheren teilhat« (Kreuzer, 13), an dem alles andere teilhat und dem, das nur teilhat, selber aber nichts mehr an sich teilhaben läßt, nämlich der materiellen Körperlichkeit. Auf den übrigen Stufen geschieht sowohl Teilhabe wie Teilgeben.

Die Seienden in der Welt haben in verschiedener Intensität am Urwesen teil. Aber von allen gilt: Ihr Sein ist identisch mit ihrem Licht. Denn in allen erscheint ja Gott, sie sind Theophanie, sie »scheinen« also, sie leuchten und erleuchten, weil sie selber Licht sind. Die Lichtfülle des Urlichtes ist zugleich dunkle Verborgenheit. So scheinen die Wesen der Welt wie die Sterne aus der Nacht göttlicher Dunkelheit, um die Sinn und Vernunft übersteigende Gottheit aufleuchten zu lassen. Diese Leuchten sind vom »Vater der Lichter« geschaffen, wie Eriugena im Anschluß an das Neue Testament schreibt (Jak 1, 17), damit die der geistigen Einsicht fähigen und vernünftigen Geschöpfe ihn aus der Schöpfung erkennen können.

Auch die körperhaften Dinge auf der untersten Stufenfolge des Weltbaues haben an dieser Lichthaftigkeit teil. So erklärt Eriugena in Übereinstimmung mit Dionysius Areopagita: »Dieser Stein oder dieses Holz ist Licht für mich«. Denn die Menschen vermögen sie als in sich selber gut und schön zu erkennen. Sie unterscheiden sich von anderen Seienden nach Gattung und Art. Indem sie in sich selbst zusammenhalten und der Zahl nach eins sind, besitzen sie ihre Identität. In ihr haben sie an der ursprünglichen Einheit teil. Zugleich ist jedes von ihnen als es selbst nicht alles andere, so daß sie auf die übergegensetzliche Einheit von Sein und Nichts in der absoluten Gottheit hinweisen. So stehen sie im Ganzen des vielfältig in sich unterschiedenen Zusammenhangs der Welt. Er ist als das größte Licht aus vielen Teilen »wie aus vielen Lampen zusammengefügt«. Von diesem Stein oder diesem Holz her eröffnet sich der Mensch solche Perspektiven. Zugleich wird er aufgefordert, nach ihrer Ursache zu fragen. So entspricht es dem Verhältnis von Gott und Schöpfung, demgemäß Gott sich als Ursache in der Wirkung vergegenwärtigt, weil sie nichts anderes ist, als »die Wirkung gewordene Ursache« (DN III, 182, 9–12). Diese unaufhebbare Beziehung »von Gott und Kreatur nennt Eriugena das ›maximum argumentum‹« (Kreuzer, 1991, 208).

Wegen ihrer Lichthaftigkeit sind die einzelnen Dinge und die Welt im ganzen nicht nur offen für das Erkennen, sondern zugleich schön. Wo diese Schönheit aufstrahlt, verweist sie »aus der Vielfalt auf das absolute Eine Licht«. Von daher ist die Theophanie »als die lichthafte Selbstoffenbarung Gottes im Seienden« zu verstehen. Mit dieser »Symbolhaftigkeit« (Beierwaltes, 1976, 253) stoßen wir auf den Wendepunkt von Abstieg der Welt aus dem Urgrunde zur Rückkehr in ihn: Die symbolhafte, lichthaft-schöne Struktur des Seienden will den Menschen zu dem sich rückwendenden Aufstieg in die Richtung der absoluten Gottheit provozieren. Diese ist als

Ursprung sogleich Sinn und Ziel der gesamten Ordnung der Welt. Als dieses Ziel bewegt sie alles auf sich hin. Der Mensch ist sozusagen der Weltort dieser Rückwendung. Darum muß jetzt von ihm die Rede sein.

Im Menschen »ist die gesamte Welt der Geschöpfe vereinigt. Er erkennt und denkt wie ein Engel, er empfindet und beherrscht seinen Körper wie ein Tier, und die ganze Kreatur ist in ihm begriffen« (DN IV, 7, 755 b). Dabei gilt die geistige Einsichtsfähigkeit (intellectus) als die Wesenheit (essentia) der menschlichen Seele. In ihr greift der Mensch über die gesamte Schöpfung hinaus, weil er als Geist-Wesen auf Gott bezogen ist. Der zweite Teil der Seele heißt bei Eriugena ratio, Vernunft. Mit ihr ist er auf die Natur und ihre Ursachen ausgerichtet. Außerdem findet sich im Menschen noch der Sinn (sensus). Er bezieht sich auf die Gestalten der sinnlichen Dinge. Eriugena legt aber Wert auf die Feststellung, daß diese Einteilungen der Seele, welche in gewisser Weise den grundlegenden Einteilungen der Natur folgen, uns nicht die Ganzheitlichkeit der menschlichen Seele übersehen lassen dürfen. Denn sie geht immer als ganze in die verschiedenen Vollzüge von intellekt, ratio und sensus ein.

Dennoch gilt: Nur durch den Intellectus ist der Mensch auf Gott bezogen, Bild Gottes und fähig, die Gnadengabe der Vergottung (deificatio) zu empfangen. Bild des von der Trinität her verstandenen Gottes ist er auch, weil er im Erkennen schöpferisch tätig ist. Er bildet das Erkannte nicht einfach ab. Es gilt vielmehr: »Unser Erkenntnisvermögen setzt oder konstituiert seine Gegenstände. Es kann sie nicht so erkennen, wie sie ohne diese Formung im Denken sein mögen« (Kreuzer, 91, 204). Gerade, weil die von uns selbst gesetzten Perspektiven, Begriffe und Unterscheidungen bei Gott an eine unverrückbare Grenze stoßen, entzieht er sich uns in seine Verborgenheit und Unaussprechlichkeit. Unser Geist ist ein Bild der unsichtbaren und unfaßbaren Gottheit. Für sich selbst bleibt er solange unfaßbar, als er sich nicht in Zeichen, z.B. Lauten und Buchstaben äußert oder sich auf andere Weise in der Materie darstellt. In dieser Erscheinung seiner selbst ruht er zugleich unsichtbar in sich.

Für Eriugena ist im Menschen alles andere geschaffen. Denn die Dinge existieren nicht nur in sich selber, sondern dem Begriff nach auch im Menschen. Ihre Erkenntnis ist ihm in seiner eigenen Natur eingepflanzt. Aus dieser allkosmischen Weite seiner Vernunft wird die Würde seiner Gottebenbildlichkeit begründet. Dabei muß bedacht werden, daß für Eriugena die Ideen des Seienden vollkommener sind als ihre Verwirklichung in der sinnlichen Welt. Weil es so ist, kann im Menschen eine umfassende Vergeistigung der Welt geschehen. In ihr geschieht die Rückwendung der Natur in Richtung auf ihre Urform im absoluten Zustand. Christus als der Mensch gewordene Logos Gottes, in welchem alle Ideen konvergieren, ist das Urbild dieser wesensgemäßen Entfaltung des Menschen.

Man darf im Sinne Eriugenas den Menschen in unserer Erfahrung nicht mit dem ursprünglichen verwechseln. Dieser war für die Gemeinschaft mit den Engeln als geistiges Geschöpf im Himmel bestimmt. Ihn versteht Eriugena als den Wesensbereich der unsichtbaren Geschöpfe in einer Welt gestaltloser Materie. Sie ist als das Prinzip aller körperlichen Gebilde selber kein körperlicher Gegenstand. Weder qualitativ noch quantitativ bestimmt, existiert sie in unveränderlicher Unzerstörbarkeit. Als Prinzip der sinnenhaften Sichtbarkeit der körperlichen Welt fällt sie selber nicht in die Sinne und steht nur der Vernunft offen. Sie ist aber nicht definierbar, solange sie durch keine Form bestimmt wird. In dieser völligen Unbestimmtheit entspricht sie der Verborgenheit Gottes, die allen Bestimmungen gegenüber jenseitig ist. Unterhalb ihrer ist nichts mehr. So grenzt die Materie an das Nichts, während Gott jenseits von Sein und Nichts steht. Zwischen ihm und der Materie als der Grenze zum Nichts spannt sich die geschaffene Welt aus.

Ursprünglich war der Mensch zum engelgleichen Leben außerhalb der Körperlichkeit bestimmt. Das besagt nicht, er werde leiblos gedacht. Weil die Körperlichkeit als Idee und Vernunftbegriff nicht mit Verkörperung gleichgesetzt werden darf, ist es möglich, einen körperlosen Leib zu denken. Er lebt gleichsam in die Prinzipien der Körperlichkeit aufgelöst. In diesem körperlosen Menschen hätten sich alle Ideen der Dinge als ebenfalls körperlose Welt gespiegelt.

Kraft eigener Entscheidung hat sich der Mensch dem Niederen zugewandt, statt dem Zug der Vernunft zur absoluten Transzendenz hin zu folgen. Er gab dem Hang des sinnlichen Verlangens nach. Zur Strafe dafür wurde er in einen tierähnlichen Körper versetzt. Im Zusammenhang damit traten auch die Dinge in der körperlichen Welt in ihre unterschiedene Vielheit heraus und verblieben nicht mehr in der ursprünglichen, geistigen Einheit. So hängt das Werden der körperhaften Welt aufs engste mit dem Menschen zusammen. Er schafft sie zwar nicht, aber sie ist doch aufgrund des Menschen geschaffen worden, nämlich in der Voraussicht Gottes, er werde fallen.

Mit der Körperlichkeit ist Vergänglichkeit verbunden. So ist der Mensch in der körperlichen Welt dem Tode ausgeliefert. Er bedeutet für Eriugena den tiefsten Punkt des Sturzes des Menschen. Wenn sich sein Leib ohne Leben, Sinne und Vernunft, auflöst und mit der Erde vermischt, so zeigt sich uns das Gegenstück der Gottebenbild-

lichkeit. Zum gefallenen Menschen gehört auch die Zweigeschlechtlichkeit. Sie hätte den Menschen im ursprünglichen Plan Gottes
nicht bestimmt. Durch sie muß er sich wie die Tiere fortpflanzen.
Damit sowie mit Raum und Zeit hängen die individuellen Unterschiede zwischen den Menschen zusammen. Auch sie hätte es im
Urzustand nicht gegeben. Alle hätten in gleicher Weise die Wesenheit des Menschen repräsentiert.

Tatsächlich hat sich der Mensch niemals in jenem idealen Zustand
befunden. Er wurde vielmehr von Gott in der schon erwähnten
Voraussicht seines Falles in das Paradies versetzt. In ihm waren die
geistigen Kräfte des Menschen so mächtig, daß sie die Leiblichkeit
völlig prägen konnten. Alle animalischen Züge waren nur der Möglichkeit vorhanden. Sie sind erst durch den Fall Realität geworden.
Aber auch im Zustand der Verdunkelung durch Körperhaftigkeit,
Zweigeschlechtlichkeit, Ungleichheit und Tod bleibt die Welt Theophanie. Sie gehört weiterhin zu der Natur, welche geschaffen ist,
aber selber nicht schafft. Aus ihr heraus vollzieht sich die Rückkehr.

Dem Tod folgt die Auferstehung. In ihr geschieht die Wiederherstellung des Paradieses. Für viele Menschen wird es das endgültige
Ziel bedeuten. Es sind jene, die sich in der Normalität der Lebens-
praxis in gewisser Weise bewährt, aber keine metaphysischen Interessen entwickelt haben und an der geistigen Schau keinen Ge-
schmack finden, obwohl sich nur in ihr der menschliche Geist
vollenden kann. Denn sein innerster Bewegungsgrund ist das Verlangen über sich hinaus in die Verborgenheit des schlechthin transzendenten Gottes hinein. Der Mensch kann dies in einer Selbstre-
flexion erkennen. Denn der menschliche Geist denkt nicht nur sein
Sein, sondern auch sein Denken. Er denkt, daß er denkt und erfaßt
sich somit als reine Tätigkeit. Da er sich auch als Vollzugsorgan der
Ideen erkennt und diese mit den sinnlichen Erfahrungen in der Welt
zu vermitteln vermag, bringen gewisse erwählte Menschen das alles
in die Anschauung Gottes mit ein. So wird die letzte Zustandsweise
der Natur erreicht, die ungeschaffen ist und nicht mehr schafft. Alles
rein Animalische wird bei der Verwandlung der Welt in ihren Voll-
endungsstand ausgeschieden werden. Dann sind Engel und Menschen in einem gemeinsamen Geisterreich vereinigt. Erst der Weg
durch Fall und Rückkehr hindurch führt den Menschen zur wahren
Weisheit. Im ersten Paradieseszustand lebte er in einem »Mittleren«
zwischen Weisheit und Nicht-Weisheit, nämlich in einer Art von
naiver Unmittelbarkeit des geistigen Lebens. Er war sich nämlich
seiner Gefährdung durch die Sinnlichkeit noch nicht bewußt. Nach
der Rückkehr ist der Mensch geläutert und belehrt, daher seiner
selbst sicher und besitzt so erst voll verinnerlichte Weisheit.

Der Entwurf Eriugenas ist von einem starken Systemwillen bestimmt. Er stellt sich konsequent auf den Boden des neuplatonischen Denkens von der Einheit her. Alles Geschehen bleibt von der ursprünglichen Einheit umschlossen, sogar der Sündenfall. Seine Auffassung, die Welt sei eine Metamorphose, eine Verwandlung Gottes selbst, wird man kaum im Sinne Eriugenas als eine gültige Interpretation des biblischen Schöpfungsglaubens ansehen können. Die Frage drängt sich auf, ob nicht auch bei Eriugena der tief eingewurzelte Dualismus von Geist und Sinnlichkeit seine Einheitsperspektive durchkreuzt. Denn wie kann die Zuwendung der menschlichen Freiheit zur Sinnlichkeit eine seine Situation in der Welt völlig verändernde strafwürdige Verfehlung sein, wenn alles Gottes Erscheinung ist? Der Einfluß des Origines, Gregor von Nyssas, aber auch Augustins werden hier greifbar. Die dualistischen Tendenzen beziehen sich vor allem auf die Sexualität einschließlich der damit meist verbundenen anthropologischen Abwertung der Frau. Aber auch über diese Sphäre hinaus bleibt das Urteil des Eriugena über die sinnliche Welt zwiespältig. Bei ihm stehen der eindrucksvolle Gedanke von Holz und Eisen, welche ihm ein Licht sind, und die These, die Ideen der Dinge seien besser als sie selbst, nebeneinander. Die neuplatonische Grundspannung von Einheit und Vielheit, Geist und Sinnlichkeit, führt auch bei ihm zu unaufgelösten Schwierigkeiten.

b) Philosophie und Glaube bei J. S. Eriugena
Für Eriugena ist die Bibel Ausgangspunkt des menschlichen Fragens nach der Wahrheit. Denn sie birgt die Offenbarung Gottes in sich. Zunächst muß sie im Glauben hingenommen werden. Ohne ihn ist uns keine tiefere Einsicht möglich. Die Vernunft muß durch den Glauben auf den Weg zu ihrem Ziel hin gebracht werden. Freilich gilt auch: Nur die Vernunft vermag den tieferen Sinn der biblischen Schriften zu erschließen. Bemüht sich die Vernunft darum, gelangt der Mensch zur Erkenntnis des Gesamtzusammenhangs der Wirklichkeit, ihrer Herkunft und ihres Zieles. Zu einer solchen Erkenntnis strebt die Philosophie. Daher ergibt sich: In der vernunftgeleiteten Einsicht in die Bibel erlangt die Philosophie ihren Sinn. Einen Unterschied zwischen ihr und der Theologie im späteren Sinne kennt Eriugena noch nicht. Damit steht er in der Traditionslinie einiger Kirchenväter, für welche der christliche Glaube mit der wahren Philosophie identisch ist. Für Eriugena gilt: Die wahre Philosophie ist die wahre Religion und umgekehrt die wahre Religion die wahre Philosophie. Die Einsicht, welche diese philosophische Religion und religiöse Philosophie gewinnt, gilt Eriugena als Vorwegnahme der seligen Schau in der jenseitigen Vollendung.

Seine philosophische Methode nennt Eriugena Dialektik (DN IV). Sie stellt sich zunächst als »Division«, Einteilung, im Sinne des Titels seines Hauptwerkes dar. Damit bezeichnet sie die Entfaltung einer ursprünglichen Einheit in das in ihr Enthaltene. Sie führt bis zu den Individuen als der letzten Stufe dieser Entfaltung. Ist sie erreicht, so sahen wir, muß der umgekehrte Weg zur Wiederherstellung der ursprünglichen Einheit gegangen werden. Beide Bewegungen zusammen machen die Dialektik aus. Sie entspricht also dem Gang der Natur selbst. Logischer und metaphysischer Prozeß entsprechen einander. Sofern sich die Philosophie Gott und den im Logos enthaltenen Ideen zuwendet, heißt sie Weisheit. Insofern sie den Hervorgang der Dinge aus den Ideen und ihre Einteilung in Gattungen und Arten vollzieht, nennt Eriugena sie Wissenschaft. In ihrem Rahmen weist er den freien Künsten ihre Rolle zu. Auch sie verfahren dialektisch, weil sie jeweils eine Vielheit aus einer ursprünglichen Einheit ableiten und auf sie zurückführen.

Im Kontext des Spannungsfeldes von Glaube und Vernunft wird die Frage nach dem Verhältnis von Wahrheit und Autorität akut. Sie muß auftreten, weil die Offenbarung mit Gottes Autorität der menschlichen Vernunft gegenüber tritt. Die Offenbarung muß aber interpretiert werden, und zwar durch die menschliche Vernunft. Daher können die überlieferten Interpretationen nur die Autorität der Vernunft und nicht der Offenbarung selbst besitzen. Darum hat ihnen gegenüber die Vernunft und nicht die Autorität Vorrang. Zu einem ernsthaften Konflikt zwischen Offenbarung und Vernunft kann es nach Eriugena nicht kommen, da beide aus derselben Quelle stammen, nämlich Gott.

5. Der Prädestinationsstreit

Um die Mitte des 9. Jahrhunderts kam es zu einem heftigen theologischen Streit, an dem auch Eriugena beteiligt war. Es ging um die Vorherbestimmung durch Gott, die Prädestination. Der sächsische Mönch Gottschalk hatte den Streit ausgelöst. Er spielte in einer von vielen schweren Problemen belasteten Zeit. Das fränkische Reich litt unter den Raubzügen von Wikingern, Normannen, Arabern und Ungarn. Regionale Kräfte beherrschten die politische Szene stärker als die Ordnungsmacht des Reiches. Aber in den Kloster- und Domschulen verfügte man nun über bessere Bibliotheken. »Vor allem gab es jetzt eine etwas breiter gestreute Kultur des Lesens und Disputierens, insbesondere in den Klöstern des Westens« (Flasch, 1987

25). Gottschalk (+869) war als Kind von seinem Vater dem Kloster in Fulda übergeben worden. Ein solcher »Oblatus« wurde mit dem Zweck der Versöhnung Gottes als einer Art von Opfer dargebracht. Als Erwachsener wehrte sich Gottschalk gegen den Zwang, der ihm als Kind angetan worden war, und wollte das Kloster verlassen. Abt war damals Hrabanus Maurus. Er stellte sich dem Austritt Gottschalks in den Weg, obwohl ihn die Synode von Mainz 829 gestattet hatte. Gottschalk konnte allerdings Fulda verlassen, mußte aber in ein anderes Kloster in Orbais übersiedeln. Dort verfaßte er seine Schrift »De praedestinatio« im Anschluß an die Lehre des Augustinus von der sog. doppelten Prädestination.

Augustinus hatte sie in seiner Auseinandersetzung mit Pelagius (um 400) entwickelt. Dieser war als Mönch ein entschiedener Asket und moralistischer Kritiker der Gesellschaft einschließlich des Verhaltens vieler Christen. In diesem Zusammenhang betont er die Selbsttätigkeit des Menschen. Er leugnet nicht die Wirksamkeit der Gnade Gottes, betont aber, sie befreie den Menschen zu seinem eigenen Selbsteinsatz. Die Erbsünde im Sinne Augustinus lehnt er ab. Augustinus sieht durch diese Lehre sein eigenes Verständnis des christlichen Glaubens radikal infrage gestellt. Würde man Pelagius folgen, so wäre das Heil des Menschen nicht mehr das Werk der göttlichen Gnade in ihrer absoluten Souveränität. Zwar will auch Augustinus die Freiheit des Menschen nicht schlechthin leugnen, hatte er sie doch vor dem pelagianischen Streit entschieden verteidigt. Nun aber erklärt er, Gott habe einige Menschen von sich aus zum Heil bestimmt, sie sozusagen aus der großen Masse der unter dem Fluch der Erbsünde stehenden Menschheit herausgelesen. Weil er erwählt ist, vermag ein Mensch sich in seiner Freiheit für Gott zu öffnen. Die doppelte Prädestination, welche also die einen von Ewigkeit her verdammt, die anderen dagegen zum Heil aussondert, widerspricht für Augustinus nicht der Gerechtigkeit. Denn an sich sind alle als Sünder der Verdammung schuldig, da alle in Adam eingeschlossen und in ihm gefallen sind. Wenn einige aus diesem schrecklichen Schicksal erlöst werden, so hat keiner ein Recht zu fragen: »Warum jene und nicht ich?«

Auf diese »Logik des Schreckens« (Flasch, 1991) griff Gottschalk in seiner Schrift über die Prädestination zurück. Außerdem berief er sich auf Isidor von Sevilla. Seine Schrift stieß auf entschiedenen Widerstand. Vor allem die Bischöfe sahen in der Unterbewertung der Freiheit des Menschen das gesamte Konzept der karolingischen Ordnung und der Rolle der Kirche in ihr in Gefahr geraten. Damit gerieten sie in eine schwierige Lage, weil sie den Geist der karolingischen Reform gegen eine so große Autorität wie die des Augustinus verteidigen mußten. Gottschalk wurde auf einer Synode in Mainz verurteilt. Sie tagte unter dem Vorsitz des Hrabanus Maurus, jetzt Erzbischof von Mainz, früher Gottschalks Abt in Fulda. Man ließ Gottschalk auspeitschen und zwang ihn, sein Leben unter der Aufsicht des Erzbischofs Hinkmar von Reims als Gefangener im Kloster Orbais zuzubringen. Es wurde auch Lese- und Schreibverbot über ihn verhängt. So stoßen wir auf eine doppelt verwirrte Situation: Im Namen der Freiheit wird ein Mensch gefangen gehalten. Dieser stellte selbst die Freiheit infrage, wollte aber auch nicht hinnehmen, daß man ihn über seine Selbstbestimmung hinweg schon als Kind zum Leben im Kloster gezwungen hatte.

Trotz der Verurteilung Gottschalks ging der Streit weiter, vor allem im Westteil des Frankenreiches. Der verunsicherte Erzbischof Hinkmar verlangte von der Hofschule Karls d. Kahlen ein Gutachten über die ganze Angelegenheit. Dadurch wurde Eriugena in die Auseinandersetzungen hereingezogen und verfaßte das Gutachten unter dem Titel »De divina praedestinatione – Über die göttliche Vorsehung« (850). Für Eriugena ist es bezeichnend, daß er das Problem philosophisch lösen will. Grundlegend ist für ihn die Überzeugung: Der Glaube setzt die Freiheit des Menschen voraus. Gott selbst ist frei. Soll der Mensch Gottes Ebenbild sein, muß auch er frei sein. Diese Freiheit faßt er nicht, wie es sonst häufiger geschieht, als eine Eigenschaft des Menschen auf, die ihm zusammen mit und neben anderen zukommt. Für ihn ist vielmehr die Natur der Seele selbst als ganze Wille und damit Freiheit. Freilich ist die Vernunft ebenso Wesen der Natur der menschlichen Seele. Denn bei Eriugena schließen Vernunft und Wille sich gegenseitig ein. Der Mensch weiß und will. Er will sich selbst in seinem Sein und will auch sein Wissen. Umgekehrt weiß er um sich und sein Wissen. Immer gilt dabei: Wo Vernunft ist, dort ist notwendig auch Freiheit. Diese ist darum ihrer Substanz nach, wesenhaft, frei (Dp 31, 49, 51). Das zu bestreiten, hieße behaupten, der Mensch besitze überhaupt keinen Willen. Diese grundlegenden philosophischen Aussagen über den Menschen entsprechen dem christlichen Glauben wegen der Gottebenbildlichkeit des Menschen, der Lehre von der Sünde und der Erwartung eines Gerichtes Gottes. Ohne die Voraussetzung der Freiheit würden sie alle absurd.

Das alles spricht gegen eine Vorherbestimmung durch Gott. Eriugena ist der Überzeugung, Begriffe wie Vorherbestimmung oder Vorherwissen dürften im strengen Sinne nicht auf Gott angewandt werden. Seiner Natur sind Worte wie »Wahrheit« oder »Weisheit« angemessen, weil sie etwas über ihn selbst aussagen. Dagegen gelten »Vorherwissen« oder »Vorherbestimmung« als zeitgebundene Vorstellungen. Daher dürfen sie nicht ungebrochen und direkt von Gott ausgesagt, sondern müssen hinsichtlich ihrer Aussageabsicht geprüft werden. Ein Wissen Gottes bezüglich der Sünde lehnt Eriugena ab, weil sie kein Seiendes, sondern ein Fehlen einer Bestimmung des Seienden und somit nichts ist. Vom Nichts aber gibt es kein Wissen. Auch kann es kein Gegenstand göttlichen Wollens und Handelns sein.

Gott ist gut, ja er ist »nichts als verströmende Güte« (Flasch, 1987, 32). Aber was meint dann die Rede von Gottes Strafe, von welcher in der Bibel zweifellos die Rede ist? Um diese Frage zu klären, verbindet Eriugena seine theologisch-sprachkritische Argumentation mit einer Entmythologisierung der Vorstellung von der Hölle. Seine Kritik wendet sich gegen die Meinung, Gott habe eine Hölle für die Verdammten als physisch existenten Strafort eingerichtet. Er will die Meinung aus der Welt bringen, Gott habe sozusagen Himmel und Erde und auch noch eine Hölle geschaffen. In Wirklichkeit ist sie kein Teil der Schöpfung. Sie bezeichnet vielmehr eine Verfassung des Menschen. In sie gerät er, wenn er sich kraft seiner Freiheit aus dem Licht Gottes in die Finsternis wegbegibt. Aber das hat keinen endgültigen Charakter. Es gibt nur eine einzige Form der Vorherbestimmung Gottes, nämlich zum Guten und zur vollständigen und ungetrübten Schönheit des gesamten Universums in Gott. Wenn die Hölle als Feuer bezeichnet wird, so handelt es sich hier um einen Vergleich. Er bezeichnet die Selbstverzehrung des Bösen angesichts der aufleuchtenden Wahrheit und Schönheit Gottes, also die Reue. Darin erweist sich »am Bösen« die »Glorie Gottes«.

Eriugenas Schrift fand kaum ein positives Echo. Man hielt sie für einen Rückfall in den Pelagianismus. Vor allem: »Man erkannte: Dies war eine Korrektur Augustins, nicht seine Interpretation« (Flasch, 1986, 167). 1855 wurde Eriugenas Gutachten auf einem Konzil verurteilt. Er selbst wandte sich in der Folgezeit dem durch Dionysius vermittelten Erbe des Neuplatonismus zu und stieß so auf die Quellen seines oben vorgestellten Hauptwerkes.

III. Das 10. und 11. Jahrhundert

1. Das Schweigen der Philosophie im 10. Jahrhundert

Das 10. Jahrhundert hat keine wichtigen Weiterentwicklungen in der Philosophie erbracht. Es gilt als ein schwarzes Loch in der Geschichte der Philosophie. Es fällt hinter das in der karolingischen Renaissance erreichte Niveau zurück. Dafür macht man meist die politisch-wirtschaftliche Gesamtsituation verantwortlich. Die Teilung des fränkischen Reiches nach dem Tode Ludwigs d. Frommen (+840), die Schwächung der kaiserlichen bzw. königlichen Zentralgewalt durch aufstrebende regionale Mächte, vor allem die Zerstörungen durch die oben erwähnten Einfälle brachten auch für Schulen, Studium, Bildung und Wissenschaft erhebliche Rückschläge mit sich. Erst unter den ottonischen Kaisern, vor allem nach dem Sieg Otto I. über die Ungarn 955 bei Augsburg kommt es zu einer Konsolidierung. Im Blick auf manche Gebiete spricht man von einer nun einsetzenden »Verstädterung«. Neue Handelsbeziehungen werden erschlossen und »das Netz der Märkte wird dichter«. Kredit und Geldgeschäfte kommen in Mode. »Das wachsende Gewicht des Fernhandels ist ... kaum mehr zu leugnen, und die These erscheint vielleicht nicht zuweit hergeholt, daß Europa um die Jahrtausendwende bereits – allen christlichen Vorbehalten zum Trotz – den langen Weg in eine kapitalistische Zukunft anzutreten beginnt« (Fried, 46 u. 48). Es kommt auch zu technischen Neuentwicklungen. Diese Vorgänge sind einer Veränderung der Mentalität der Menschen in Richtung auf eine stärkere Entwicklung der Rationalität günstig. Das galt auch für das Leben in den Klöstern. Im Zusammenhang mit der Reform der Klöster hielt man »den Mönch dazu an, bis in die alltäglichen Einzelheiten sein einmal gewähltes Lebenskonzept durchzuführen. Dies war ein wichtiges Übungsfeld methodischen Vorgehens; man untersuchte sorgfältiger, welche Mittel zu welchen Zwecken nötig seien.« Kloster und Welt treten damit aber auch in einen deutlicheren Gegensatz. Die Mönche »brachen mit dem Kulturoptimismus der karolingischen Zeit«. Man suchte eine »eindeutigere Lebensform« und Konsequenz im »Kampf gegen sich selbst, vor allem aber ... gegen die Dämonen« (Flasch, 1986, 183). Es ist bezeichnend, daß für den Weltklerus in dieser Zeit der Zölibat verbindlich eingeführt wurde.

Im Zusammenhang mit der allgemeinen politischen und kulturellen Konsolidierung in ganz Westeuropa kommt dann auch zögernd die theologisch-philosophische Diskussion wieder in Gang.

2. Der Kampf um die Dialektik

Die neu aufbrechenden Auseinandersetzungen sind vom Streit um die Dialektik bestimmt. Sie wurde im Rahmen der sieben freien Künste in den Schulen des frühen Mittelalters gelehrt. Einige Dialektiker wie Anselm von Besate scheinen die Dialektik als Kunst der verblüffenden Spitzfindigkeiten verstanden zu haben. Als wandernde Philosophen zogen sie von Ort zu Ort und stellten sich so in eine von der Sophistik in Griechenland begründete Tradition. Anselm nannte sich daher selbst »Peripateticus«, der Umherziehende. Einige dieser Dialektiker hielten die Vernunft für die einzige Quelle der Erkenntnis. Sie sollte auch in der Theologie das letzte Wort haben. Dabei beriefen sich die Dialektiker vor allem auf Boethius und, durch ihn vermittelt, auf Aristoteles.

Die Auseinandersetzungen werden vor allem durch den von Berengar von Tours (+1088) ausgelösten Streit um das Abendmahl exemplarisch beleuchtet. Es ging um die Verwandlung der Gestalten von Brot und Wein in den Leib und das Blut Christi. Berengar machte gegen diese später sogenannte Lehre von der Transsubstantiation zwei Einwände geltend: In dem Satz »Dies ist mein Leib« bezieht sich das »dies« auf das Brot. Soll der Satz seinen logischen Sinn nicht verlieren, muß man das Brot, auf welches sich »dies« bezieht als Satzsubjekt bestehen lassen und darf es nicht durch »Leib Christi« ersetzen. Weiter wendet er sich gegen die Verwandlung der Substanz des Brotes in den Leib Christi bei gleichzeitigem Weiterbestehen seiner Eigenschaften. Auf diese Weise werden der logische Sinn der Unterscheidung von Substanz und Akzidentien zerstört. Die Lehre Berengars wurde von der Kirche verurteilt. Da Berengar sich auch auf Johannes Eriugena berufen hatte, wurden dessen Schriften bei dieser Gelegenheit verboten.

Die logischen Ansprüche der Dialektiker wurden also auf sehr verschiedenem Niveau vorgetragen. Sie reichten von ernstzunehmenden Problemen bis zu Abstrusitäten. Gegen sie erhob sich der Wiederstand der sogenannten Antidialektiker. Als typischer Vertreter gilt Petrus Damiani (1007–1072). Er hat das Wort von der Philosophie als Magd der Theologie in das Mittelalter eingebracht. Er meinte, für einen Mönch sei die Philosophie nutzlos. Der Christ soll das Heil seiner Seele suchen, sonst nichts. Dafür genügt die

Bibel. Will man dennoch die Hilfe der Philosophie in Anspruch nehmen, dann nur in strenger Unterordnung unter die Autorität der Hl. Schrift. Dabei ist er von skeptischen Tendenzen in Hinsicht auf die Möglichkeiten der menschlichen Vernunft erfüllt. Vor allem bestritt er die schlechthin allgemeine Gültigkeit des Satzes vom Widerspruch. Gott in seiner Allmacht könne auf keinen Fall der Geltung dieses Gesetzes unterworfen werden.

Andere Antidialektiker waren Otloh von St. Emmeram und Manegold von Lautenbach. Ihnen erscheint die Philosophie überflüssig. Manegold (Opusculum contra Wolfhelmum Colononiensum) führt die Verschiedenheit der Lehrmeinungen der Philosophen auf satanischen Einfluß zurück.

In einer Streitschrift (Liber ad Gebehardum) hat Manegold sich in die Auseinandersetzungen zwischen Papst und Kaiser/König eingeschaltet, der als Investiturstreit in die Geschichte eingegangen ist. Er gipfelte im Bußgang Heinrich IV. 1077 nach Canossa. Manegold führt als »einer der ersten im Mittelalter ... die königliche Gewalt auf einen Vertrag des Volkes zurück, durch welchen der König erwählt und eingesetzt wird ... Bricht der König den Vertrag und wird er zum Tyrannen, so ist das Volk von der Untertanenpflicht entbunden ... . Dem Volke steht es frei, den König abzusetzen und einen anderen zu erheben« (Geyer, 191).

Zu den Gegnern Berengars zählte auch Lanfrank (geb. 1012 in Pavia). Ursprünglich Jurist wurde er später Lehrer der artes liberales und nahm unter den Dialektikern einen bedeutenden Rang ein. Man rühmte ihm nach, »daß Gott durch ihn die freien Künste wieder habe zu neuem Leben erstehen lassen« (Geyer, 191). Nach dem Eintritt in das Kloster Bec in der Normandie wandte er sich der Theologie zu. Er griff in den Kampf um die Thesen Berengars mit einer eigenen Schrift ein. Er lehnt aber nicht wie die radikalen Antidialektiker die Bedeutung der Logik für die Auslegung des Glaubens schlechthin ab. Vielmehr traut er ihr einen sinnvollen Beitrag zur Erschließung der Glaubensgehalte zu. Das gilt allerdings nur so lange, als der Glaube und die ihn verbindlich interpretierenden Autoritäten anerkannt werden.

3. Anselm von Canterbury

Anselm wurde 1033 im burgundischen Aosta geboren. Vom Ruf Lanfranks angezogen, studierte er an der Schule des Benediktinerklosters Bec in der Normandie. Sie nahm auch Schüler auf, die nicht

Mönche werden wollten. Er zog Bec dem Reformkloster Cluny vor, weil er hoffte, sich dort stärker der Wissenschaft widmen zu können. 1060 trat er in Bec als Mönch ein. Als Lanfrank drei Jahre später Abt in Caen wurde, folgte ihm Anselm als Prior in Bec. Sechzehn Jahre lang hatte er dieses Amt inne, bis er 1079 dort Abt wurde. Später folgte er Lanfrank auch als Erzbischof von Canterbury. Allerdings nahm Anselm nur widerstrebend die Wahl durch König Wilhelm II von England an. Dauernde Streitigkeiten mit dem König um die Rechte der Kirche und hinsichtlich des Verhältnisses von Papst und König, aber auch das Mißtrauen der Bischöfe führten schließlich dazu, daß Anselm 1097 nach Rom ins Exil reiste. Nach dem Tod Wilhelms, der auf der Jagd von einem Pfeil getroffen wurde, rief ihn dessen Nachfolger Heinrich II. nach England zurück. Auch mit ihm kam es zu Kontroversen im Zusammenhang mit dem Investitur-streit, also der Frage, ob dem Papst oder dem König das Recht zukomme, Bischöfe zu ernennen. Anselm war an einem Kompro-miß beteiligt, der diese Frage für England regelte. Er starb 1109.

Durch sein Buch »Cur deus homo – Warum ist Gott Mensch geworden?« ist Anselm in die Geschichte der Theologie eingegan-gen. Dieses Buch enthält seine »Satisfaktionstheorie«, also eine Leh-re über die Genugtuung, die Christus am Kreuz Gott dargebracht hat. Nach Anselms Auffassung konnte nur ein Vertreter der Menschheit die Beleidigung sühnen, welche Gott durch die Sünde des Menschen zugefügt worden war. Dieser Mensch mußte aber zugleich Gott sein. Denn nur Gott, nicht der endliche Mensch, ist in der Lage, dieses Unrecht zu sühnen. So erscheint es vom Gedanken der sühnenden Genugtuung her als zwingend, daß Gott Mensch wurde. Dieser Sühnegedanke ist problematisch, besonders für unser heutiges Empfinden. Aber er läßt den Kern von Anselms Denken deutlich werden. Es ist der Glaube auf der Suche nach seinem Verständnis durch die Vernunft. Die Vernunft soll die Glaubensge-halte entfalten und uns so zur Einsicht führen. Zwar muß die Ver-nunft den Glauben voraussetzen, ihn hinnehmen, um sich von ihm auf einen Weg bringen zu lassen, auf dem sie erst zu sich selbst kommt, indem sie ihre höchsten Fähigkeiten entfaltet: »Ich glaube, um zu erkennen« (Prosl. 1). Ähnlich sagt es die vielzitierte Formel, welche ursprünglich als Titel des »Proslogion« fungieren sollte, von dem wir noch zu reden haben werden: fides quaerens intellctum – der Glaube auf der Suche nach Einsicht. Diese grundlegende Einstel-lung prägt auch das Argument, durch welches Anselm in die Ge-schichte der Philosophie eingegangen ist, seinen Gottesbeweis. Ihn wollte er nur auf die Vernunft gestützt entwickeln. Jemand, der nie etwas vom christlichen Glauben gehört hat, soll sein Argument für die Existenz Gottes mitvollziehen können. Auch wenn er nur mittelmäßig begabt ist, sei es möglich, daß dieser Beweis ihn überzeugen könnte. Die um den Gottesbeweis kreisenden Texte Anselms »beanspruchen ... eine Gültigkeit auch für den, der sich strikt auf dem rein philosophischen Standpunkt hält« (Verweyen, 1978, 14).

Wir wenden uns zunächst seiner Schrift »Monologion« zu, obwohl sie sozusagen nur Vorübungen für das endgültige Argument Anselms enthält. Anselm versteht sie als eine Art von philosophischem Selbstgespräch, zu dem er sich zurückgezogen hat. Sein Argument soll zunächst zu Gott als dem höchsten Gut führen. Wir Menschen kennen aus Erfahrung Güter, welche wir genießen. Als Güter können wir sie nur bezeichnen, weil ihnen allen das Gutsein gemeinsam ist. Den Gütern kann es im selben oder im verschiedenen Maß zukommen. Es gibt ein Gutsein, das als solches sich immer gleichbleibt. Denn wir können verschiedene Güter in ihrem Gutsein nur bewerten, wenn wir sie zum Guten selbst hin in Beziehung setzen. Ohne es hätten wir kein Maß, an dem ihre größere oder geringere Gutheit gemessen werden könnte. Durch dieses Gut ist alles andere Gute gut.

Weiter will Anselm darlegen, daß alles Existierende durch ein höchstes Existierendes seine Existenz besitzt. Die Dinge existieren nicht durch nichts, aber auch nicht durch sich selbst. Wäre es so, so müßten sie durch eine in ihnen allen wesende Natur und Kraft existieren, also eine Einheit in ihrer Vielheit. Gegenseitig können sich die Dinge nicht ins Sein heben. Nähme man das an, verwickelte man sich in einen Zirkel. So bleibt nur: Das Viele existiert durch Eines. Die Dinge existieren nun hinsichtlich ihrer Vollkommenheit in verschiedenen Stufen und Graden. So überragt z. B. die Natur des Menschen die des Pferdes. Anselm fordert, es müsse eine höchste Stufe in der Ordnung der Wesenheiten geben. Sie muß alle überragen und notwendig eine sein. Gäbe es mehrere, so würden wir wieder auf eine Einheit geführt, an der sie alle teilhaben müssen, um gleichermaßen gut sein zu können. Das Höchste, Beste, Eine an dem alle teilhaben müssen, um in begrenztem Maße zu sein und gut zu sein, muß somit existieren.

Anselm erschien der Beweisgang im »Monologion« als »durch Verkettung vieler Beweise verflochten«. Daher begann er sich zu fragen, ob sich nicht ein einziges Argument finden läßt, das sich durch sich selbst allein trägt. Es wird in den Kapiteln II bis IV des »Proslogion« dargestellt. Das Kapitel II beginnt mit einem Gebet. In ihm wird festgelegt, was bewiesen werden soll, nämlich die Existenz Gottes und als was er geglaubt wird, nämlich »quo maius nihil cogitari potest«, als das, »über das hinaus nichts Größeres gedacht werden kann«. Dieses Größte des Denkens spricht Anselm mit »Du« an. Damit entsteht eine auf den ersten Blick als paradox erscheinende Situation. Der, dessen Existenz erst aufgezeigt werden soll, wird angesprochen, und zwar als einer, der Einsicht in das zu geben vermag, was Anselm glaubt. Er gilt als das Größte, über das hinaus nichts Größeres mehr gedacht werden kann. Dieses Größte ist es, was Anselm mit »Du« anspricht. Das besagt: Glaube ist ihm kein totes Fürwahrhalten von Sätzen, sondern eine Beziehung des Menschen über sich hinaus, in welche er den Schwerpunkt seiner Existenz gesetzt hat. Der Einfluß Augustins wird hier deutlich. Es kann keinem Zweifel unterliegen, daß der nun folgende Argumentationsgang ein philosophischer ist. Aber auch er wird von dem persönlichen Verhältnis Anselms zu jenem »Größten«, das sein Du ist, umgriffen. Denn am Ziel des Gedankens dankt er Gott dafür, daß er, was er früher nur glaubte, nun einsieht, nämlich durch die Erleuchtung von Seiten Gottes. Er weiß jetzt wirklich und braucht nicht mehr zu glauben im Sinne eines blinden Autoritätsglaubens. Aber seine Einsicht vollzieht sich im Glauben in einem anderen Sinne, nämlich in der Beziehung, in welcher Gott und Mensch aufeinander hinstehen. In ihr ereignet sich auch die philosophische Einsicht.

Auch der Tor, der gemäß dem Psalmwort (13,1 u. 52,1) in seinem Herzen spricht »Es ist kein Gott«, versteht, was gemeint ist, wenn von dem gesprochen wird, über das hinaus nichts Größeres gedacht werden kann. Also steht fest, daß Gott von dem Atheisten, gedacht werden kann, auch wenn er nicht einsieht, daß er ist. Alles, was man einsieht, ist in der Vernunft. Würde er aber denken, dieses Größte, über das hinaus nichts gedacht werden kann, existierte nur in der Vernunft als Gedanke, würde er sich in einen Widerspruch verwikkeln. Wenn nämlich etwas nur im Verstand ist, aber nicht in der Wirklichkeit, dann ist es nicht das Größte, über das hinaus nichts mehr gedacht werden kann. Dann müßte das als das Größte gedacht werden, welches auch in sich selbst Wirklichkeit ist. Daraus folgt: Wenn jenes Größte gedacht werden soll, darf es nicht nur in der Vernunft Existenz haben, sondern auch in der Wirklichkeit. Es muß existieren.

Damit ist der Gedankengang aber noch nicht zu Ende gebracht. Anselm treibt ihn folgendermaßen auf die Spitze: Es kann nicht gedacht werden, daß Gott nicht existiert. Wir können nämlich denken, es sei etwas, dessen Nicht-Sein nicht gedacht werden kann. Denn das zu denken, was nicht nicht sein kann, ist größer, als das zu denken, was wohl ist, aber auch nicht sein kann. Also kann nur das, was nicht als nicht existierend gedacht werden kann, das Größte des Denkens sein. Es muß notwendig sein: »Und das bist du, Herr, unser Gott. So wahrhaft bist du, Herr, mein Gott, daß nicht gedacht werden kann, du seist nicht.« Anselm betont die Einzeigkeit dieses Größten. Denn von allem anderen kann gedacht werden, daß es nicht existiere. So besitzt es nur Sein im geringeren Sinn. Damit ist für Anselm erwiesen: Gottes Nicht-Sein kann nicht gedacht werden, wenn unser Denken die Bestimmung Gottes konsequent entfaltet, er sei das, über das hinaus nichts Größeres gedacht werden kann. Gott denken, heißt, ihn als das notwendig Wirkliche zu denken.

Anselms Beweisgang aus dem »Proslogion« hat zu einem die Jahrhunderte übergreifenden Streitgespräch geführt. Es ist auch heute noch nicht abgeschlossen. Als erster hat der Mönch Gaunilo von Marmoutiers eine Kritik vorgelegt. Den Titel übersetzt man am besten so: »Was ein Namenloser anstelle des Toren darauf erwidern könnte« (Mojsisch/Flasch, 1989, 61). Anselm wollte, daß sein Proslogion nur zusammen »mit der Gaunilo-Debatte« (Mojsisch/Flasch, 1989, 11) verbreitet würde. Anselm mußten Gegenargumente willkommen sein. Indem er auf sie einging, konnte er hoffen, die Konsistenz seines Argumentes noch deutlicher zu machen. Es sollte ihm ja eine logische Notwendigkeit zukommen, welche der Notwendigkeit des Seins Gottes entspricht. Diese Notwendigkeit konnte sich im Disput bewähren.

Gaunilo formuliert eine Reihe von Einwänden. Sie beruhen auf einem anderen Vernunftbegriff im Vergleich zu Anselm. Für ihn kann es nichts geben, das nur aufgrund seines Seins in der Vernunft als ein Wirkliches angenommen wird. Wir können uns täuschen, so daß wir Nicht-Wirkliches in unserem Denken vollziehen. Darum kommt es gerade darauf an, das vom Denken Verschiedene als solches zu denken. Worum es ihm geht, machen wir am berühmt gewordenen Beispiel einer Insel deutlich, die man wegen der Schwierigkeit, sie zu finden, die »verlorene« Insel genannt hat. Man soll sich vorstellen, daß sie voll unschätzbarer Reichtümer und Freuden sei und alle übrigen von Menschen bewohnten Gegenden durch ihren Überfluß überragt. Wenn uns jemand erklärt, daß diese Insel wirklich existiere, sei schon dadurch bewiesen, daß wir sie uns in ihrer alles überragenden Vortrefflichkeit denken, dann würden wir wohl glauben, der dieses Behauptende erlaube sich einen Scherz mit uns. Anselm hält dem entgegen, Gaunilo habe nicht verstanden, daß sein Argument einzig und allein für das gilt, über das hinaus Größeres nicht gedacht werden kann. Neben ihm gibt es keine vergleichbaren »größten« Dinge. Darum kann Anselm, ein wenig ironisch, sein Argument so verteidigen: »Ich verspreche dir: Wenn mir jemand in Wirklichkeit oder auch nur in Gedanken etwas findet außer dem, über das hinaus Größeres nicht gedacht werden kann, worauf sich die Logik dieses meinen Arguments anwenden ließe, so werde ich ihm die verlorene Insel finden und geben, damit sie nicht wieder verlorengehe.« (Erwiderung, 3, Mojsisch/Flasch, 95f).

Weiter macht Anselm Gaunilo zum Vorwurf, er habe das, über das hinaus Größeres nicht gedacht werden kann, mit dem verwechselt, was größer ist als alles. Dieses könnte nämlich vielleicht doch als nicht existierend gedacht werden. Auch könnte man sich vielleicht etwas denken, das noch größer ist als das größte von allem. Anselm besteht darauf, es gehe präzise um das, über das hinaus Größeres nicht gedacht werden kann. Sein Argument soll seine Kraft aus der Konsequenz ziehen, mit der das Denken bei sich selbst bleibt und sich seinen Denkraum erschließt, indem es das denkt, über das hinaus nichts Größeres mehr gedacht werden kann.

Gaunilo hat mit seiner Kritik einen Einwand vorgetragen, der in ähnlicher Weise immer wieder gegen das anselmische Argument vorgebracht worden ist. So z. B. von Kant in der »Kritik der reinen Vernunft« (A. 597). Er weist auf den Widerspruch hin, den wir begehen, wenn wir in den Begriff eines Dinges seine Existenz hineinbringen. Denn der Begriff vermag es lediglich seiner Möglichkeit nach zu denken, erreicht aber als solcher niemals seine Wirklichkeit. Darum darf man auch die Existenz Gottes nicht aus seinem Begriff als »dem allerrealsten Wesen« entnehmen. Worum es geht, macht Kant an dem ebenfalls berühmt gewordenen Beispiel von den hundert Talern deutlich. Ihrem Begriff nach sind hundert wirkliche Taler nicht im mindesten mehr als hundert mögliche (A. 599).

Zu den Kritikern des Arguments Anselms zählt auch Thomas von Aquin. Er bezweifelt, daß alle den Namen Gott im Sinne dessen verstehen, worüber hinaus nichts Größeres gedacht werden kann. Aber selbst wenn man ihn in diesem Sinne denkt, hat die menschliche Vernunft sich allein darin noch nicht auf die Wirklichkeit Gottes hin überschritten. Das Denken muß sich vielmehr von der Wirklichkeit leiten lassen, um auf das zu stoßen, welches in Wirklichkeit, und nicht nur im Denken, das ist, über das hinaus nichts Größeres mehr gedacht werden kann (S. Th. I. 2,1 ad 2 u. C. G. I, 10). Allerdings gibt Thomas zu, daß der Satz: »Gott ist« der Sache nach aus sich einleuchtend ist, weil Prädikat und Subjekt dieses Satzes identisch sind. Denn Gott ist sein Sein. Aber daß es so ist, ist für uns keineswegs selbstverständlich. Thomas sieht sich daher genötigt, einen anderen Weg zur Erkenntnis Gottes einzuschlagen: Wir müssen bei dem der Natur nach späteren, nämlich den Wirkungen Gottes ansetzen, um das dem Sein nach frühere, Gott selber, als existierend zu erschließen.

Anselms Argument hat aber auch Zustimmung gefunden. Im

Mittelalter vor allem bei Bonaventura und Johannes Duns Skotus; in der Neuzeit war Descartes der Überzeugung, daß wir Gott als die höchste Vollkommenheit denken müssen und klar und deutlich einsehen, daß diese Vollkommenheit notwendig das Dasein einschließt. Leibniz akzeptierte den cartesianischen Beweis unter der Voraussetzung, daß die Widerspruchsfreiheit des Begriffes eines vollkommensten Seienden aufgezeigt werden könne. Seine größte Anerkennung hat Anselms Beweis zweifellos durch Hegel gefunden. Für ihn erhebt Anselm sich im ontologischen Argument vom bloßen Verstandesbegriff zur Idee. In ihr ist der Begriff kein bloß Subjektives, vom Sein Getrenntes: »Dieser Gegensatz, der in die Endlichkeit fällt, kann bei dem Unendlichen, Gott, gar nicht statthaben.« Darum hat Kant mit seinem Verweis auf die hundert Taler nur auf der Ebene des Verstandes recht, wo es um die Begriffe endlicher Gegenstände geht. Dagegen haben wir bei Anselm »den Begriff Gottes in seiner ganzen Freiheit; dieser Begriff ist identisch mit dem Sein«, so daß es ihm nicht nachträglich hinzugefügt werden muß. In der Einsicht von der in sich unterschiedenen Einheit von Sein und Begriff, erschließt die menschliche Vernunft sich Gott als Geist und damit als absolute Wahrheit, um die zu wissen, das Wesen der christlichen Religion ist (Hegel, 1966, 173–176).

Wie immer man über das Argument Anselms auch denken mag: von ihm geht eine Faszination aus, welche »sich auch« durch Einwände, wie sie Gaunilo oder Kant vorgebracht haben, »nicht zerstören« läßt. Wer das Argument durchdenkt, sieht ein, daß von dem, worüber hinaus nichts Größeres mehr gedacht werden kann, nicht gedacht werden kann, es sei nicht. »Ist damit aber auch schon die wirkliche Existenz« Gottes »erwiesen ... ? Nein, evident ist lediglich eine verwirrende Notwendigkeit der Vernunft«, die, wenn sie ihr Größtes zu denken versucht, es als »notwendig seiend« denken muß. Kann sich nicht in diesem Zwang, so denken zu müssen, »die äußerste Verrücktheit der Vernunft darstellen?« Sind vielleicht diese »Denkzwänge der menschlichen Vernunft ..., ohne Fundament im wirklichen Sein, in der ihr eigenen Leere belassen?« (Verweyen, 45). Das heißt: Es geht in der Auseinandersetzung mit Anselm nicht nur um Gott, sondern auch um die Frage: Was ist und was leistet das Denken des Menschen? Erschöpft sich dieses Denken in den Funktionen des Bezeichnens und Unterscheidens, Vergleichens, Berechnens und Analysierens endlicher Gegenstände, oder greift es von seinem Wesen her über dieses alles hinaus? Wohin gerät es, wenn es dies vermag? Umgekehrt kann man auch fragen, wohin es gerät, wenn es sich dieser seiner ursprünglichen Dynamik zu entziehen versucht.

Für Anselm erweist sich die Kraft der Vernunft im Ausgriff auf das Größte, das sie zu denken vermag. Von dieser Fähigkeit her ist sie grundsätzlich in der Lage, sich durch Einsicht die Gehalte des Glaubens anzueignen. Freilich kennt auch Anselm eine Grenze der Vernunft: Gott ist unbegreiflich. Aber auch seine Unbegreiflichkeit wird als solche gedacht, so daß er sich gerade in seiner Unbegreiflichkeit als das erweist, über das hinaus nichts Größeres gedacht werden kann. Es darf nicht vergessen werden, daß auch Anselms Vernunftbegriff in einer Traditionslinie steht, nämlich der platonisch-augustinischen. Sie bringen Voraussetzungen mit, ohne welche das Argument des »Proslogion« nicht gedacht werden kann. Es ist vor allem die Grundannahme, es gäbe minderes, besseres und bestes Seiendes bzw. Gutes. Hier liege, so hat man mit Recht betont, die crux, die Hauptschwierigkeit des anselmischen Argumentes. Denn jene »Wertordnung ... setzt Anselm als gegeben voraus« (Mojsisch, 130). In der Tat muß gefragt werden, ob die Geltung solcher Bewertungen aus der Vernunft als solcher ableitbar sind. Aber auch die Gegenfrage ist notwendig, ob unsere Vernunft theoretisch wie praktisch überhaupt ohne die Annahme des Unterschiedes zwischen dem Guten und dem Besseren zu funktionieren vermag und daher den Gedanken eines absoluten Maßes wenigstens unthematisch immer bei sich führt.

IV. Das zwölfte Jahrhundert

1. Allgemeines

Dieses Jahrhundert bringt Veränderungen mit großen geschichtlichen Auswirkungen mit sich. Die Verstädterung schreitet voran. Der wachsende Fernhandel, die Vermehrung der Bevölkerung, die zunehmende Bedeutung der Geldwirtschaft, das Interesse an Rechtsverhältnissen, die den neuen Gegebenheiten gerecht werden, verlangen nach Veränderungen im Bildungswesen. »Die Klosterschulen traten stark zurück, die Kathedralschulen blühten«. Das Interesse an Bildung nahm bei »Juristen, Ärzten, Lehrern und Pfarrern« zu (Flasch, 1986, 194). Sie treten immer mehr an die Stelle der Mönche als tragender Bildungsschicht. Die Umorganisation des Bildungswesens mündet schließlich in die Gründung der Universitäten ein. Ihre Keimzellen sind die im 12. Jahrhundert entstehenden Schulen, wie sich vor allem am Beispiel von Paris zeigen läßt. Die Schule der Kathedrale von Notre Dame, die Schule auf dem Genovefaberg und die Stiftschule St. Victor als Vorläufer der Universität lassen Paris zum geistigen Zentrum des 12. Jahrhunderts werden.

Mit den Tendenzen zu einer stärkeren Rationalisierung geht ein Zug zur Verinnerlichung parallel. In der Tendenz, möglichst alle Menschen zur Beichte zu führen, mutet man ihnen »ein Minimum von Selbstbeobachtung und Innerlichkeit« zu. Der Tod wird stärker »als individuelles Geschick« erfahren. Das Ich erweist sich immer mehr »als bedeutsame Größe«. Auch die sogenannte »höfische Liebe« mit ihrer Gefühlsintensität und dem neuen Sinn für die Tiefe und die Probleme persönlicher Beziehungen gehört in dieses Spektrum. Weiter werden die Beziehungen zu Gott persönlicher und »geradezu als Freundschaft begriffen«. Ja, »Gott selbst ist Freundschaft, sagt Aelred von Rievaulx und drückt damit eine Stimmung aus, die jenseits der Vorstellungen des frühen Mittelalters liegt. Auch die Auffassung von Christus als Freund eines jeden Menschen beginnt sich jetzt umfassender durchzusetzen« (Wieland, 1987, 72).

Im 12. Jahrhundert beginnt sich auch eine Veränderung im Verhältnis des Menschen zur Natur abzuzeichnen. Bisher war sie ihm oft in ihrer erschreckenden Übermacht erschienen, welcher er weithin unterworfen war. Er verstand sie auch symbolisch, indem sie über sich hinauswies als »Bild und Gleichnis der Wirklichkeit Gottes und seines Heilswirkens« (Wieland, 1987, 64). Jetzt tritt die Natur und mit ihr die Lebenswelt des Menschen als solche in das

Feld der Aufmerksamkeit des Menschen. Er gewinnt ein stärkeres Selbstbewußtsein, in welchem er der Natur gegenübertritt, so daß er sie zum Thema der Vernunft und zum Gegenstand seines Handelns machen kann. In diesem Zusammenhang suchen manche Zeitgenossen nach einem neuen empirischen Wissen. Die grammatische und dialektische Schulung im Rahmen des Triviums innerhalb der freien Künste genügte ihnen sowenig wie das Studium überlieferter theologischer Lehrautoritäten. Vor allem Adelard von Bath kann als Repräsentant dieses Bedürfnisses angesehen werden. Er suchte bei den Arabern Aufschluß über mathematische und psychologische Probleme. Dabei wurde ihm die Überlegenheit der Araber auf diesen Gebieten immer mehr deutlich. Indem er sich ihr Wissen anzueignen suchte, schuf er »die ersten fachwissenschaftlichen, rein empirischen Erörterungen« ähnlich wie Mathematik und Astronomie vor ihm von Gerbert von Aurillac (+1103) behandelt worden waren (Flasch, 1986, 202). Adelards Interesse an der arabischen Wissenschaft ist ein Beispiel für die Impulse, die von der islamischen Welt ausgingen, obwohl das Verhältnis zu ihr durch die Kreuzzüge in dieser Zeit aufs schwerste belastet wird. Der zweite Kreuzzug (1147–49), zu dem Bernhard von Clairvaux im Auftrag Papst Eugens III. in leidenschaftlichen Predigten aufgerufen hatte und, der dritte (1189–91) unter Kaiser Friedrich I. Barbarossa fallen in das 12. Jahrhundert.

In dieser Situation war die Selbstverständlichkeit der eigenen Tradition im Westen eingebüßt worden. Man mußte sich mit anderen Interpretationen der Wirklichkeit auseinandersetzen. Dadurch wurde die Vernunft ganz besonders herausgefordert. Sie muß mit ihrem universellen Anspruch hervortreten, wenn die Grenzen der eigenen Kultur im Zusammentreffen mit anderen sichtbar werden. Als Indiz dafür wird der Vorrang angesehen, welche die Logik im 12. Jahrhundert gegenüber der Grammatik erlangt. Man kann sich nun nicht mehr primär auf die Interpretation der tradierten Texte stützen, sondern muß vielmehr die in ihnen enthaltenen »Sachfragen erfassen« und versuchen, durch die Vernunft und »ihre argumentierende Kraft zur Wahrheit der Sache selbst« vorzustoßen (Wieland, 69).

Zu ähnlichen Auseinandersetzungen zwingen im 12. Jahrhundert auch die Ketzerbewegungen. Von der kirchlichen Lehre abweichende Einzelgänger hatte es immer gegeben. Solche Häretiker traten aber erst »seit dem 12. Jahrhundert als Gegner der Kirche in größeren Gruppen« auf. Sie organisierten sich in kirchenähnlichen sozialen Gebilden. Eine um die Mitte des Jahrhunderts im Rheinland in der Gegend von Köln sich sammelnde Gruppe bezeichnete sich als die »Reinen«, als Katharer. Von ihnen her wurde »das seit dem

13. Jahrhundert belegte Wort Ketzer« zum »Sammelbegriff für die Anhänger häretischer Sekten. Nach dem Zentrum Albi in Südfrankreich sind die Albigenser, nach dem in Lyon auftretenden Prediger Waldes die Waldenser benannt« (Volkert, 125).

Vor allem die Waldenser, welche die Katharer im engeren Sinne zunächst ablehnten, waren in ihren Zielsetzungen anfänglich mit den innerkirchlichen Reformbestrebungen verwandt. Diese zielten auf die Unabhängigkeit der Kirche von den weltlichen Mächten, aber zugleich auch auf die Reinigung der Kirche selbst von ihrer Verflochtenheit in wirtschaftliche und machtpolitische Interessen. Man wollte zum Geist des Evangeliums zurückkehren und strebte eine von ihm inspirierte Erneuerung des Lebens an. Im 11. und 12. Jahrhundert kommt es zur Gründung von Reformorden, zu religiös motivierten Zusammenschlüssen von Laien und zu Bewegungen mit dem Ziel der inneren Reform des Weltklerus. Im Zusammenhang mit dieser Kritik an den bestehenden innerkirchlichen Verhältnissen steht die Forderung nach Rückkehr zur Armut im Sinne des Evangeliums. Sie richtet sich sowohl gegen die Zustände in manchen Klöstern wie gegen die Verstrickung des höheren Klerus in Macht und Reichtum. Solche Gedanken sind es, die ursprünglich auch die Waldenser und Katharer bewegten. Bei den Katharern vermischen sie sich allerdings mit bis auf den Manichäismus zurückführenden stark dualistischen Tendenzen. Die Waldenser haben sich ihnen später immer stärker angenähert. Die theologische Abwehr »der wachsenden Gefahr« setzt »in geschlossenen Briefen, briefartigen Traktaten und Predigten« seit »etwa 1140« ein. »Der erste Schriftsteller dieser Art ist der Abt von Cluny, Petrus Venerabilis« (+1156). Wichtig ist, daß auch hier der Vernunft eine wichtige Rolle zufällt:

»Bei der Verteidigung der Kirche kann man sich nicht, wie es die Zeit sonst liebt, auf die Autorität der Kirchenväter stützen, denen die Katharer nicht glauben. So tritt neben die Bibelexegese die rationale Beweisführung immer mehr in den Vordergrund« (Borst, 1991, 19).

Selbstverständlich regen sich Gegenkräfte gegen die genannten Rationalisierungstendenzen. Man befürchtet, die Identität der Kultur Westeuropas würde infrage gestellt. Manche meinen, der christliche Glaube schlechthin stehe auf dem Spiel. Vor allem die Auseinandersetzung zwischen Abaelard und Bernhard von Clairvaux spiegelt die Spannung der Zeit wider.

2. Der Universalienstreit

Dem Mittelalter war, wie oben schon angemerkt wurde, die Einleitung des Porphyrius zur Kategorienlehre des Aristoteles bekannt. In ihr geht es um genus und species, Gattung und Art. Der Mensch z. B. gehört in die Gattung der Lebewesen als ein vernunftbegabtes Lebewesen. Durch »vernunftbegabt« wird der artbildende Unterschied als der eigentümliche (proprium) oder artbildende Unterschied (differentia specifica) angegeben. Man kannte aber auch noch eine andere Art von Universalien, von Allgemeinbegriffen. Es sind die Kategorien des Aristoteles, die Boethius in seinem Kategorienkommentar behandelt hatte. Bei ihnen geht es um die verschiedenen Weisen, in welchen wir das Sein aussagen. Aristoteles hatte sie aus dem Katalog der verschiedenen Arten der Fragestellungen entwickelt, auf welche wir bei der Analyse der menschlichen Sprache stoßen. Er kam auf zehn Kategorien. Dabei steht die Substanz (ousia) im Mittelpunkt. Auf sie sind die übrigen neun als Akzidentien bezogen. Es sind: Größe, Beschaffenheit, Beziehung, Ort, Zeit, Tätigkeit, Leiden, Lage, Innehaben (habitus).

Der Universalienstreit entzündete sich an der Frage, ob es sich bei ihnen um bloße Begriffe handele oder ihnen eine Realität in sich selber zukomme. Sind sie bloße Erzeugnisse unseres Denkens oder unserer Sprache oder sind sie in sich stehende Gegenstände unserer Erkenntnis? Die Quellen für diese Auseinandersetzung waren die oben schon erwähnte »Isagoge« des Porphyrius und die hoch angesehenen Äußerungen des Boethius zu der anstehenden Frage. Boethius schwankte zwischen verschiedenen Lösungsmöglichkeiten, wobei er u.a. darauf aufmerksam machte, Aristoteles spreche von den Kategorien als von Worten und nicht von Dingen. Manche deuteten in diesem Sinne auch die Isagoge.

»So bildete sich im 11. Jahrhundert die Auffassung heraus, die Logik sei eine Wortwissenschaft, sie habe es mit Worten zutun. Von hier war kein weiter Schritt mehr zu der Behauptung, die Gattungen und Arten seien nur Worte zur Bezeichnung der Einzeldinge« (Geyer, 206).

Wer der Überzeugung ist, die Universalien seien bloße Lautgebilde, sprachliche Zeichen, Begriffe oder Namen, wird als Nominalist bezeichnet. Wer dagegen erklärt, es handele sich um reale Gegenstände, wird Begriffsrealist genannt. Ist jemand der Überzeugung, die Universalien existierten nicht in den realen Dingen, sondern jenseits ihrer als ihre stets sich gleichbleibenden Urbilder, während sie selbst werden und vergehen, so ist er ein extremer Begriffsrealist oder »Ultrarealist«. Allerdings sind mit Nominalismus und Begriffsrealismus noch nicht alle Möglichkeiten ausgeschöpft, die Frage nach den Universalien zu beantworten. Das werden wir vor allem im Blick auf den Lösungsvorschlag Abaelards zu beachten haben. Das Universalienproblem galt im 11. und 12. Jahrhundert – es überschreitet die zeitlichen Grenzen dieser Jahrhunderte – als ein Kernproblem der Logik. Diese Bedeutung erlangte es aber wohl nur, weil es eine erhebliche Bedeutung für Metaphysik und Theologie besitzt. So finden wir z. B. bei Anselm von Canterbury eine deutliche Beziehung von Universalienproblem und Trinitätsglauben. Anselm fragt: Wie soll der, welcher nicht einsieht, daß mehrere Menschen der Art nach ein einziger Mensch sind, erkennen, daß in Gott mehrere Personen ein Gott sind? Ebenso sieht er die Lehre von Christus durch den Nominalismus als bedroht an. In Christus sind zwei Naturen, die menschliche und die göttliche, in einer einzigen Person vereinigt. »Menschliche Natur« bezeichnet also nicht dasselbe wie die individuelle Person. Die Nominalisten halten nur einzelne Seiende für wirklich. Aber die Naturen, welche im Allgemeinbegriff zum Ausdruck gebracht werden, sind auch Realitäten. Wer dies übersieht, vermag die Einheit von zwei Naturen in der einen Person Christi nicht zu verstehen.

Als Hauptvertreter des nominalistischen Standpunktes gilt Roscelin von Compiegne. Er wurde um 1050 geboren und starb zwischen 1123 und 1125. Zu seinen Schülern in der Betragne gehörte auch Abaelard. Um Roscelins Stellung im Universalienstreit beurteilen zu können, sind wir auf Zitate anderer angewiesen, da seine eigenen Schriften fast vollständig verlorengingen. Auf Anselm von Canterbury geht die Nachricht zurück, er habe die Universalien als »flatus vocis« bezeichnet, als bloße Lautgebilde. Wie er das verstanden hat, ist ungewiß. Bei Anselm hat diese kritisch gemeinte Kennzeichnung der Lehre Roscelins wahrscheinlich ihren Grund in dessen Bemerkung, das Schwarze existiere nirgends in sich selber, sondern immer nur in konkreten, schwarzen Einzelseienden (Geyer, 207).

Roscelin leugnete auch den Unterschied des Ganzen von seinen Teilen. Das Ganze ist für ihn nichts anderes als die Summe der Teile. So wird ihm »das Ganze« zu einem bloßen Wort. Es bezeichnet das Zusammenbestehen der Teile. Roscelin wurde vorgeworfen, er löse die Einheit der Trinität auf. Wenn er die gemeinsame Natur als Wirklichkeit leugne, sei der Tritheismus die Folge, also die Verwechslung der Dreieinigkeit mit der Existenz von drei Göttern.

Die entgegengesetzte Position des Begriffsrealismus finden wir vor allem durch Wilhelm von Champeaux (1070–1121) vertreten. Für seine Stellung im Universalienstreit sind wir im wesentlichen auf

Abaelard als Quelle angewiesen. Danach lehrte Wilhelm, es existierte in den Dingen eine ihnen gemeinsame Wesenheit. Darum stimmen die Individuen in ihrer Substanz vollständig überein. Die Unterschiede zwischen ihnen entstehen durch eine jeweils andere Zusammenfügung der Akzidentien. Sie findet sich in jedem auf eine andere Weise. Wesen und Substanz – meist gleichgesetzt – sind also allgemein, während die Individualität nur in der besonderen Komplexion bestimmter Eigenschaften und Zustände zu suchen ist.

Abaelard, welcher zunächst Schüler des sehr angesehenen Wilhelm war, unterzog seine Theorie folgender Kritik: Träfe sie zu, müßten ein und dieselbe Substanz, etwa die des Menschen, in verschiedenen Individuen ganz und zugleich anwesend sein, z.B. in Sokrates und Platon. Beide müßten dann jeweils der andere sein. Außerdem wäre diese eine menschliche Substanz Träger sich widersprechender Akzidentien, nämlich zugleich tot und lebendig, gut und schlecht, an diesem Ort und auch an jenem. Auch stelle Abaelard die Frage: Was ist diese eine Substanz? Art, Gattung oder fällt sie unter die Kategorien? Ist sie vielleicht nichts anderes als die zehn Kategorien? Gäbe es dann überhaupt etwas anderes? Müßte dann diese Lehre, wenn man sie konsequent zu Ende denkt, nicht in den Pantheismus münden, nämlich in die Annahme einer absoluten Substanz, die »jeder anderen gleich« ist (Brentano, 23)?

Unter dem Eindruck der Kritik Abaelards modifizierte Wilhelm seine Auffassung zur sogenannten Indifferenzlehre. Ihr gemäß verstand er den Allgemeinbegriff nur als das indifferente, »ununterschiedene Gemeinsame« der Dinge, während ihre Unterschiede »das Individuum konstituieren«.

Nicht zu vergessen ist, daß der Universalienrealismus der theologischen Lehre von der Erbsünde, welche sich auf die Autorität Augustins stützte, als konform erschien. Besitzt die Menschheit eine gemeinsame Substanz und Wesenheit, ist es leichter zu verstehen, wie es möglich sein soll, daß in Adam alle gefallen sind.

3. Peter Abaelard

Er wurde 1079 als Sohn des Ritters Berengar und seiner Frau Lucia in Le Pallet in der Nähe von Nantes geboren. Daß er bei Roscelin und später bei Wilhelm von Champeaux studierte, wurde schon erwähnt. Er beschreibt sich selbst als wandernden Philosophen im Sinne der Antike, gründet aber bald auch eigene Schulen in Melun und Corbeille. Aufgrund der Auseinandersetzungen um die Univer-

salien mit Wilhelm von Champeaux gerät er zu diesem in ein Kon-
kurrenzverhältnis. Abaelard studierte auch Theologie, vor allem bei
Anselm von Laon und hält sehr bald auch eigene theologische Vorlesungen ab. 1114 wird er Leiter der Domschule Notre-Dame in Paris.
Hier kommt es zu der berühmt gewordenen Liebesbeziehung zu
seiner Schülerin Heloisa, zur Geburt des Sohnes Astralabius und zu
einer heimlichen Eheschließung. Daraufhin läßt der Onkel Heloisas,
Fulbert, ein Domherr aus Paris, Abaelard entmannen. Abaelard und
Heloisa treten in Klöster ein. 1121 erfolgt die Verurteilung seiner
ersten theologischen Schrift über die Trinität in Soissons. Danach
zog sich Abaelard in einer Einöde bei Nogent zurück. Er gründet
hier ein Oratorium als klosterähnliche Lebensgemeinschaft unter
dem Namen des »Parakleten«. 1127 wird Abaelard Abt des Klosters
von Saint Gildas in der Bretagne. Auf Betreiben Bernhard von
Clairvauxs werden 1140 theologische Lehren Abaelards verurteilt.
Von Abt Petrus Venerabilis wird er ins Kloster Cluny aufgenommen. Er stirbt 1142.

Abaelards Kritik am Begriffsrealismus im Rahmen der Auseinandersetzungen um die Universalien wurde bereits umrissen. Jetzt soll
sein eigener Lösungsvorschlag angedeutet werden: Abaelard betont,
die Individuen seien nicht nur durch Akzidentien voneinander unterschieden, wie die Begriffsrealisten annahmen, sondern in sich
selbst. Jeder Mensch ist vom anderen nur wirklich unterschieden,
wenn er sich im Menschsein selber von ihm unterscheidet. Dennoch
hält er daran fest, daß die Universalien nicht einfach leere Lautgebilde sind. Von ihnen unterscheidet er die »Sermo«, den sprachlichen
Ausdruck als Träger einer Bedeutung. Dabei dürfen sprachliche
Äußerungen nicht ausschließlich von den grammatischen Regeln her
betrachtet werden. Beim Universalienproblem jedenfalls geht es um
Prädikationen, das heißt um solche Ausdrücke, die etwas in Hinsicht auf die Dinge aussagen wollen. Worauf die Universalien hinweisen, sind Ähnlichkeiten in den Dingen. Aufgrund ihrer sind z. B.
alle Menschen Menschen. Dieses allen Menschen Gemeinsame
bleibt aber abstrakt. Es entspringt einer gewissen Ausrichtung unserer Aufmerksamkeit, welche von anderen Gegebenheiten in den
Dingen absieht. Die abstrakten Allgemeinbegriffe sind also bedeu-
tungsvolle Zeichen, die wir Menschen hervorgebracht haben, und
zwar einer bestimmten Richtung unserer Aufmerksamkeit folgend.
So bringen wir in uns eine den Dingen ähnliche Vorstellung hervor,
welche wir in den Begriff fassen. Dieses Hervorbringen einer den
Dingen ähnlichen Gestalt in uns kann mit der Konzeption eines
Künstlers von einer noch zu gestaltenden Figur verglichen werden
oder mit einem unbestimmt bleibenden Bild, welches wir von einer

uns noch unbekannten Stadt haben. Dabei muß allerdings beachtet werden, daß die abstrakten Allgemeinbegriffe uns kein bestimmtes Einzelding vorstellen, sondern »ein gemeinsames und konfuses Bild vieler Dinge geben« (Geyer, 218), nämlich derer, welche in dem Allgemeinbegriff zusammengefaßt werden. Damit ist einerseits gesagt: Der allgemeine Begriff erfaßt nicht die je individuellen Gegenstände in ihrem Wesen. Sie bezeichnen nur etwas an den Dingen, und zwar in anderer Weise, als es sich in ihnen selbst findet. »Dieses Reale, in dem die Dinge übereinstimmen, wird anderwärts als status bezeichnet.« Dieser status ist weder ein Ding noch ein Nichts. »Über diese Bestimmungen sind auch die späteren Versuche des Thomas von Aquin, Duns Scotus und der Nominalisten nicht hinausgekommen« (Geyer, 218).

Wichtig ist zu vermerken, daß Abaelard mit seinem »Konzeptualismus«, wie man seinen Standpunkt genannt hat, die Existenz von Ideen als den Urbildern oder Entwürfen der Dinge im schöpferischen göttlichen Intellekt nicht geleugnet hat. Die Ideen, die Dinge selbst und unsere Begriffe von ihnen, sind für ihn drei verschiedene seinsmäßige Ebenen, die klar unterschieden werden müssen. Abaelards Beitrag zum Universalienproblem findet sich vor allem in seiner Logica ingredientibus.

In Abaelards Beitrag zur Ethik geht es um die »Intention«, die Absicht, die innere Ausrichtung des Willens, die gute oder böse Gesinnung. Wir finden in uns gewisse Neigungen, die als schlecht beurteilt werden, wie z.B. die zum Jähzorn. Er führt dazu, daß jemand »schnell bereit ist ..., etwas Unrechtes aus Leidenschaft und ohne Vernunft zu tun« (Ethika in: Flasch, 1982, 271). Solche Dauerbereitschaften, die den Charakter eines Menschen prägen, dürfen nicht mit persönlicher Schuld oder Sünde verwechselt werden. Der Mensch hat vielmehr die Aufgabe, sich mit ihnen auseinanderzusetzen und sie zu bekämpfen. Sie stellen zwar Strebungen oder Wollungen dar. Aber der Wille des Menschen kann sich zu ihnen frei verhalten. Es gibt in uns einen Willen, den wir nicht wollen und uns als Person nicht mit ihm identifizieren. Und es gibt einen Willen, der wir sozusagen selber sind gemäß unseren Absichten und Gesinnungen. Von ihm allein hängt die moralische Qualität des Menschen ab. Nicht was naturhaft oder als Folge der Erbsünde, womit Abaelard rechnet, in uns auftaucht, oder was wir z.B. in einer Situation der Notwehr gegen unseren tieferen Willen wollen, ist entscheidend. Die Absicht allein verleiht unseren Handlungen ihre sittliche Qualifikation. Sie fügen nach Abaelard unseren inneren Willensausrichtungen nichts hinzu. Das wird deutlich, wenn wir bedenken, daß es oft äußere Umstände sind, die uns an einer Handlung hindern, ohne daß sich unsere persönliche Haltung ändert.

Besonders diese Lehre Abaelards ist ein deutlicher Beleg für die Tendenz zur Personalisierung und Verinnerlichung im 12. Jahrhundert. Allerdings hat Abaelard mit der Lehre von der Intention nichts schlechthin Neues vorgetragen. Was er sagt, war bei manchen Kirchenvätern bereits »eine Selbstverständlichkeit« gewesen. In der Zeit der Völkerwanderung und im Frühmittelalter war sie allerdings weithin verlorengegangen. »In den Bußbüchern (libri poenitentiales), die als eine Art Moralkatechismus galten, war der Wert der sittlichen Handlung einfach nach dem äußeren Tatbestand beurteilt worden« (Hirschberger, 414f). Dabei waren auch germanische Rechtsvorstellungen wirksam geworden. Man sprach damals eine Frau schuldig, die im Schlaf unwissentlich ihr Kind erdrückt hatte, ebenso einen Schützen, der irrtümlich statt des Tieres einen Menschen getroffen hatte.

Wenn die Absicht ins Zentrum des ethischen Diskurses rückt, dann wird damit zugleich die Bedeutung des Gewissens als persönlicher Überzeugung akzentuiert. Diese Konsequenz sieht Abaelard durchaus, bindet das Gewissen aber zurück an den Willen Gottes. Wer im irrigen Gewissen handelt, lädt keine Schuld auf sich, aber man kann sein Verhalten auch nicht einfach gut nennen. Die überlieferten ethischen Grundgedanken von der Liebe als dem Willen Gottes, dem Verlangen des Menschen nach Glück, seine Hinordnung auf das höchste Gut und die Tugendlehre übernimmt Abaelard. Zu fragen ist, ob er in der berechtigten Betonung von Intention und Gewissen (conscientia) die Bedeutung der Handlung nicht zu kurz kommen läßt. Absichten und sittliche Urteile zielen auf Handlungen und ihre Folgen in der Wirklichkeit. Geht man von Max Webers (1864–1920) berühmter Unterscheidung von Gesinnungs- und Verantwortungsethik aus, so ist Abaelard als ein Gesinnungsethiker des 12. Jahrhunderts zu bezeichnen.

Der Titel seiner Ethik »Scito te ipsum – Erkenne dich selbst« weist in die Richtung einer Rückwendung der menschlichen Subjektivität in sich selbst. Das zeigt auch seine Liebesgeschichte mit Heloisa. Mit ihrer Gefühlsintensität, der Liebe zum anderen Menschen um seiner selbst willen – besonders auf Seiten Heloisas-, der Kritik einer an äußere Zwecke gebundenen Ehe, der Zuwendung zur Sinnlichkeit, aber auch den Selbstanklagen, den Reflexionen über das erlittene Schicksal, der literarischen Stilisierung und nicht zuletzt mit einer Theologie der Würde der Frau auf biblischer Grundlage wird diese Beziehung zu einem Symbol des im 12. Jahrhundert durchbrechenden Neuen (Gilson, 1955).

Abaelard umfaßt beide der genannten Grundtendenzen der Zeit. Im Universalienstreit erscheint er als subtiler Logiker. Aber er ist auch in der Lage, für Heloisa Liebesgedichte zu schreiben. Da er sich zugleich als Theologe versteht, muß auch für ihn das Verhältnis von Glaube und Vernunft zu einem entscheidenden Thema werden. Die methodischen Grundlagen für seinen Standort in dieser Frage legt er in »Sic et non«. Abaelard anerkennt, daß der Glaube auf der Offenbarung Gottes und damit auf seiner Autorität beruht. Die Bibel ist das Zeugnis dieser Offenbarung und von den Kirchenvätern ausgelegt worden. Dabei stoßen wir auf Widersprüche. Auf sie weist der Titel des Traktates hin: Der Eine erklärt so (sic), ein anderer nicht so. Manchmal muß man sogar bei demselben Autor Widersprüche oder Änderungen des Standpunktes feststellen. An einer Sammlung von ausgewählten Beispielen macht Abaelard das deutlich. Wollen wir zu einem sachgerechten Urteil kommen, müssen wir eine Reihe von Unterscheidungen treffen. Manchmal beruhen die Widersprüche auf wirklichen Lehrunterschieden. Andere können als nur scheinbar aufgeklärt werden. Auch muß beachtet werden, daß derselbe Sinn manchmal in verschiedener sprachlicher Gestalt ausgesagt wird. Wir müssen uns auch fragen: Sind die Texte vielleicht verdorben oder mit sinnentstellenden Überschriften versehen worden? Weiter ist genau zu prüfen, was bei einem Autor Zitat oder eigene Überzeugung ist. Schließlich sind die verschiedenen Sprachebenen zu berücksichtigen. Manchmal kann der Sinn einer Stelle nicht im äußerlichen Wortverständnis gefunden werden. Es gibt Gleichnisse, die den Sinn, um den es geht, nur nach intensivem Suchen auffinden lassen. Selbst wo offensichtliche Irrtümer vorliegen, darf man die Autoren nicht einfach verurteilen, sondern muß nach ihrer Absicht fragen.

Abaelard unterscheidet klar zwischen der Autorität des Alten und des Neuen Testamentes und der ihrer Erklärer. In der Bibel gibt es keine Unwahrheit, wohl aber ist mit fehlerhaften Abschriften zu rechnen. Bei allen anderen muß gefragt werden, ob, was sie sagen, mit der Bibel übereinstimmt oder durch andere Beweisgänge als wahr erwiesen werden kann. In diesem Sinne führt die Gegenüberstellung voneinander abweichender Meinungen zu einem Problem. Wir werden gezwungen zu fragen und müssen eigene Lösungen finden. Abaelard fordert im Anschluß an die Kategorienschrift des Aristoteles zu einem methodischen Zweifel auf. Er führt uns zu Frage und Forschung als Vorbedingungen der Wahrheitsfindung.

Die Methode von »Sic et non« war bereits bei den »Kanonisten Bertold von Konstanz und Ivo von Chartres in Gebrauch« (Geyer, 219) aber sie wurde durch Abaelard in Philosophie und Theologie eingeführt und von daher später zur klassischen Methode der Scho-

lastik. Auch die Summa Theologica des Thomas von Aquin, das
wohl bekannteste theologisch-philosophische Werk des Mittelalters, wird von dieser Methode bestimmt, wenn auch wahrscheinlich
ohne direkte literarische Abhängigkeit von Abaelard.

Abaelard hofft, mit der Vernunft durch die Anwendung wissenschaftlicher Methoden soweit in die Glaubensgeheimnisse eindrin-
gen zu können, daß ihre logische Struktur sichtbar wird. Das ist eine
wichtige Voraussetzung dafür, daß ihr Sinn aufzuleuchten vermag.
Er denkt dabei an die Lehre von Christus, das Verhältnis von Gnade
Gottes und freiem Willen und ähnliche Probleme. Von zentraler
Bedeutung ist für ihn der Glaube an die Trinität. In seiner »Theolo-
gia Summi boni« versucht Abaelard die Verschiedenheit der göttli-
chen Personen durch die Zuordnung von Macht (Vater), Weisheit
(Sohn) und Güte (Hl. Geist) deutlich zu manchen. Die Einheit
Gottes beruht auf der Einzigkeit seiner Substanz. Sie darf nicht als
Allgemeinbegriff verstanden werden, da sie schlechthin einmalig ist.
Für Abaelard gehört ein gewisses Verständnis der Trinität und ein
Verlangen nach ihr zur menschlichen Vernunft als solcher. Daher
sucht er die Spuren der Ahnung vom dreieinigen Gott nicht nur im
Alten Testament, sondern auch bei den heidnischen Philosophen. In
diesem Zusammenhang greift er die Lehre von der Weltseele in
Platons Timaios auf. Diese Seele belebt und ordnet das große Lebe-
wesen des Kosmos von dessen Mitte her. Sie wird als Sein und
Werden umschließendes Band verstanden und gilt als Prinzip seiner
Harmonie. In ihr sieht Abaelard einen Hinweis auf den Geist als
dritte Person in Gott.

Abaelard fand ein breites Echo und hervorragende Schüler, stieß
aber auch auf erbitterte Gegnerschaft. Auf der Synode von Soissons
wird seine Trinitätslehre 1121 verurteilt. Abaelard gerät in Kerkerhaft. Später kommt es zu einer schweren Auseinandersetzung mit
Wilhelm von Saint-Thierry und Bernhard von Clairvaux. Bernhard
empfindet Abaelards Anwendung der Dialektik auf die Glaubenslehren als die christliche Wahrheit auflösende Neuerung. 1140 wird
Abaelard im Anschluß an das Konzil von Sens erneut verurteilt.
Über ihn wird ein Schweigegebot verhängt. Er soll sein Leben in
Klosterhaft verbringen. Wieder ging es um die Trinitätslehre. Im
Zusammenhang mit ihr wird aber auch seine Methode der Interpretation, also seine Hermeneutik angegriffen (U. Niggli, Anhang II).
Der Kern der Auseinandersetzung war folgender: »Vor Abaelard
bestand Theologie vornehmlich darin, die Probleme durch Herbei-
schaffung und Harmonisierung einschlägiger Texte aus Bibel, Kir-
chenvätern- und Konzilsbeschlüssen zu lösen«. Versenkte man sich
in diese Texte »in individuell-persönlicher Meditation«, stand für

den Gläubigen fest, »daß ›die Wahrheit selbst‹ (traditionell-objektiv oder monastisch-subjektiv) faßbar wurde«. Folgt man aber Abaelards Programm, die Tradition zu interpretieren »und seinen Studenten rationale Begründungen zu liefern ..., tut sich ein Graben auf zwischen demjenigen, was der jeweilige Interpret einholen kann, und dem Wortlaut der Tradition. Es ist nicht länger ›die Wahrheit selber‹, die präsentiert wird, sondern ihre Aneignung durch einen bestimmten Theologen oder eine bestimmte Schulrichtung« (U. Niggli, Anhang II, CXIX). Die Wahrheit und ihre Interpretation treten auseinander. Die naive Sicherheit, die Wahrheit unmittelbar greifen zu können, wird in Frage gestellt. Dies beunruhigte vor allem Bernhard von Clairvaux zutiefst. Der Weg, den Abaelard gehen wollte,

»war lang und voller Umwege«. Bernhard suchte in der Unmittelbarkeit »des leidenschaftlichen Erlebens, die mystische Einung mit Christus in der liebenden Hingabe und im zwingenden Glauben. ... Wenn aber der Weg zu Gott versperrt und die Sicherheit des Glaubens angezweifelt wurde, ... war sein einziger Halt gefährdet. ›Es geht um Christus‹, rief er Abaelard beschwörend entgegen, und doch ging es in Wahrheit um ihn, Bernhard« (Borst, 1988, 374f).

Petrus Venerabilis, der Abt des berühmten Klosters Cluny, nahm Abaelard dort auf. Durch seinen Einfluß kam es zur Aussöhnung von Abaelard und Bernhard und zur Zurücknahme der kirchlichen Verurteilung.

Abaelards letztes Werk trägt den Titel »Dialog eines Philosophen, eines Juden und eines Christen«. Ihn bedrückte, wohl auch im Zusammenhang seiner Gespräche mit Petrus Venerabilis, der Kampf zwischen den Religionen. Abaelard teilte die alte Überzeugung von der Erleuchtung der Vernunft auch von Nichtchristen durch die Wahrheit und Weisheit des ewigen Logos, der in Christus Mensch geworden ist. Von diesem Verständnis der Vernunft her schienen ihm Religionsgespräche und eine Anerkennung von Islam und Judentum als »natürlicher Religion« möglich (Flasch, 1982, 225). Abaelard glaubte, die Vernunft zu befragen, könne zum Religionsfrieden führen. Auch Petrus Venerabilis hatte erklärt, man dürfe die Muslime nicht mit Waffen, Gewalt und Haß, sondern einzig mit Vernunft und Liebe angreifen und sich so mit ihnen auseinandersetzen. In diesem Sinne schreibt Abaelard an seinen und Heloisas Sohn Astralabius:

»Niemanden sollst Du mit Gewalt zu Deinem Glauben zwingen, / Nur die Vernunft ist imstande dazu, / Zwingen kannst Du zu glaubenswidrigem Trug, / Doch zum Glauben führt nicht die Gewalt, / Sondern Vernunft« (Podlech, 396).

4. Die Schule von Chartres

Paris war zweifellos der Mittelpunkt des geistigen Lebens im 12. Jahrhundert. Aber als ein weiteres bedeutendes Element muß die Schule von Chartres genannt werden. Sie war durch Fulbert von Chartres im späten 10. Jahrhundert gegründet worden, erlebte aber im 12. ihre Blütezeit. Allerdings muß die Bindung der Persönlichkeiten, welche man zu dieser Schule rechnet, bezüglich des Studiums oder der Lehrtätigkeit an Chartres jeweils im einzelnen untersucht werden. Es gibt aber bestimmte Forschungs- und Bildungsinteressen, welche diesen Denkern gemeinsam sind. In diesem Sinne ist zunächst eine stärkere Zuwendung zur Naturwissenschaft und Naturphilosophie zu nennen. Dabei werden von den Arabern übernommene Anregungen verarbeitet, aber auch Rückgriffe auf Hippokrates und Galen spielen eine Rolle. Auch kommt es zu einer intensiven Pflege der artes liberales. In ihrem Zusammenhang werden bevorzugt Rethorik und antike Literatur studiert, so daß man »von einem Humanismus der Schule von Chartres gesprochen« hat (Hirschberger, 417). Eine wichtige Neuerung bezieht sich auf die Logik. Bisher, in der sogenannten alten Logik (logica vetus), stützte man sich ausschließlich auf die beiden Schriften des Aristoteles über die Kategorien und die Hermeneutik, sowie die oben schon genannte Isagoge des Porphyrius mit dem Kommentar des Boethius. Nun wird die Logik des Aristoteles umfassender rezipiert, erweitert um die Schriften des sog. »Organon« (Analytiken, Topik und die »Sophistischen Widerlegungen«). So entsteht »im Verein mit den genannten Schriften der logica vetus die ›neue Logik‹ (logica nova)« (Beckmann, 65).

Dennoch steht Platon im Mittelpunkt dieser Schule. Bernhard von Chartres, der die Schule in ihrer Blütezeit leitete (1114–24), wird von Johannes von Salisbury »erster unter den Platonikern unseres Jahrhunderts« genannt. Thierry von Chartres (+1150), Nachfolger Bernhards, ist ebenfalls Platoniker, bezieht aber pythagoreeische Elemente in seine Metaphysik ein. Er unterscheidet zwischen dem Einen im neuplatonischen Sinn als dem schlechthin unwandelbaren Gott und den Zahlen, welche dem Bereich des Wechsels und der Veränderung angehören. Allerdings gehen sie alle aus dem Einen hervor, so wie die Welt aus Gott. Dabei erklärt er, Gott sei die Form des Seins der Dinge. Er meint, einem Pantheismus entgehen zu können, weil die Gottheit nicht in die Materie eingeht. Dennoch sind pantheistische Tendenzen in der Weiterentwicklung der Schule aufgekommen. Was bei Thierry noch ausgeschlossen wird, tritt bei David von Dinant ein, da er Gott der ersten Materie gleichsetzt. Amalrich von Béne (+1206 oder 1207) dagegen identifiziert Gott mit der Form der Dinge.

Johannes von Salisbury, ab 1180 Bischof von Chartres, wird nach langem Studium in Frankreich Sekretär des Erzbischofs von Canterbury. In dieser Stellung erlebt er später den Kampf zwischen Thomas Becket und dem König unmittelbar mit. Er begleitet ihn auch in die Verbannung nach Frankreich. Seine beiden Hauptwerke sind »Metalogicus« und »Polycraticus«. Das erste bietet einen gründlichen Überblick über die verschiedenen im Universalienstreit vertretenen Theorien. »Von bleibender Bedeutung ist vor allem der warnende Hinweis ..., daß die Philosophie zugrunde gehen muß, wenn sie versucht«, sich ausschließlich an der Logik zu orientieren. Allerdings wendet er sich »ebenso sehr gegen die abstrakte Erörterung allgemeiner metaphysischer Probleme« (Pieper, 1960, 125). Johannes wendet sich mit einer gewissen Skepsis der Erfahrung den praktischen Aufgaben der Philosophie zu. Der Polycraticus enthält »die erste große Staatstheorie im Mittelalter, ... die auch auf Thomas von Aquin einwirkte« (Geyer, 242).

Bei Gilbert von Poitiers (+1154) zeigt sich ein Universalienrealismus. Die Vernunft sammelt sozusagen das Universale aus den Dingen. In der Kategorienlehre vertrat er die Ansicht, daß die Beziehung (relatio) zusammen mit Quantität und Qualität eine der Substanz inhärierende Form sei und sich im Unterschied zu den anderen Akzidenzien aus ihr selbst ergäbe. In den Zusammenhang der Schule von Chartres gehört auch Otto von Freising (+1158). Ihm verdankt Deutschland die Kenntnis der vollständigen aristotelischen Logik, wie sie oben erwähnt wurde. Seine Hauptbedeutung liegt auf dem Gebiet der Geschichtsschreibung und der Geschichtstheologie. Er schloß sich an Augustins Unterscheidung der beiden Reiche an, glaubte aber im Gegensatz zu ihm an eine mögliche Verwirklichung des Gottesstaates in der Geschichte selbst.

5. Die Viktoriner

Das 12. Jahrhundert ist auch eine Zeit hochentwickelter Spiritualität. Meist spricht man von seinen mystischen Strömungen, so z. B. von der »Brautmystik« des Bernhard von Clairvaux. In ihr geht es um die Vermählung der Seele mit Gott, dem ewigen Logos oder mit Christus. Es ist eine Liebesmystik. Als »Vorstufen« gelten »höchste Liebesformen, die auch der Geschlechterliebe zu allen Zeiten eigen sind und von ihren Dichtern gepriesen und geschildert werden«

(Ruh, 1990, 262). Wir finden aber auch religiöse Strömungen, die nicht im engeren Sinn des Wortes als Mystik bezeichnet werden können. H.U. v. Balthasar meint sogar, das zwölfte sei vielleicht »das fruchtbarste aller christlichen Jahrhunderte, was lebendige Meditation des Glaubens betrifft« (Balthasar, 9).

In diesem Zusammenhang ist auf die Viktoriner-Schule einzugehen. Nach seinem Streit um die Universalien mit seinem Schüler Abaelard zog sich Wilhelm von Champeaux in das Chorherrenstift St. Victor bei Paris zurück. Er entwickelte dort eine klösterliche Lebensordnung unter Einfluß seines Freundes Bernhard von Clairvaux. Bald entschloß er sich aber, St. Victor für Studenten zu öffnen und nahm seine frühere Vorlesungstätigkeit wieder auf. Der Ort wird nun zu einem bedeutenden Zentrum. Hier durchdrangen sich kontemplatives, auf spirituelle Erfahrung gerichtetes Leben mit theologisch-philosophischer Spekulation. Sie besaß als »Mitte zwischen Nachsinnen und betrachtender Schau« (Balthasar, 11) im Unterschied zu heute einen positiven Wert.

Ihre Blütezeit erlebte die Schule unter Hugo und Richard von St. Victor. Hugo war Sachse, ein Enkel eines Bischofs von Halberstadt und mit Wilhelm von Champeaux nach St. Victor gekommen. Dort übernahm er ab 1133 die Leitung der Studien (+1141). Seinen großen Einfluß auf die kommende Zeit spricht Bonaventura im 13. Jahrhundert aus, wenn er erklärt, Hugo sei »der universalste Geist« gewesen, »der Denker, der alle Bereiche einer umfassend verstandenen Theologie umspannte« (Ruh, 1990, 355).

Für die Philosophie ist zunächst die Erkenntnislehre Hugos interessant. Sie ist eng mit seinem Verständnis des Menschen, seiner Anthropologie, verknüpft. Er unterscheidet drei »Augen« des Menschen. Mit dem ersten schaut er in die Welt, mit dem zweiten sich selbst in seinem Geist, mit dem dritten Gott und das Göttliche. Der Mensch hält sich damit, wie das mittelalterliche Denken immer wieder betont hat, in der Mitte der Wirklichkeit. Leiblich lebt er in der Welt, erfährt in sich selbst die Wirklichkeit des Geistes und vermag über die Welt und sich selbst zu Gott aufzusteigen. In dieser Mitteposition ist der Mensch Seele. In der Erkenntnis Gottes, der Kontemplation, »wirkt die intelligentia, das oberste Erkenntnisvermögen«. Dabei bildet aber auch die imaginatio einen »Schlüsselbegriff«. Das wird nur verständlich, wenn man die Seele als Ebenbild Gottes versteht, welche als solches Bild dann zu sich selbst kommt, wenn sie mit Gott geeint wird, ihn also in sich ein-bildet oder ihn sich in der Seele einbilden läßt. Damit weist Hugo auf Meister Eckhart voraus, für den »inbilden ... ein zentraler Begriff ... für die Einigung von Seele und Gott« ist (Ruh, 1990, 367).

Durch den Sündenfall ist die Sehkraft des Menschen getrübt. Mit ihm kam Finsternis über ihn. Nur das der Welt zugewandte körperliche Auge blieb hell. Dagegen wurde die geistige Selbsterkenntnis verdunkelt und das Auge der Kontemplation erlosch ganz. Der durch die Sünde gebrochene Mensch weiß viel über die Welt, wenig über sich selbst, kaum etwas über Gott. Das dürfte auch heute noch »ein wirklichkeitsnaher Befund« sein (Ruh, 1990, 366). Soll der Mensch wiederhergestellt werden, so ist der Glaube erforderlich, um zu der Wahrheit zu gelangen, welche der Mensch nicht mehr schauen kann. An diesem Punkt muß Hugos Lehre von der Liebe beachtet werden. In ihr tritt der Mensch aus sich heraus in einer Selbstvergessenheit, in welcher er über sich selbst hinaus erhoben wird, zur Sehnsucht und unter Umständen zur Einung mit dem unsichtbaren, aber geliebten Gott. Damit geschieht eine Wiederherstellung (restauratio) des Menschen. Sie hat ihre Grundlage in der Menschwerdung Gottes in Christus, der herabgestiegen ist, damit der Mensch wieder zu Gott hinaufsteigen kann.

Dieser Hintergrund muß berücksichtigt werden, wenn der Philosophiebegriff Hugos verstanden werden soll. Hugo entfaltet ihn in seinem Werk »Eruditionis Didascalicae libri VII«, einer Anleitung zum Studium. Sie ist deshalb bemerkenswert, weil Hugo nicht nur die theoretische Philosophie mit Theologie, Mathematik und Physik sowie die praktische als Ethik, Ökonomie und Politik kennt. Er rechnet nämlich nicht nur die freien Künste, sondern auch die mechanischen zur Philosophie, z. B. Navigationskunde, Medizin und Agrikultur. Für Hugo braucht der Mensch nämlich nicht nur Weisheit und Tugend, sondern auch Heilmittel gegen seine Schwäche. Darum wird die Sorge um unsere Selbsterhaltung, wenn sie zu einem rational begründeten Verhalten führt in die Philosophie miteinbezogen.

Wichtige philosophische Gedanken finden sich auch in »De Sacramentis fidei«, einer umfassend angelegten Lehre von Gott, Schöpfung und Erlösung. Der Unterschied zwischen Theologie und Philosophie bleibt auch bei Hugo unscharf. Philosophie heißt für ihn jede Art von Forschung, welche die Gründe (rationes) sowohl der menschlichen als auch der göttlichen Dinge aufzudecken versucht. Ein solches Streben steht im Dienst der Wiederherstellung des Menschen. Dieser stellt sich für Hugo als ein doppelt bedürftiges Wesen dar. Er bedarf der Behebung von Not und er bedarf des Glücks. Er ist ein in den jeden Augenblick möglichen Tod gehaltener Glückssucher. In der Erkenntnis Gottes liegt das Glück. Seine Not aber kann er nur mit Hilfe der Geschöpfe überwinden. Darum ist sowohl die tätige Zuwendung zur Welt, als auch die Hingabe an

Gott notwendig. Drei Bewegungen (motus) unterscheidet Hugo: Die des freien, geistigen Willens, die des Leibes in der körperlichen Tätigkeit und der Sinnlichkeit im Genuß. Sie steht »in der Mitte zwischen den beiden anderen Bewegungen. ... Die rechte Ordnung besteht ... darin, daß die Vernunft Gott, die Sinnlichkeit der Vernunft unterworfen ist, und der Leib von der Vernunft mit Hilfe der Sinnlichkeit«, die als eine Art von Bewegungsprinzip zu verstehen ist, »regiert wird« (Gilson-Böhner, 393).

Hugo hat auch Gottesbeweise geführt. Der erste weist auf Augustinus zurück und auf Descartes voraus. Der menschliche Geist erfaßt sich selbst als eine nichtmaterielle Realität. Ihre Existenz folgt aus ihrer Selbsterkenntnis. Sie weiß, daß sie nicht immer dagewesen ist, so daß sie eines Urhebers bedarf, um sein zu können. Der zweite Beweisgang hat eine ähnliche Struktur, setzt aber bei der Welt an. Sie ist ständigem Werden und Vergehen unterworfen, so daß sie immerzu neu werden muß. Was derart veränderlich ist, ist einmal nicht gewesen. Daher verweist auch die Natur auf einen Urheber. Dieses Argument geht in eine Richtung, in die später Thomas von Aquin mit seinen fünf Argumenten gegangen ist. So wird deutlich: Hugo steht in der neuplatonischen Tradition, vor allem Augustinus‹, geht aber auch über sie hinaus, indem er »intus« und »foris«, innen und außen, zu verbinden versucht.

Hugos Nachfolger in St. Victor wurde sein Schüler Richard (+1173). Obwohl er unter dem Einfluß von Augustinus steht, geht er den Weg seines Vorgängers in der entschiedenen Zuwendung zum Erfahrungswissen weiter. Nur was wir aus Erfahrung kennen, eröffnet uns den Weg zu dem für uns Unerfahrbaren. Diese Grundeinstellung zeigt sich vor allem in seinem Beitrag zum Problem der Gottesbeweise. Im Unterschied zu Augustinus und Anselm will er seinen Ausgangspunkt im Erfahrungswissen nehmen. Richard schließt aus der Erfahrung auf Gott, daß es in der Welt Werden und Vergehen gibt, also Dinge, welche sein und auch nicht sein können und somit nicht ewig sind. Sie können nicht aus sich sein, sondern verlangen nach einem aus sich Seienden und Ewigen. Sie können sich nämlich nicht selbst aus dem Nichts in das Sein gebracht haben. Die Erfahrungswelt, in der wir leben, ist nur möglich, wenn es Gott gibt (De trin. I, 7 u. 8).

Von dieser Grundlage ausgehend sucht Richard für sein Denken eine unbezweifelbare Grundlage, wie später Descartes. Er sieht sie aber nicht wie dieser im Selbstbewußtsein des Ich, sondern in der Notwendigkeit der Annahme von drei Weisen des Seins: Was ist, »besitzt sein Sein entweder von Ewigkeit her oder hat in der Zeit angefangen«. Es besitzt »sein Sein entweder aus sich selbst oder von einem anderen her«. Von daher lassen sich »drei Seinsarten unterscheiden. Jedwedes Seiende hat sein Sein entweder seit ewig und aus sich selbst, oder umgekehrt weder seit ewig noch aus sich selbst, oder als Mitte zwischen diesen beiden: Zwar seit ewig, aber nicht aus sich selbst« (De trin. I, 6, Balthasar 38f). Von hier aus gewinnt Richard einen Zugang zur Trinität unter einem Gesichtspunkt, der zur philosophischen Theorie vom Sein, zur Metaphysik, gehört. Das Sein von einem anderen her in der Zeit macht die Seinsart des Geschöpfes aus. Gott aber kann aus sich und ewig sein, aber auch ewig und nicht aus sich. Damit wird der Unterschied zwischen der ersten und den beiden anderen göttlichen Personen bezeichnet.

Man hat gesagt, in Richard komme »die dem 12. Jahrhundert eigentümliche rationalisierende Tendenz, die Leistungsfähigkeit der Vernunft so hoch wie möglich zu spannen«, und von den Glaubensgehalten soviel wie möglich in den »Bereich der ratio zu rücken, wohl am schärfsten zum Ausdruck. Unter Voraussetzung der Unantastbarkeit des Glaubensinhaltes sucht er zutiefst mit rationalen Methoden in denselben einzudringen« (Geyer, 268). Dazu paßt es, daß er beklagt, in seiner Zeit finde sich zuviel an Berufungen auf Autoritäten, denen zuwenig rationale Begründungen entgegenstehen, welche auf notwendige Einsicht drängen.

Für Richards Denkweise ist es bezeichnend, daß er, nachdem in der erwähnten ontologischen Unterscheidung ein erster Zugang zur Trinität eröffnet ist, die Einheit der drei Personen in Gott als Liebesgemeinschaft faßt. Augustinus hatte die Trinität von der Einheit des menschlichen Geistes mit seinen drei unterschiedenen Vollzügen zu verstehen versucht. Die Frage besteht zu Recht, ob er damit nicht zu einer Interpretation gelangt, die von einem monologischen Vorverständnis bestimmt ist. Richard geht von der Voraussetzung des Gutseins Gottes aus. Dieses wird aber von der Erfahrung mitmenschlicher Liebe her verstanden. In der Liebe ereignet sich Sein für und auf den anderen hin. Macht und Weisheit könnte von einer Person für sich besessen werden. Zur Liebe aber gehört, daß sie sich an einen anderen verschwendet und von ihm in Liebe erwidert wird. Liebe erfordert Gegenseitigkeit.

Seinen Höhepunkt erreicht der Trinitätsgedanke Richards in der Lehre von der »Mitliebe«. Damit meint er folgendes: Wird Liebe in Wechselseitigkeit gelebt, findet sich jeder Partner im anderen wieder. Verbleibt es bei einer solchen Ich-Du-Beziehung, fehlt ihr noch ein entscheidendes Moment: Die Beziehung selbst, die Verbundenheit der Partner in ihr, stellt sich nicht dar. Um sich als Liebe vollständig zu finden, muß die Zweierbeziehung noch einmal über sich hinausgehen. Ein Drittes wird notwendig, das von dieser Beziehung ausgeht und in dem sie zugleich erst voll zu sich selbst kommt. Das »Band«, welches in der Trinität von der ersten und der zweiten Person ausgeht, ist der Geist Gottes. Er ist sozusagen die Atmosphäre, welche von der Liebe ausgeht, sie spiegelt und sie in sich umgreift. Richard ist sich durchaus über die Gefahr im klaren, daß seine Trinitätsspekulation im Tritheismus enden könnte, also der Verwechslung der Trinität mit drei Göttern. Aber er sieht auch die umgekehrte Gefahr: Eine Überbetonung der Einheit könnte gerade ihr Verständnis von der Liebe her gefährden und somit das Spezifische des christlichen Gottesglaubens zerstören.

Es ist verständlich, daß die Trinitätslehre Richards in unserem Jahrhundert ihre Aktualität beweist. Denn die philosophischen und theologischen Reflexionen auf Interpersonalität in der dialogischen Philosophie (F. Rosenzweig, M. Buber, G. Marcel, E. Levinas, H.E. Hengstenberg u.a.) sind dem Ansatz Richards verwandt. Auch Thomas von Aquin hat die Trinität von der Beziehung her zu verstehen versucht, indem er in den göttlichen Personen eine Einheit von Personhaftigkeit und Beziehung verwirklicht sah. Aber das geschieht auf dem Boden einer äußerst differenzierten metaphysischen Begrifflichkeit. Richard dagegen bringt auch dort Lebenserfahrungen von Menschen ins Spiel, wo es um höchste spekulative Fragen geht. Darin liegt seine Stärke.

V. Islamische und jüdische Philosophie
im Mittelalter

1. Zur allgemeinen kulturellen Situation

Im Zusammenhang mit dem Siegeszug der Araber und der Eroberung von Persien und Ägypten hatte sich im Orient, in Sizilien, Unteritalien und der iberischen Halbinsel eine hochstehende islamische Kultur entwickelt. Vor allem war es, durch Syrien vermittelt, zu einer Aneignung griechischen Kulturgutes gekommen. In diesem Zusammenhang wurden Werke des Aristoteles, neuplatonische Aristoteles-Kommentare, aber auch andere griechische Autoren, wie z. B. Hippokrates und Galen, ins Arabische übersetzt, zum Teil aus dem Syrischen, oder auch direkt aus dem Griechischen. Diese Texte gehörten zu den Grundlagen der hochstehenden Medizin, Astronomie und Physik in der islamischen Welt. Sie war auf diesen Gebieten dem lateinischen Westen bei weitem überlegen. In diesem Kontext kommt es aber auch zur Ausbildung einer islamischen Philosophie. Man sollte sie so und nicht als »arabische Philosophie« bezeichnen, da sie »Perser, Syrer und Inder, auch spanische Mauren« (Geyer, 298) zu ihren Verfassern zählt und auch nicht ausschießlich im »Latein des Orients«, in der arabischen Sprache geschrieben worden ist.

Dieses Denken wird durch eine neuplatonisch gefärbte Aristoteles-Rezeption bestimmt. Wie stark die »aristotelische und neuplatonische Ideenkreuzung« (Hirschberger, 427) war, läßt sich an der sogenannten »Theologie des Aristoteles« ablesen. Sie stammt keineswegs von Aristoteles, sondern ist ein um 840 entstandener Auszug aus den oben bereits erwähnten Enneaden Plotins. Ähnlich steht es um den im lateinischen Mittelalter viel zitierten Liber de causis, das Buch über die Ursachen. Hier handelt es sich um einen Auszug aus der Elementatio theologica des Proklus. Daß es sich nicht um ein aristotelisches Werk handeln kann, weil es von neuplatonischem Geist erfüllt ist, hat schon Thomas von Aquin durchschaut. Gerhard von Cremona hat das Buch in Toledo zwischen 1167 und 1187 ins Lateinische übersetzt. Toledo war ein Zentrum der kulturellen Berührung mit den Arabern trotz der damaligen kriegerischen Auseinandersetzungen. So ist es griechischer Geist, der in Gestalt der Philosophie, aber auch anderer Wissenschaften, zunächst auf die islamischen Völker einwirkt und durch ihre Vermittlung an den Westen weitergegeben wird.

Die Anfänge der jüdischen Philosophie reichen bis in die hebräische Bibel (AT) zurück. Dabei ist die »Begegnung von Judentum und Griechentum in der hellenistischen Kultur« (Simon, 21) eine grundlegende Voraussetzung. Wahrscheinlich spiegeln sich griechische Einflüsse philosophischer Art bereits im Buch »Kohelet« (= Prediger Salomo). Es verbindet sie allerdings »der Tradition jüdischer Weisheit, die lange vor der jüdisch-griechischen Kulturbegegnung« entstanden war. Noch deutlicher findet »die Vertrautheit mit griechischer Philosophie »ihren Niederschlag im Buch der Weisheit« (Weisheit Salomos). In ihm wird versucht, »jüdische Inhalte in den Formen griechischer Philosophie darzulegen« (Simon, 22f). Solche Versuche der Anpassung an die jeweils lebenswichtige kulturelle Umwelt unter Bewahrung der eigenen Tradition und damit der religiösen und nationalen Identität, sind für die jüdische Philosophie maßgeblich geblieben.

Diese Grundeinstellung zeigt sich auch bei Philon von Alexandrien (geboren um 20 v.Chr.), dem bedeutendsten Vertreter jüdischer Philosophie in der Antike. Das Judentum birgt für ihn die Wahrheit. Um sie als die gültige Weisheit aufzuzeigen, dient ihm die »griechische Philosophie als Mittel zum Zweck« (Simon, 27). Seine Lehren vom Logos als der Weisheit Gottes, über die dem Menschen mögliche Aussagen von Gott und seine Welttranszendenz haben Philon auch für das christliche Denken belangreich werden lassen. Im Judentum dagegen fand er kaum Fortsetzer. Die Philosophie erlosch bis zum 9. Jahrhundert.

Der mittelalterliche Neubeginn erfolgte bei den in vom Islam beherrschten Gebieten lebenden Juden. Nun kommt die »jüdische Philosophie ganz zu sich selbst«. Denn im Mittelalter ist die Philosophie auch bei den Juden wie im Islam und bei den Christen durch »die Problematik des Verhältnisses von Vernunft und Offenbarung« bestimmt. Die spätantike Kultur war synkretistisch gewesen. Sie zielte auf Vermischung und gegenseitige Integration. Jetzt aber treten jüdischer Glaube und jüdisches Denken zwei anderen in sich geschlossenen Religionen gegenüber. In der Unterscheidung von ihnen kommt im Mittelalter »jüdische Philosophie« ganz zu sich selbst (Simon, 18). Dabei wird »jüdische Philosophie als eine an die jüdische Religion gebundene Philosophie« verstanden, während man, »wenn eine solche Bindung nicht besteht«, auch nicht von jüdischer Philosophie sprechen sollte (Simon, 19), wohl natürlich von Juden als Philosophen.

Ein solcher Begriff jüdischer Philosophie birgt eine ähnliche Problematik in sich wie der Begriff der christlichen Philosophie. Allerdings muß man davon ausgehen, daß es sich keineswegs immer um eine rationale Erklärung oder Verteidigung des jüdischen Glaubens handelt. Manchmal geht es gerade auch um die Zurückweisung philosophischer Wahrheitsansprüche angesichts dieses Glaubens. Aber auch dies geschieht im Rahmen eines durch die Gebundenheit an die jüdische Religion geprägten Denkens. Eine solche Kritik der Philosophie im Namen der Religion muß selber auf philosophische Weise vollzogen werden. Anderenfalls bliebe es bei einem unbegründeten Versichern, der Glaube sei der Philosophie vorzuziehen. Ein solches Denken ist religiös motivierte philosophische Kritik der Philosophie. Freilich findet sich auch das umgekehrte Interesse, den Glauben aus der Perspektive der Philosophie grundsätzlich infrage zu stellen. Aber auch hier geht es noch um Philosophie im Umkreis der jüdischen Religion.

2. Islamische Philosophen

Als ersten der islamischen Philosophen betrachtet man Al-Kindi (+873). Er galt als entschiedener Aristoteliker. Die Zuwendung zu Aristoteles muß im Zusammenhang mit dem Interesse »an dem antiken Ideal ›enzyklopädischer‹ Bildung« (Flasch, 1986, 268) gesehen werden. Man suchte nicht nur nach philosophischer, sondern wissenschaftlicher Bildung allgemein. Dabei nahmen Recht, Politik und Medizin einen besonderen Rang ein. Oft kam es zur Verbindung von Philosophie und Medizin in einer Person.

Al-Kindi ist vor allem wegen seiner Schrift über den Intellekt philosophisch bedeutsam geworden. Sie ist nur eine seiner zahlreichen Werke, die sich auf die verschiedensten Wissensgebiete erstrekken. Al-Kindi greift auf ein Problem zurück, das von den Kommentatoren des Aristoteles in der Spätantike behandelt worden war. Aristoteles hatte es nach der Meinung mancher ungelöst zurückgelassen. Andere hatten Schwierigkeiten mit der Interpretation der Auffassung des Aristoteles in diesem Punkt. Es ging um das Verhältnis von aktivem und passivem Intellekt. Jener muß als reine, sich immer vollziehende geistige Tätigkeit verstanden werden, dieser als bloße Fähigkeit zu denken, die sich aber nicht aus sich selber zum Vollzug erheben kann. Allein in der Kraft des aktiven Intellektes kommt sie zum Vollzug. In diesem Zusammenhang war auch die Bedeutung der Sinnlichkeit für das menschliche Erkennen zu bedenken und die Frage zu klären, wie es schließlich zu einem Wissenserwerb im einzelnen Menschen kommt.

Al-Kindi unterscheidet daher den aktiven vom rezeptiv-passiven

Intellekt und beide vom »intellectus adeptus« und vom »intellectus demonstrativus«. Im intellectus adeptus ist persönlich erworbenes Wissen anwesend, welches aber sozusagen ruht, während es im intellectus demonstrativus betätigt wird und sich im Vollzug zeigt, so daß es als Wissen offenkundig erscheint. Al-Kindi hat mit seiner Schrift den Grund für »eine eigene Literaturgattung« (Flasch, 1986, 270) gelegt, nämlich der Traktate über den Intellekt, wie sie sowohl bei den Arabern als auch im Westen geschrieben wurden. Eine Lösung der Grundfrage, wie der Zusammenhang zwischen der sich aus sich selbst vollziehenden Tätigkeit des aktiven Intellektes und dem rezeptiven, veränderlichen, auf Sinnlichkeit angewiesenen passiven Intellekt zu denken sei, blieb bei Al-Kindi aus.

Als der bedeutendste islamische Philosoph des 10. Jahrhunderts gilt Al-Farabi. In seinem umfassenden metaphysischen Entwurf sind aristotelische und neuplatonische Elemente zur Synthese verbunden. Die Welt ist ihm ein Emanationssystem: Aus Gott als dem Ureinen geht – wie bei Plotin – der Geist hervor. In ihm erkennt sich das Eine selbst. Dabei tritt die Ideenwelt aus dem göttlichen Urprinzip hervor. Aus seiner Selbsterkenntnis läßt dieser erste Intellekt den ersten Himmel hervorgehen und bewegt diese Sphäre. Zehn weitere Intelligenzen entströmen diesem ersten Intellekt. Ihnen entspricht jeweils eine weitere Himmelssphäre. Dies gilt allerdings nicht für die unterste Stufe, dem tätigen Intellekt im Sinne des Aristoteles, von dem wir bei Al-Kindi schon gehört haben. Er ordnet die sublunare Welt unterhalb des Mondes. Die Erkenntnis des Menschen geschieht durch seine erleuchtende Tätigkeit. Er aktuiert das menschliche Erkenntnisvermögen. Durch das sozusagen von dem ersten Intellekt durch die Zwischenstufen der anderen Intelligenzen hindurch auch in die Materie der irdischen Welt hineinfallende Licht ist diese geistgeleitet und geistbestimmt. Daher kann man verstehen, daß »die von Zufällen durchsetzte Erfahrungswelt geistiger Erkenntnis zugänglich wird« (Flasch, 1986, 273). Ja, der Geist findet sich selbst in ihr wieder. Das zeigt sich vor allem in der Lehre Al-Farabis von den Wesenheiten. Diese bezeichnen das Allgemeine in den Dingen als vermittelte »Spiegelungen« der ersten Intelligenz, »dieses Urgeistes des Urdenkens« (Geyer, 305). Somit haben die Wesenheiten der Dinge und ihre Erkenntnis durch den Menschen dieselbe Quelle. Daher findet der Geist sich in den Dingen wieder und entdeckt das Wesen der Dinge als sein Eigentum, in welchem er sich auch auf der niederen Stufe des Menschengeistes wiedererkennt.

Al-Farabi hat wohl als erster die These vertreten, Wesen und Existenz der Dinge seien verschieden. Die Wesenheiten sind allgemeine und notwendige Inhalte des Geistes. Aber es kommt ihnen nicht notwendig, d.h. aus ihrem Wesen zu, in Einzelseienden zu existieren. Um in ihnen verwirklicht zu werden, bedürfen sie einer Ursache. Dieser Gedanke führt bei Al-Farabi nicht zur Schöpfung als einer freien Tat Gottes, wie es dem islamischen Glauben gemäß ist. Die Existenz wird vielmehr aus dem in sich notwendigen Ablauf des Emanationsprozesses erklärt.

Damit ist das prekäre Verhältnis Al-Farabis zum Islam angesprochen. Er tadelt an den islamischen Theologen ihre mangelnde logische Bildung. Darum beschäftigt er sich im Anschluß an Aristoteles mit logischen Problemen. Er ist mit ihm der Überzeugung, das geistige Erkennen sei die höchste menschliche Tätigkeit. Ihre Spitze erreicht sie in der Philosophie. Philosophen sind allein in der Lage, kraft ihrer Kunst der Beweisführung zur eigenen Einsicht in die Wahrheit selbst vorzudringen. Andere gelangen nur zu Symbolen der Wahrheit. Sie werden durch den tätigen Intellekt in der Vorstellungskraft erzeugt, nicht aber in der Vernunft. Da aber auch auf diese Weise die höheren Intelligenzen und schließlich der erste Intellekt selber in die Einbildungskraft des Menschen hineinwirken, kann hier von Offenbarung gesprochen werden. Sie geschieht im Propheten. Aber solche Symbole sind auf verschiedenen Stufen der Annäherung an die Wahrheit in den Völkern auf unterschiedliche Weise anwesend. So kann es die eine wahre Religion für alle Völker nicht geben. Die Wahrheit findet ihren gültigen Ausdruck allein im philosophischen Gedanken.

Von dieser Vorrangstellung der Philosophie her erneuert Al-Farabi Platons Utopie von der Herrschaft der Philosophen im idealen Staat. Allerdings soll der Herrscher zugleich Prophet sein. Die philosophische Wahrheit kann nicht allen Mitgliedern des Staates vermittelt werden. Sie sind weithin auf die durch den Propheten gestifteten religiösen Symbole angewiesen. Da es aber unwahrscheinlich ist, »daß die Kombination von Philosoph und Prophet in irgendeinem Herrscher oder Kalifen Wirklichkeit werde«, müßten »in der Praxis Philosoph und Politiker zusammenarbeiten« (Copleston, 108).

Von großer Bedeutung, auch für das westliche Mittelalter wurde Abu Ibn-Sina. Von Geburt Perser (980–1037), war er hervorragend begabt und soll schon mit 16 Jahren als Arzt praktiziert haben, verfügte aber auch über Kenntnisse in der Jurisprudenz und in den Naturwissenschaften. Er war Leibarzt persischer Fürsten und hoher Staatsbeamter. Einige Zeit hat er im Gefängnis zugebracht. Nachdem er in die Metaphysik des Aristoteles, die er zunächst unverständlich fand, eingedrungen war, wird er zum Metaphysiker. Es ist für ihn bezeichnend, daß er seine Philosophie unter dem Titel »Buch

der Genesung« zusammenfaßte. Denn »er verstand Philosophie als
Therapie, als Heilung von schädlichen Irrtümern« (Flasch, 1986,
277). Daß er sich von der Einheit des Philosophierens und des Heilens
her verstand, wird an einem umfassenden medizinischen Werk sichtbar. Im folgenden nennen wir ihn Avicenna. Denn unter diesem
Namen ist er im Westen schon im Mittelalter in die Philosophiegeschichte eingegangen.

Das Buch der Genesung, umfaßt in 18 Bänden Logik, Physik,
Mathematik und Metaphysik. Auch Botanik, Zoologie und Psychologie werden in diesem Kompendium dargestellt. Avicenna setzt
philosophisch Al-Farabi voraus. Der Hervorgang des Geistes als
erste Emanation aus dem Göttlich-Einen, der Ausfluß weiterer Intelligenzen bis hin zum aktiven Intellekt kehren wieder. Der tätige
Intellekt wird auch als »dator formarum« bezeichnet. Als solcher
spielt er in den Auseinandersetzungen der christlichen Denker mit
den islamischen eine große Rolle, z. B. bei Thomas von Aquin. Dieser
»Geber der Formen« läßt die materiellen Dinge entstehen, indem er
»der durch Naturprozesse (unter dem Einfluß der Gestirnbewegun-
gen) jeweils besonders disponierten Materie bestimmte Formen zu-
teilt« (Flasch, 1986, 278). In diesem Sinne entstehen durch ihn auch
die Menschen. Da er in ihnen durch seine Erleuchtung Erkenntnis
möglich macht, stellt sich wie bei Al-Farabi die Parallelität der
Seienden in der Welt mit der Erkenntnis des Menschen her. Damit
ordnet sich das Geschehen auf der Erde, im sublunarischen Raum,
einem allgemeinen Emanationsprozeß ein. Sein Ursprung ist die
Erkenntnis des absoluten Einen in der ersten Intelligenz. Sie ist der
Grund für »die Weltvielfalt«, denn indem sie Gott und sich selbst
erkennt, unterscheidet sie sich von ihm und darin »Erkennen und
Erkanntes«. In dieser Unterscheidung wird der Grund für die Vielheit der Dinge gelegt, geschieht der »Weltentstehungsprozeß aus
intellektueller Anschauung ...« (Flasch, 1986, 278).

Dieser Prozeß ereignet sich mit Notwendigkeit. Gott ist absolut
notwendiges Sein. Er kann nicht nicht sein, sondern existiert durch
sich selbst. Von ihm allein kann behauptet werden, daß er kraft seines
Wesens, also durch sich selbst existiere. Diese im Anschluß an Al-
Farabi entwickelte Lehre von der Identität von Wesen und Existenz in
Gott wurde bei Thomas von Aquin zu einem Grundpfeiler seiner
Metaphysik.

In der Welt findet sich nach Avicenna Notwendiges, das durch
anderes existiert, z. B. die Intelligenzen und die Himmelssphären.
Der Notwendigkeit steht der Zufall gegenüber. Ihn gibt es nur im
Bereich unterhalb des Mondes. So gliedert sich die Wirklichkeit für
Avicenna nach Stufen der Notwendigkeit. Dabei ist der Gesamtpro-

zeß des Hervorgangs aus dem Einen und der Rückkehr zu ihm ein notwendiger. Damit problematisiert auch Avicenna die Freiheit der göttlichen Schöpfungstat, was den Widerspruch der islamischen Theologen hervorrief. Er besitzt aber einen Begriff von Freiheit, welcher mit der Notwendigkeit des Emanationsprozesses vereinbar ist. Es handelt sich um das Überströmen des Einen als des absoluten Guten im neuplatonischen Sinn: »Gott ist nach Avicenna frei, weil er als das schlechthin Gute die Natur hat, sich in höchster Freigiebigkeit mitzuteilen. Es ist seine Natur, sich zu verströmen«. Es ging Avicenna darum, einen »Begriff der Freiheit« zu entwickeln, welcher in der Lage war, »Willkür und Zufälligkeit vom Weltgrund« fernzuhalten (Flasch, 1986, 279).

Mit der Notwendigkeit des Weltprozesses hängt seine Ewigkeit zusammen. Damit ist gemeint, daß »der Hervorgang der Niederen aus dem Höheren ... nicht als ein einmaliger und zeitlicher« gedacht werden darf. Hier gilt vielmehr: »Ursache und Wirkung sind ... einander gleichzeitig«. Dabei gilt für Avicenna aber zugleich, daß die den Dingen ihre Existenz verleihende Ursache »sie fortwährend im Dasein erhalten« muß. Die Dinge, »einmal ins Dasein gebracht«, beharren in ihm nicht »durch sich selbst«. So ist die Welt sowohl »von Ewigkeit her«, als auch in ständiger »Abhängigkeit von Gott« (Geyer, 309). Was nicht durch sich selbst notwendig ist und nur durch das schlechthin Notwendige existieren kann, muß von einem unbewegten Beweger im Sinne des Aristoteles bewegt sein. In die Ewigkeit der Welt schließt Avicenna auch die Materie ein. Sie ist das Prinzip der Veränderlichkeit und der Vielheit der Individuen.

Die Allgemeinbegriffe besitzen für ihn »verschiedene Modi des Seins«. Sie sind vor den Dingen (ante res) im Intellekt Gottes. Nur in diesem Sinne »ist das Allgemeine vor dem Einzelnen«. In den Dingen (in rebus) ist es dem einzelnen Seienden als solchem immanent. Nach den Dingen (post res) sind die Universalien als abstrakte Begriffe und Definitionen in unserem Intellekt (Geyer, 308f). Das Erst-erkannte für unseren Intellekt ist das Seiende. Auch diesen wichtigen Ansatzpunkt Avicennas hat Thomas von Aquin übernommen und zur Basis seiner Theorie von der Wahrheit gemacht. Der tätige Intellekt, von dem wiederholt die Rede war, darf nach Avicenna auf keinen Fall als »eine Funktion oder eine Kraft des menschlichen Geistes« verstanden werden. Er ist eine vom Menschen »getrennte Intelligenz«. Wäre es anders, so könnte der menschliche, potentielle Intellekt sich aus eigener Kraft aktualisieren (Copleston, 112). Das ist aber aufgrund der Übernahme des Verhältnisses von Wirklichkeit und Möglichkeit von Aristoteles für Avicenna unmöglich.

Obwohl er den Intellekt als überpersönlich betrachtet, hat Avicenna an der persönlichen Unsterblichkeit der menschlichen Seele festgehalten. Dabei kritisiert er die Bildwelt des jenseitigen Lebens im Sinne des Korans. Er gelangt zu einem rein philosophischen Unsterblichkeitsgedanken, wenn er das Leben jenseits der Todesgrenze als Erkenntnis der geistigen Realitäten interpretiert.

Die Begegnung der griechischen Philosophie mit dem islamischen Glauben verlief keineswegs unproblematisch. Im Zusammenhang mit der Schöpfung, der Freiheit Gottes, dem Geschick des Menschen nach dem Tode, sowie der philosophischen und religiösen Rede von Gott entstanden Spannungen. Diese spiegeln sich im Widerspruch von Al-Gazali (= Al-Gazel etwa 1058–1111 aus Persien) gegen Al-Farabi und Avicenna besonders deutlich wider. Er schrieb ein Werk mit dem Titel »Tahafut, Destructio philosophorum – Widerlegung der Philosophen«. In ihm griff er die Lehre von der Ewigkeit der Welt an. Auch wendet er sich gegen Avicennas Vorstellung von der Welt als einem ineinander verwobenen Netz von Ursachen. Dagegen stellt er die Allursächlichkeit Gottes. Er wirkt alles allein. Zu glauben, gewisse Wirkungen gingen aus geschöpflichen Ursachen hervor, stelle eine falsche Interpretation dar. In Wirklichkeit handelt es sich um bloße zeitliche Folgen, keineswegs aber um Kausalzusammenhänge.

Ein anderes seiner Werke trägt den Titel »Neubelebung der Religionswissenschaften«. Zu ihr gehört auch der Glaube an die leibliche Auferstehung von den Toten und an ein göttliches Strafgericht. Manche der Argumente Al-Gazalis weisen auf die neuzeitliche Kritik der Metaphysik im Sinne Humes und Kants voraus.

Den Endpunkt der bedeutenden islamischen Philosophie im Mittelalter bildet Ibn-Ruschd, von den Lateinern Averroes genannt. Er wurde 1126 in Cordoba geboren. Auch er war Arzt. Neben seinen philosophischen Werken hat er auch eine medizinische Schrift verfaßt. Er bekleidete einige Zeit das Amt eines Richters in Sevilla. Später besaß er großen Einfluß am Hof des Kalifen. Dies hinderte nicht, daß er wegen Mangels an Rechtgläubigkeit angeklagt wurde. Der Kalif Al-Mansur, in dessen Diensten Averroes gestanden hatte, gab Edikte heraus, welche Strafen gegen das Studium der griechischen Philosophie androhten. Schließlich wurden die Anklagen gegen Averroes zurückgenommen. Zweifellos verstand er sich selbst als rechtgläubig, wenn auch die orthodoxen Theologen die islamische Lehre in manchen Punkten durch die Bewunderung für die antike Philosophie gefährdet sahen. 1198 starb er in Marrakesch im Alter von 73 Jahren. Bald darauf kam es zum Niedergang der arabischen Herrschaft in Spanien und zugleich zum Ende der Philosophie bis auf wenige Reste.

Averroes war der entschiedenste Aristoteliker unter den islamischen Philosophen. Es ging ihm vor allem um ein angemessenes Verständnis der Lehre des Aristoteles. Er galt ihm als der unübertreffliche Philosoph schlechthin. Sein Verständnis durch seine Vorgänger im Orient erschien ihm als unzureichend, so daß er sozusagen zum »reinen«, von der Vermischung mit platonisierenden Tendenzen befreiten Aristoteles zurück wollte. Im Westen nannte man ihn den »Kommentator« schlechthin. Damit war sein Selbstverständnis zutreffend wiedergegeben. Averroes Werke stellen einen umfassenden Kommentar zu Aristoteles dar. Darunter befinden sich auch Paraphrasen, in welchen er, von Aristoteles-Texten ausgehend, eigene Weiterführungen entwickelt. Dabei sind vor allem die Erläuterungen zur Metaphysik und zur Seelenlehre des Aristoteles wichtig.

In der Metaphysik geht es um das Sein. Dessen Hauptkategorie ist die Substanz, die »Seinsheit«. Zentrale Unterscheidungen bilden Akt und Potenz, Wirklichkeit und Möglichkeit. Die Seienden der irdischen Welt unterliegen der Veränderung. Damit zeigen sie, daß sie nicht nur wirklich sind, sondern in Möglichkeit zu anderen Seinsweisen, Eigenschaften und Zuständen stehen. So ist die Welt in Bewegung. Als solche verlangt sie nach einer Begründung durch eine erste Ursache, die selber nicht mehr bewegt wird, sondern nur bewegt. Dieser unbewegte Beweger des Aristoteles wird aber bei Averroes zum Schöpfer der Welt. Als reiner Akt, actus purus, hat er alles aus dem Nichtsein in die Existenz gebracht und zwar durch sein schöpferisches Wissen und seinen Willen – ein für Aristoteles selbst unmöglicher Gedanke.

In diesem Zusammenhang kommt es zu einer Kritik an Avicenna. Dieser hatte gelehrt, von dem Ureinen könne nur ein selber Eines ausgehen. Es wird dann durch weitere Hervorgänge vervielfältigt. Averroes lehrt dagegen, daß auch eine Vielheit unmittelbar von Gott geschaffen werden kann. Mit Avicenna gilt ihm allerdings, daß die Welt geschaffen worden ist, aber nicht im zeitlichen Sinn angefangen hat. Gottes schöpferisches Wirken hört mit der Begründung der Welt nicht auf, sondern erhält die Dinge jederzeit. Dennoch anerkennt Averroes im Unterschied zu Al-Gazali die Realität innerweltlicher Ursachen. Sie vollziehen aber ihre Wirksamkeit in Gott, da »alle Dinge in Gott« sind. Nach Averroes spiegelt sich »die Einzigkeit des Schöpfers ... in der Einheit des Alls« (Copleston, 118) und in den zwischen den Dingen bestehenden Wechselbeziehungen. Alles ist von Gott, der einzigen reinen Wirklichkeit, geschaffen.

Ein Problem ergibt sich für diesen Standpunkt bezüglich der Materie. Sie gilt Averroes nicht als ein Wirkliches, sondern wird erst wirklich durch die Formen. Weil nicht wirklich, kann sie auch nicht erschaffen worden sein. Diese Auffassung ist nur schwer mit einem anderen Gedanken zu vereinbaren: In der Materie liegen die Formen der materiell Seienden wie Keime bereit, um durch die höheren, materiefreien Formkräfte aus ihr heraus entwickelt zu werden.

Zum Ursprung heftiger Auseinandersetzungen, auch im Westen, führten Averroes Erklärungen zum dritten Buch der Schrift des Aristoteles »Über die Seele« (De anima). Averroes unterscheidet einen vierfachen Gebrauch des Wortes ›Intellekt‹. Zunächst bezeichnet es die Vorstellungskraft, aus welcher der aktive Intellekt die nur ihm zugänglichen Formen aus dem Material der Vorstellungen abstrahiert. Dieser Intellekt ist »reine Aktivität« und ein von den menschlichen Seelenkräften verschiedenes »einzigartiges Geistwesen« (Copleston, 119), wie es uns bereits bekannt geworden ist. Hinzu kommt noch der hylische oder materielle Intellekt. Er ist für alle Formen, welche der aktive Intellekt erkennt, aufnahmefähig wie eine farblose Oberfläche, die im Licht alle Farben spiegeln kann. Auch dieser Intellekt gilt als ewig und einzig. Der aktive Intellekt bedarf zu seinem Vollzug eines aufnahmefähigen rezeptiven Gegenstücks. Denn Erkenntnis vollzieht sich in der Korrespondenz eines Wirkenden mit einem Empfangenden. Darum muß auch der materielle Intellekt als überindividuell verstanden werden. Der aktive und der hylische Intellekt zusammen gelten als eine Art Menschheitsvernunft.

Aus diesen Thesen des Averroes ergibt sich eine vieldiskutierte Frage: Wenn »das Denken« in uns denkt und nicht wir selber, sondern die Vernunft der Menschheit, wie kann dann vom Wissen gesprochen werden, welches ein bestimmter einzelner Mensch für sich erwirbt? Averroes antwortet durch die Einführung einer vierten Weise des Gebrauchs von ›Intellekt‹. Es ist der »erworbene Intellekt«, von dem schon bei Avicenna die Rede ist. Er entsteht im einzelnen Menschen dadurch, daß der übergeordnete Intellekt sich auf bestimmte, im einzelnen Menschen in der Vorstellungskraft bereitliegende Formen bezieht und sie aktualisiert. Allerdings wird der Intellekt des Einzelnen dadurch »ein Moment im Leben des ewigen Intellekts« (Copleston, 120).

Kann der menschlichen Seele unter solchen Voraussetzungen Unsterblichkeit zukommen? Averroes antwortet, die Unsterblichkeit einer vom Leibe getrennten Seele könne nicht gedacht werden. Unabhängig vom Leib ist sie eben nur jenes Moment an der übergeordneten Vernunft. Hinzukommt die aus Aristoteles abgeleitete Lehre, die Materie sei das Individuationsprinzip. Nur wo sie ist, kann es die Vielheit von Individuen geben. Von daher eröffnet sich

Averroes die Möglichkeit, im Zusammenhang mit der Auferstehung des Leibes ein Leben des Menschen jenseits der Todesgrenze für möglich zu halten. Allerdings geht der irdische Leib des Menschen im Tode zugrunde. Die Seele muß einen neuen, geistigen Gesetzen folgenden Leib bilden, den Astralleib. Auf diese Weise konnte er die für den Gläubigen Moslem verpflichtende Überzeugung von der persönlichen Unsterblichkeit anerkennen.

Allerdings hielt Averroes an der Überlegenheit der durch die Philosophie gedachten Wahrheit fest. Von der allegorischen Deutung des Korans ausgehend, kann man zu dieser Wahrheit aufsteigen. Es gilt, einen Sinn der religiösen Lehren zu entdecken, welcher den ungelehrten Leuten unzugänglich ist. Sie »müssen die Vorschriften nach dem Wortlaut ausführen«, wobei sie »nicht durch die verschiedenen Interpretationen der Gelehrten gestört werden« dürfen (Geyer, 319).

3. Jüdische Philosophen

Die jüdische Philosophie des Mittelalters setzt im 10. Jahrhundert ein. In dessen erster Hälfte lebte der aus Ägypten stammende Saadia ben Josef (882–942). Er stand unter dem Einfluß der Mutaziliten (der sich Absondernden). Es handelt sich um eine Gruppe islamischer Theologen, welche Fragen, die auch in der Philosophie eine Rolle spielen, im Sinn der Auslegung des Korans behandelten. Diese Indienstnahme einer gewissen Rationalität durch den islamischen Glauben nannte man Kalam (= Gespräch). Die Mutaziliten waren der Überzeugung, die Vernunft des Menschen könne auch ohne die Offenbarung zur Einsicht in ethisch bedeutsame Wahrheiten gelangen. Saadia vertritt in seinem Hauptwerk »Buch der philosophischen Meinungen und der Religionslehren« den Standpunkt, Philosophie und Religion gingen aus derselben Quelle der göttlichen Wahrheit hervor. Sinnliche Wahrnehmung, intuitive Einsichten und Schlußfolgerungen können sich mit der religiösen Tradition zu einem sinnvollen Beziehungsgefüge verbinden.

Unter dieser Voraussetzung stellt er die Widersprüchlichkeit der Annahme einer anfanglosen, schon immer existierenden Welt heraus. Gäbe es die Welt von Ewigkeit her, müßte bis zur Gegenwart eine unendlich lange Zeit abgelaufen sein. Ähnlich argumentiert er hinsichtlich der Schöpfung aus dem Nichts. Hätte Gott die Welt aus einer endlichen Materie geschaffen, so müßte sie von einer anderen her stammen. Denn als endliche kann sie nicht aus sich selbst sein.

Man hätte dann von einer endlichen Materie auf die nächste zu schließen und käme dabei an kein Ende. Wäre sie aber unendlich, müßte sie als göttlich gelten. Das aber wäre mit der Einzigkeit Gottes unvereinbar. Sie verteidigt Saadia »gegen den Dualismus der persischen Religion und gegen die christliche Trinitätslehre« (Simon, 50). Wenn man Gott Attribute wie Leben, Weisheit und Macht zuschreibt, muß man sich der Unzulänglichkeit der menschlichen Sprache bewußt bleiben. Denn in Gott sind die Attribute nichts anderes als sein Wesen selbst und daher untereinander selbig.

Mit den Mutaziliten anerkennt Saadia die menschliche Willensfreiheit. Unter den Geboten Gottes ist zwischen Vernunft- und Traditionsgeboten zu unterscheiden. Die Vernunftgebote kann der Mensch auch ohne Offenbarung in ihrem allgemein verbindlichen Charakter erkennen. Die Traditionsgebote des jüdischen Gesetzes (Speise- und Ritualgesetze, Eherecht) übersteigen die menschliche Vernunft und sind nur aufgrund der Offenbarung bindend. Gott ist absolut gerecht. Er belohnt die Guten und bestraft die Bösen. Seine Gebote führen zum Glück. Zu ihm gehört die Pflichterfüllung, weil sie dem Menschen das Gefühl gibt, des Glücks wegen »persönlichen Verdienstes« würdig und »berechtigt zu sein«, den »ihm zustehenden Lohn zu empfangen« (Simon, 51).

Saadia betont die Einheit des Menschen, welche den Unterschied von Seele und Leib übergreift. Die Verheißung einer Auferstehung der Toten nimmt er ganz wörtlich. Ohne den Leib verliert auch die vernunfthafte Menschenseele ihre Wirkfähigkeit. Das Ziel der menschlichen Geschichte liegt in »der Schaffung einer neuen, ewigen, jenseitigen Welt«, in welcher »die Gerechten aller Völker« in ihrer leibgeistigen Individualität anwesend sein werden. Vorher wird Israel aus der Zerstreuung heimkehren und sich im messianischen Zeitalter vor der Weltvollendung sammeln. Saadia denkt aber hinsichtlich des menschlichen Glücks nicht rein eschatologisch, also auf die zukünftige, jenseitige Welt bezogen. Der Mensch soll auch im gegenwärtigen Leben zur harmonischen Entfaltung kommen. Wie Aristoteles, ohne von ihm abhängig zu sein, spricht Saadia vom rechten Maß der Befriedigung der vielseitigen Triebe und Neigungen des Menschen und der Entwicklung seiner Anlagen. Keine soll sich einseitig auswirken, sondern alle in das richtige Verhältnis im Ganzen des Menschen gebracht werden.

Saadias »Bedeutung besteht darin, daß er das Judentum in seiner Gesamtheit rational gedeutet und den Gehalt in ein System gebracht hat. Die einzelnen Probleme, die er behandelt, kehren in der späteren jüdischen Philosophie immer wieder« (Simon, 56). So entsprach es dem Sinn des Kalam. Bei Isaak Israeli tritt das Interesse an philosophischen und allgemein wissenschaftlichen Fragen als solchen hervor. Über sein Leben ist wenig bekannt. Um 850 in Ägypten geboren, soll er hundert Jahre alt geworden sein. Er hat auch medizinische Werke geschrieben und betätigte sich als Hofarzt. In seinem »Buch der Definitionen« spielt der Begriff der Angleichung eine wichtige Rolle. Thomas von Aquin schreibt die grundlegende Definition der Wahrheit als Angleichung von Sache und Intellekt Isaak zu. Aber hier handelt es sich um einen Irrtum. Die Angleichung bezieht sich bei Isaak auf das Wesen der Philosophie. Sie soll den Menschen nämlich zur Angleichung an Gott und seine Werke führen, soweit es dem Menschen möglich ist. Damit bezieht er sich auf Platon. Im »Theaitetos« spricht Platon von der Verähnlichung mit Gott als der Weisheit (176 b). Für Isaak vollzieht sie sich nicht in der Vereinigung mit Gott selbst, sondern mit der Weisheit als dem erstgeschaffenen Werk Gottes. Sie ist die erste Form und wird auch als Licht bezeichnet. Mit ihr zugleich schafft Gott die erste Materie. Erste Form und erste Materie verursacht Gott durch seinen Willen und seine Macht aus dem Nichts. Beide zusammen bilden den ersten Intellekt, welcher die Formen aller Wesen umfaßt. Von ihm aus beginnt die weitere Weltwerdung als Emanationsprozeß im neuplatonischen Sinn. In seinem Verlauf wird das Licht immer schwächer. Jede tiefere Stufe muß als Schatten der höheren verstanden werden. Die unterste Stufe der geistigen Wesenheiten ist die Natur. Sie ist »die vom Schöpfer eingesetzte Kraft«, welche »das Entstehen und Vergehen in der irdischen Welt« (Simon, 63) verursacht. Isaak will die für den jüdischen Glauben wichtige Schöpfung als freie Tat Gottes in seinem Konzept zur Geltung bringen und den mit dem Emanationsgedanken verbunden Pantheismus vermeiden.

Weil die absolute Transzendenz Gottes unangetastet bleiben soll, kommt es auch nicht zum Gedanken der mystischen Vereinigung mit Gott als letztem Ziel des menschlichen Daseins, sondern nur zu dem der Verähnlichung mit der Weisheit. Sie gilt als das Paradies, besteht aber in einer »intellektuellen Seligkeit« (Simon, 65). Von den Weisen und den Propheten kann sie bereits in diesem Leben erreicht werden. Voraussetzung ist die Zuwendung zur Vernunft als dem höchsten Seelenteil des Menschen und die Abkehr von den sinnlichen Neigungen. Auch muß man sich um der Schau willen von der normalen Praxis der Menschen in ihrer Lebenswelt zurückziehen. Die anderen Menschen können erst nach dem Tode in dieses Paradies eingehen, wenn sie unter der Weisung der Propheten und Weisen gut gelebt und sich an Gottes Gebote gehalten haben. Jeder Mensch hat die Möglichkeit, das letzte Ziel zu erreichen. Freilich kann sie vertan werden: Durch das Böse wird die Seele unter Umständen so belastet, daß sie unfähig wird, den Aufstieg zur Weisheit zu vollziehen. Solche Seelen bleiben unter die Himmelssphäre gebannt, da sie unfähig sind, sie zu übersteigen. Obwohl Isaak in seinem Buch »Vom Geist und von der Seele« am aristotelischen Seelenmodell orientiert ist, kehrt bei ihm doch das alte platonische Bild vom Flug und vom Aufschwung der Seele wieder.

Isaaks Denken hat wahrscheinlich auf die Kabbala, die mystisch-spekulative Richtung im späteren Judentum eingewirkt. Für die christliche Scholastik gehörte er zusammen mit Gabirol und Moses Maimonides zu den allgemein bekannten jüdischen Denkern.

Salomo Ibn Gabirol (1020– ca. 1058), identisch mit Avicebron oder Avencebrol, stammte aus Malaga in Spanien. Außer philosophischen Abhandlungen hat er ein religiöses Lehrgedicht unter dem Titel »Königskrone« verfaßt. Es steht bei den Juden in hohem Ansehen und ist »bis auf den heutigen Tag in Gebetbüchern« (Simon, 67) zu finden. Sein Hauptwerk »Fons vitae« (Lebensquelle) geriet dagegen in Vergessenheit. Es steht in Zusammenhang mit seiner Absicht, ohne Bezug zu Bibel und Talmud ein System vorzulegen, welches sich allein auf die Rationalität des philosophischen Gedankens stützt. Sein Ansatz ist neuplatonisch. In ihm werden das schon mehrfach zitierte Emanationsschema und das von Aristoteles übernommene Verhältnis von Form und Materie in einer eigenwilligen Interpretation miteinander verknüpft. Wie Aristoteles versteht auch Gabirol die Materie als das Passiv-Unbestimmte, welches von der Wirkkraft der Form zum gestalteten Seienden erhoben wird. Bei Gabirol erhält die Materie aber ein bei Aristoteles und Plotin unbekanntes ontologisches Gewicht. Sie gilt nämlich als das unter dem Wechsel von Werden und Vergehen Beharrende. Sie trägt alles und ist in der geschaffenen Welt das schlechthin Allgemeine, während die Formen Gattung, Art und Individualität begründen. Die Form wird hier zum Prinzip der Vielfalt, die Materie zu dem der Einheit und des Gemeinsamen. Damit werden die sonst üblichen Zuordnungen umgekehrt. Dabei gilt das Form-Materie-Schema nicht nur für die körperliche Welt, sondern auch für den Bereich der geistigen Substanzen. Ihnen liegt die intelligible Materie zugrunde. Beide Formen der Materie, die Körperlichkeit als Substrat der Körperwelt und die intelligible Materie entspringen einer »universellen« Materie. Die Formen gehen ähnlich auf »eine universelle intelligible Form« (Simon, 70) zurück. Die universelle Form und die universelle Materie konstituieren zusammen den ersten Intellekt. Er ist also nicht, wie in den meisten neuplatonischen Systementwürfen, das erste Produkt der Emanation.

Das hängt mit Gabirols Versuch der Synthese vom Schöpfungsglauben und Emanation zusammen. Die Emanation beginnt erst nach der Entstehung des Intellektes. Aus ihm gehen die Formen hervor. Gott, der als einziges Wesen nicht der Spannung von Form und Materie unterliegt, schafft die universelle Form durch seinen Willen und vereinigt sie mit der Urmaterie. Aber woher stammt die Materie? Gabirol antwortet: Aus Gottes Wesen. Durch diesen Gedanken kommt ein pantheistischer Zug in seine Schöpfungsmetaphysik. Er hängt auch mit dem bei Gabirol ungeklärten Verhältnis von Gottes Wesen und seinen Attributen zusammen (Simon, 74). Gottes Wesen und die Materie stimmen darin überein, daß beide unerkennbar sind. Dennoch bleibt es dabei: Die eigentliche Lebensquelle ist der Wille Gottes, der auch mit der Weisheit identifiziert wird. Dieser Wille verbreitet sich durch die verschiedenen Stufen der Emanation überall hin.

Durch seinen Materiebegriff hat Gabirols Denken im Westen ein Echo gefunden, vor allem in der Franziskanerschule des 13. Jahrhunderts (z.B. bei Bonaventura). Unter Gabirols Einfluß schrieb man den Engeln eine geistige Materie zu. Dadurch hoffte man, sie noch klarer von Gott unterscheiden zu können, in welchem es keine Materie geben kann, weil er reines Sein ist und keinerlei Potentialität enthält. Albertus Magnus und Thomas von Aquin widersprachen dieser Auffassung.

Gegner der Philosophie war der wegen seiner religiösen Poesie hoch angesehene Jehuda Halewi (geb. um 1085). Ihm war die Philosophie zu elitär. Außerdem meinte er, sie deute zentrale Glaubenslehren um oder bemühe sich um untragbare Kompromisse. Auch neigen die Philosophen dazu, die historischen Grundlagen der Offenbarungsreligion infrage zu stellen. Weiter soll der Mensch gegenüber Gott nicht die »Haltung des Wissenschaftlers gegenüber dem Forschungsgegenstand« einnehmen. In der Religion geht es vielmehr um die unmittelbare Erfahrung der Nähe Gottes durch die Propheten, die Befolgung der Gebote und den emotionellen »Kontakt der Gemeinschaft, der die Gruppe und jedes ihr zugehörige Individuum mit dem Gott Abrahams, Isaaks und Jakobs verbindet« (Simon, 112).

Halewi griff die Philosphie vor allem in Gestalt des arabischen Aristotelismus an. Wir sahen schon, daß es sich bei ihm keineswegs um einen reinen Aristotelismus handelt, sondern um einen neuplatonisch gefärbten. Wenn von einer jüdischen aristotelischen Philosophie des Mittelalters gesprochen wird, dann handelt es sich um »jene Philosophie des Aristoteles ... wie die Denker des Islams sie aus der Sicht neuplatonischer Kommentatoren ... entwickelt haben« (Copleston, 131). Allerdings übernahmen die jüdischen Aristoteliker die Überzeugung der islamischen Aristoteles-Kommentatoren, Aristoteles sei der größte unter den Philosophen und seine Philosophie habe eine höchste Vollkommenheit erreicht. Ein so verstandener Aristotelismus wurde von Abraham ibn Daud (1110–1180) vertreten. Er versucht, in seinem Werk »Der erhabene Glaube« (1160/ 61) den Nachweis zu führen, die aristotelische Philosophie in der Interpretation Avicennas und die jüdische Religion stimmten völlig überein. Er geht soweit, die Kategorienlehre des Aristoteles im 139. Psalm wiederzufinden. Auf große Schwierigkeiten stößt auch er bei dem Problem, biblischen Schöpfungsglauben, Emanationslehre und die These von der Ewigkeit der Welt in Übereinstimmung zu bringen.

Als einflußreichster unter den jüdischen Philosophen des Mittelalters gilt Moses Maimonides (1135–1204). Er wurde in Cordova in Spanien geboren. Aus dieser Stadt floh er, als sie in die Hand der Almohaden fiel, einer alle Andersgläubigen bedrückenden islamischen Gruppe. Über Nordafrika kam er nach Ägypten. Er war Mediziner, einige Zeit als Hofarzt tätig und ein bedeutender Kenner des jüdischen Rechts. Als solcher brachte er durch seine »Bücher des Gesetzes« eine »systematische Ordnung in das Talmud-Konglomorat« (Geyer, 339). Außerdem schrieb er einen Kommentar zur Mischna, der mündlichen Überlieferung. Er starb in der Nähe von Kairo.

Sein philosophisches Hauptwerk trägt den Titel »Führer der Unschlüssigen« (Dux neutrorum). Gemeint sind solche, die unschlüssig sind, ob sie der Philosophie als Weg zur Wahrheit vertrauen sollen oder der Religion. Er wendet sich an Leser, die Philosophie studiert haben, aber auch die jüdische Religion kennen und in ihr leben wollen.

Unter den Philosophen steht ihm Aristoteles am höchsten. Ihm gegenüber fehlte es Platon in der Sicht des Maimonides an begrifflicher Klarheit. Maimonides sucht eine gegenseitige Ergänzung von jüdischem Glauben und Philosophie. Sie ist seine Antwort an die Unschlüssigen. »Er teilt nicht die Ansicht der arabischen Aristoteliker, daß die Philosophie und die Religion zwar dieselbe Wahrheit aussprechen, diese aber nur von der Philosophie klar formuliert werde«. Die Vernunft ist ihm aber auch nicht nur »eine bloße Vorstufe des Glaubens«, vielmehr müsse »das Geglaubte Aufgabe der Erkenntnis sein«. Wie für Anselm von Canterbury gilt für ihn, daß sich der Glaube auf die Vernunft hin bewegen soll. Dabei darf eine solche Synthese von Glaube und Vernunft nicht einer philosophisch-gebildeten Elite vorbehalten bleiben. Maimonides macht es »zur religiösen Pflicht aller ..., zu einer philosophisch geläuterten und rational verstandenen Religion zu gelangen.« (Simon, 153).

Das Buch handelt zunächst von Gott. Maimonides geht es um eine intellektuelle Reinigung des Gottesglaubens. Zu ihr gehört, daß man nicht alle biblischen Aussagen über Gott wörtlich nehmen darf. Sonst führen sie in die Irre, so daß es zu einer religiösen Krise kommt. Wenn eine philosophische Wahrheit einer Bibelstelle widerspricht, »muß der buchstäbliche Sinn aufgegeben werden« (Geyer, 339) und eine symbolische Interpretation gefunden werden. Maimonides betont die Einheit Gottes. Er steht jenseits jeder Vielheit. Wenn wir ihm verschiedene Attribute wie »weise« oder »mächtig« zuschreiben, so bezeichnen wir damit Wirkungen Gottes, nicht aber ihn selbst. Allerdings bringen sie zum Ausdruck, daß Gott nicht ohnmächtig ist und ihm die Weisheit nicht fehlt. Was aber Macht und Weisheit in ihm sind, ist uns unbekannt.

So ist Maimonides ein Vertreter der negativen Theologie. Sie lehrt, wir könnten nicht sagen, was Gott ist, sondern nur, was und wie er nicht ist. Auch die Behauptung der Existenz Gottes muß sich diesem Konzept fügen. Gott existiert, aber dieses Wort besagt dann etwas anderes, als wenn es in Hinsicht auf uns selbst und die Welt ausgesagt wird.

Unter Voraussetzung dieser Klärung des Sprachgebrauches führt Maimonides Argumente für die Existenz Gottes an. Dabei bringt er u.a. auch das Argument Avicennas zur Sprache, daß die Wesen, die nur möglich sind, also sein und auch nicht sein können, eines notwendig existierenden Wesens als Grund ihres wirklichen Seins bedürftig sind. Dieser Beweis ist von Thomas von Aquin übernommen worden. Wenn Gott notwendig sein muß, damit die Welt überhaupt bestehen kann, so folgt daraus nicht, daß er die Welt mit Notwendigkeit schaffen muß. Die Schöpfung geschieht durch seinen freien Willen. Auf ihn bezieht sich Maimonides auch, wenn er die Anfanglosigkeit der Welt ablehnt und einen zeitlichen Anfang, das heißt einen ersten Augenblick als Anfang der Zeit annimmt (Copleston, 137). Damit stellt sich Maimonides außerhalb der neuplatonischen Emanationsmetaphysik. Er unterscheidet sich hier aber auch klar von Aristoteles, der die Ewigkeit der Welt gelehrt hat.

Die negative Theologie kommt an einem Punkt an eine Grenze: Wenn wir sagen, Gott hat die Welt geschaffen und seine Attribute bezeichnen göttliche Wirkungen, dann setzen wir voraus, daß er überhaupt wirkt. Diese Einsicht ist für den jüdischen Gottesglauben von entscheidender Bedeutung. Denn sie sichert, daß Gott in der Beziehung auf den Menschen wirkt. Ohne das Wissen darum würde ein persönliches Gottesverhältnis des Menschen unmöglich, welches in der Mitte des jüdischen Glaubens steht.

Mit Aristoteles spricht Maimonides von der politischen Natur des

Menschen und bringt sie in seine Ethik ein. Deren Ziel ist die Verwirklichung des menschlichen Wohlergehens unter seinen leiblichen und geistigen Aspekten. Sie ist nur innerhalb der politischen Gemeinschaft möglich. Ihr dient das mosaische Gesetz. In dieser Zielsetzung steht es in Übereinstimmung mit Aristoteles. Allerdings bringt der »Besitz moralischer Qualitäten« (Copleston, 139) dem Menschen nicht die Vollendung. Sie geschieht im Wissen, vor allem in der Gotteserkenntnis. In ihr besteht das wahre Glück des Menschen.

Maimonides ist von beträchtlicher Wirkung auf die Hochscholastik gewesen. In ihr wird er meistens Rabbi Moyses genannt. Alexander von Hales, Albertus Magnus und Thomas von Aquin beziehen sich auf ihn, z.T. zustimmend, aber auch kritisch. Über das Mittelalter hinaus finden sich Einflüsse des genannten Hauptwerkes in der Renaissance, bei Spinoza und bei Leibniz (Simon, 105, 165).

VI. Das 13. Jahrhundert

1. Tendenzen und Strukturen

Dieses Jahrhundert bringt nach schweren Kämpfen das Ende der Spannung zwischen Kaiser und Papst. Der Niedergang des staufischen Herrscherhauses bedeutet den Sieg des Papsttums, das aber seine überzogenen Machtansprüche nicht realisieren kann. In Deutschland stehen die Reichsfürsten in scharfer Konkurrenz gegeneinander. Die Kreuzzüge werden weitergeführt und die ketzerischen Albigenser in einem blutigen Krieg vernichtet. Trotz all dieser Konflikte kommt es auf kulturellem Gebiet zu fruchtbaren Weiterentwicklungen. Der gotische Baustil breitet sich über ganz Europa aus und die Handelsbeziehungen des 12. Jahrhunderts werden weiterentwickelt. Sizilien gilt zur Zeit der Herrschaft Friedrich II. von Hohenstaufen als kulturelles Zentrum. Hier kommt es zu einem umfassenden Austausch mit der arabischen Kultur. Für die Philosophie ist es von größter Bedeutung, daß die Übersetzungen des Aristoteles fortgesetzt und durch neue Übersetzungen ergänzt, verbessert oder auch ersetzt werden. Auch die philosophischen Werke von islamischen oder jüdischen Denkern, die oben kurz behandelt wurden, dringen nun in den Westen ein. Vor allem die Übersetzungen Wilhelm von Moerbekes erlangten eine große Bedeutung, aber auch die der »Nikomachischen Ethik« des Aristoteles durch Robert Grosseteste. Von Platons Schriften lagen zu Beginn des 13. Jahrhunderts außer dem Timaios, der schon immer bekannt war, nun auch Menon und Phaidon vor. Aber das neue Wissen um Aristoteles steht im Mittelpunkt der tiefgreifenden Veränderungen des geistigen Klimas in Europa, welche sich im 13. Jahrhundert vollzogen.

Man muß bedenken, daß die Philosophie, bisher stark unter logisch-methodischem Aspekt betrieben, in der Gefahr stand, als rein formale Wissenschaft mißverstanden zu werden. Mit der Rezeption des Aristoteles kommt ein neues Interesse an »inhaltlich orientierten Wissenschaften – wie Astronomie, Medizin, Physik« auf, so daß die Theologie »mit wissenschaftlichen Inhalten eigenen Rechts ... konfrontiert wird«. Man will wieder wissen, wie es um die Dinge selbst und ihre Ursachen steht. In diesem Zusammenhang gewinnt auch der Begriff »Philosophie« neue Bedeutung. Er beschränkt sich jetzt nicht mehr auf Logik und Dialektik, sondern bezeichnet nunmehr eine »Vielzahl von philosophischen Disziplinen«. Ihr und den übrigen weltlichen Wissenschaften gegenüber formiert sich aber auch die

Theologie als Wissenschaft mit eigenen Erkenntnisquellen, Prinzipien und Methoden. Auf dieser Ebene entsteht erneut die Frage nach dem Verhältnis von Theologie und Philosophie. »Den entscheidenden Durchbruch für die Philosophie auf breiter Front« in ihrer Beziehung zur Theologie »leistet Albert d. Große ..., die überzeugende Begründung für ihr Heimatrecht in der Theologie liefert Thomas von Aquin« (Wieland, 1975, 204–210).

1215 wurde den Pariser Professoren an der Artistenfakultät, an welcher die sieben freien Künste gelehrt wurden, der Gebrauch aristotelischer Schriften untersagt. Dieses zunächst von einer Provinzsynode in Paris ausgesprochene Verbot wurde später von den Päpsten Gregor IX. und Innozenz IV. bestätigt und auf andere Universitäten ausgedehnt. Urban IV. bestätigte es 1263, obwohl »an seinem eigenen Hofe Wilhelm von Moerbeke den Aristoteles übersetzte«. Damals wurden auch bereits »freie Vorlesungen über Aristoteles in Paris gehalten« (Copleston, 152).

Aristoteles erschien manchem als unvereinbar mit dem christlichen Glauben. An Aristoteles faszinierte die Zeitgenossen vor allem die in seinem umfassenden Werk »entfaltete ... inhaltlich überreiche Weltaussage«. Zu ihr war Aristoteles »mit bis dahin unbekannter geistiger Energie vorgedrungen. Die Menschen des 13. Jahrhunderts waren weltfreudig, sie wollten den Reichtum der Welt ... nach jeder Richtung hin kennenlernen«. Sie erschien ihnen nicht mehr nur als »ein Sinnbild des Jenseits«. Das Diesseits erhielt nun »vielmehr einen Eigenwert. Das war eine neue Welthaltung« (Stehkämper/ Zender, 132). Dagegen regte sich auch Argwohn. So ist es zu verstehen, daß im Verlauf der Auseinandersetzungen um Aristoteles, welche in den Mittelpunkt des geistigen Geschehens im 13. Jahrhundert rückten, auch eine Rückbesinnung auf Augustinus und den Platonismus erfolgte. Ein solcher Rückgang auf diese Tradition erschien manchem, vor allem im Blick auf Tendenzen an der Pariser Artistenfakultät, als notwendig. Sie führten schließlich zu der Verurteilung bestimmter Thesen durch den Pariser Bischof Stephan Tempier im Zusammenhang mit einer bestimmten Form des Aristotelismus, die als heterodox verdächtigt wurde.

Alle diese Zusammenhänge werden unverständlich, wenn man vergißt, daß im 13. Jahrhundert die Universitäten entstehen. In Paris wird als Gründungsdatum 1215 angesehen, weil in diesem Jahr der päpstliche Legat, Robert von Courcon, schon bestehende Statuten der Universität bestätigte. Neapel, Toulouse, Palencia und Salamanca in Spanien waren weitere Gründungen, ebenso Bologna. Nur Oxford ist älter, seine Gründung wird auf 1167/68 datiert. Der Name ›Universität‹ bezeichnete nicht die umfassende Lehrtätigkeit oder Vollständigkeit der Fakultäten, sondern das durch Statuten geordnete Zusammenleben der Professoren und Studenten je für sich oder auch beider Gruppen zusammen. Was Philosophie und Theologie angeht, bedeutete Paris den Mittelpunkt Europas.

Nicht unerwähnt darf die Gründung der Bettelorden bleiben. Sie steht im Zusammenhang mit der Armutsbewegung und stellt im Unterschied zu häretischen Gruppen deren innerkirchlichen Zweig dar. Franziskus von Assisi (1181/82–1226) hatte einen 1210 vom Papst Innozenz III. bestätigten Orden gegründet. Die Franziskaner nannten sich Minoriten (von minores = die Minderen). Ihr Ziel war die Erneuerung der Kirche im Sinn des Evangeliums. Die Persönlichkeit des Franziskus und sein Orden besaßen eine große Ausstrahlungskraft auf die Zeitgenossen. Dominikus (1170–1221) gründete 1215 in Toulouse eine Gemeinschaft mit dem Ziel der Verbindung von spirituellem Leben und Befähigung der Ordensgenossen zur Predigt. Sie hatte auch die Bekehrung der Häretiker zum Ziel. Das verlangte systematische Vorbereitung und gründliches Studium. Von diesem Programm her wurde der Orden, welcher zahlreiche ordenseigene Studienzentren schuf, ein weiteres Zentrum der Theologie und Philosophie im 13. Jahrhundert. Franziskus hatte dem Studium und der Wissenschaft skeptisch gegenübergestanden. Da aber auch seine Ordensbrüder predigen sollten, sah er die Ausbildung für diese Tätigkeit als notwendig an. So entwickelte sich auch bei ihnen eine bedeutende philosophisch-theologische Schule. Dominikaner und Franziskaner wichen in wichtigen Fragen voneinander ab. Sie haben sich aber gemeinsam bemüht, nicht nur an den eigenen Generalstudien zu lehren, sondern auch Lehrstühle an den Universitäten zu besetzen. Aus beiden Orden sind hervorragende Persönlichkeiten hervorgegangen, welche das geistige Profil des Jahrhunderts mitgeformt haben.

2. Neues Denken und Tradition

Die Herausforderungen und neuen Möglichkeiten, die sich im 13. Jahrhundert ergeben, führen zu Versuchen, die vorliegende Tradition mit dem Neuen zu vermitteln. Die Akzente, welche dabei gesetzt werden, umfassen eine erhebliche Spannweite. Als die folgenreichsten und umfassendsten dieser Synthesen gelten die des Albertus Magnus und vor allem des Thomas von Aquin. Bevor wir uns mit ihnen beschäftigen, müssen wir einen Blick auf andere Ansätze werfen, welche ihre eigene Originalität besitzen. Sie gehören zur geistigen Landschaft des 13. Jahrhunderts und bezeugen die schöpferischen Impulse dieser Zeit mit der daraus erwachsenden Pluralität.

3. Die Schule von Oxford

Zunächst sei auf Robert Grosseteste (1168–1253) verwiesen. Obwohl selbst kein Franziskaner, verhalf er ihnen zur ersten Niederlassung in Oxford. 1235 wurde er Bischof von Lincoln.

Robert hat die These ausgesprochen, Gott sei die Form der Welt. Diese Auffassung legt er in seinem Traktat »De unica forma« dar. Er versteht dabei Form nicht im Sinn eines Konstitutionsprinzips im einzelnen Seienden, wie es die Lehre von Form und Materie bei Aristoteles nahelegt. Er erläutert vielmehr »Form« in der ihr von Augustinus beigelegten Bedeutung. Demgemäß ist Gott Form aller Dinge, weil er ihr Urbild ist. Das besagt: Alles ist ihm gemäß geformt. Dabei ist zu beachten, daß er selbst es ist, der die Dinge formt, und zwar von dem Bauplan her, demgemäß er das Seiende gestaltet. Sozusagen die Urform dieser Bauformen ist er selbst. Robert Grosseteste betont, daß Gott diese ihm ähnliche Form ständig der Materie einstrahlt. Dadurch »ist Gott urbildende Kunst, die formt und zugleich erhält« (Gilson-Böhner, 419). Wir verbinden mit dem Wort »Form« oder »Formositas« auch Schönheit und Vollkommenheit. Sie kommen Gott im höchsten Sinne zu. Wenn er selber Form genannt wird, dann nicht nur, weil die Form bezeichnet, was etwas ist, sondern gerade auch, weil er die Vollkommenheit schlechthin als absolute Schönheit ist. Sie übersteigt die Schönheit des übrigen Schönen schlechthin und läßt sie doch auch durch die Schöpfung als Formungsgeschehen an sich teilhaben.

Von großem Interesse ist für uns heute Grossetestes Lichtmetaphysik. Es würde sich lohnen, zu prüfen, ob und in welchem Sinn sie zu grundlegenden Einsichten der modernen Physik in Beziehung gesetzt werden kann. Robert geht davon aus, daß Form und Materie in allen Körpern immer miteinander anwesend sind. Beide sind unausgedehnt. Die erste Form, die zur Materie hinzutreten kann, ist die »forma corporeitatis«. Durch sie wird die Materie »verkörperlicht«. Auch Albertus Magnus spricht von ihr. Durch sie entsteht Ausdehnung. Robert identifiziert diese erste Form mit dem Licht. Es ist von so feiner Materialität, daß es sich dem Unkörperlichen annähert und er es als geistigen Körper oder körperlichen Geist bezeichnen kann. Mit der Materie zusammen ist es in der gesamten körperlichen Welt anwesend. Dabei wird es als tätig aufgefaßt. Aus eigener Kraft vermag es sich fortzupflanzen und auszubreiten. So entsteht auch der Raum. Da Grosseteste das Licht als die einzige Kraft ansieht, welche in der materiellen Welt wirkt, muß für ihn die Optik als »die physikalische Grundwissenschaft« angesehen werden. Im Zusammenhang damit kritisiert Grosseteste die Ansicht des Aristoteles, die kreisförmige Bewegung sei die vollkommenste. Für ihn gilt vielmehr das Prinzip von der Ökonomie der natürlichen Kräfte: Jede »natürliche Tätigkeit wird immer auf die schnellste, kürzeste und durchsichtigste Weise geleistet ... . Daraus ergibt sich unmittelbar, daß der natürliche und normale Weg für die Fortpflanzung des Lichtes der gerade Weg ist, weil er der kürzeste und einfachste ist« (Gilson-Böhner, 425). Auf dieser Grundlage läßt sich das physikalische Geschehen durchgängig durch die Geometrie erfassen. Sie wird zur Grundlage der Naturphilosophie. Grosseteste bringt seine Lichtmetaphysik aber auch mit dem biblischen Schöpfungsbericht in Zusammenhang. Ihm gemäß hat Gott am ersten Tag Himmel, Erde und Licht erschaffen. Für Grosseteste sind damit Materie und Lichtform gemeint. Nachdem sie vorhanden waren, konnte die weitere Entwicklung der Welt aus den natürlichen, physikalischen Kräften erfolgen. Diese Theorie hat es sicher verdient, auch in den heutigen Auseinandersetzungen um Schöpfung und Evolution beachtet zu werden. Seine Gedanken hat Robert Grosseteste vor allem in seinen Schriften »Über die körperliche Bewegung und das Licht«, »Über das Licht oder den Anfang der Formen«, im Kommentar zum Sechstagewerk und »Über die einzige Form aller Dinge« dargelegt.

Beachtenswert ist auch sein Beitrag zu der Frage nach der Anfanglosigkeit der Schöpfung. Hier, wie auch hinsichtlich anderer Fragen, stellt er sich gegen Aristoteles. Für ihn kommt jeder Seinsart eine ihr entsprechende Form der Dauer zu. Ihr vollkommenstes Maß ist die Ewigkeit. Sie kommt Gott allein zu als von jedem anderen Maß der Dauer schlechthin unterschieden. Darum entsteht erst mit den Geschöpfen Zeit. Sie ist durch einen Rhythmus von Sein und Nichtsein bestimmt. Denn in ihr ist immer jetzt etwas, was eben noch nicht war und gleich nicht mehr sein wird. Unter diesen Umständen müssen die Begriffe der Ewigkeit und einer anfangs- und endlosen Zeit unterschieden werden. Gewinnt man die angemessene Einsicht in die Einzigartigkeit der göttlichen Ewigkeit, dann sieht man auch ein, daß die Zeit endlich ist, d.h. einen Anfang gehabt haben muß, ohne daß ihm irgendein ›früher‹ vorausgegangen wäre (Über die Ordnung des Hervorgangs des Verursachten von Gott).

Roger Bacon war wie Robert Grosseteste Engländer. Wohl nach

1210 geboren, starb er nach 1292, durchlebte also fast das ganze Jahrhundert. Nach seiner Rückkehr von einem Aufenthalt in Paris kehrte er, enttäuscht von der dortigen Universität, nach England zurück. Um 1250 trat er in den Orden der Franziskaner ein. Nach 1257 finden wir ihn noch einmal in Paris, wo er in Konflikte mit seinen Ordensoberen gerät. 1277 wurde er sogar zu Klosterhaft verurteilt, wahrscheinlich wegen seiner astrologischen Auffassungen. Seine Hauptinteressen galten der Mathematik, den Naturwissenschaften und der Grammatik. Den Pariser Theologen und Philosophen warf er Unkenntnis auf diesen Gebieten vor und äußerte sich abfällig über Albertus Magnus und Alexander von Hales. Dagegen kam ihm die Linie Robert Grossetestes entgegen. Auch Aristoteles schätzte er hoch, weil er ihn für den gelehrtesten aller Philosophen hielt. Bacon stand ihm aber keineswegs unkritisch gegenüber, ist aber auch durch Aristoteles zu seiner Hochschätzung der Erfahrung und der Begründung der Wissenschaften durch Erfahrung gelangt.

Schlußfolgerungen erscheinen ihm als wertlos, wenn sie keiner Bestätigung durch die Erfahrung fähig sind. In diesem Zusammenhang stehen seine Arbeiten an Instrumenten, vor allem optischen, welche die Fähigkeiten der menschlichen Sinne ergänzen und erweitern können. Er sah auch die Möglichkeiten von technischen Konstruktionen wie z. B. Wagen, die sich bewegen, ohne von Tieren gezogen zu werden, Kränen, die unbegrenzte Lasten heben können, Flugzeugen (instrumenta volandi), oder Schiffen, welche keine Ruderer mehr benötigen.

Bacon ist aber kein bloßer Vorläufer der experimentellen Naturwissenschaft und Technik der Neuzeit. Er versteht nämlich unter Erfahrung nicht nur die der äußeren Welt. Die »experientia« schließt vielmehr die innere Erleuchtung ein. Wie die sinnliche Erfahrung zeichnet sie sich durch Unmittelbarkeit im Unterschied zum schlußfolgernden Denken aus. Sie hat bei Bacon mehrere Stufen: Die von der Gnade Gottes gewährte Glaubenserkenntnis, Einsichten, die aus einer Art Uroffenbarung fließen und sich vor allem in der Tradition Israels niedergeschlagen haben, und die sogenannte »illuminatio generalis«. Darunter versteht Bacon die Erleuchtung, welche ein jeder Mensch mit seiner Vernunft empfängt. Durch sie wird die Erkenntnisfähigkeit des Menschen zur aktuellen Erkenntnis erhoben. Sie muß von einem wirkenden Geist zu ihrer Eigentätigkeit gebracht werden. Das ist bei Bacon kein vom individuellen verschiedener, aber geschaffener Intellekt, wie wir ihn bei den islamischen Philosophen finden, sondern Gott selbst. Bacon löst das durch diese Denker ausgelöste Problem auf augustinische Weise. Eine solche Erleuchtung ist seiner Auffassung nach auch wegen der »Notwendigkeit und Unveränderlichkeit der Wahrheit« notwendig. Sie kann nicht vom menschlichen Geist her verständlich gemacht werden (Geyer, 471).

Bacon unterscheidet weiter sieben Stufen der spirituellen Erfahrung. Deren höchste ist der »raptus«, die Entrückung des Menschen über sich selbst hinaus in das unaussprechliche Geheimnis Gottes. Erfahrung reicht so bei Roger von der sinnlichen Alltagserfahrung über die methodisch betriebene wissenschaftliche, die Astrologie und Alchemie, die sinnlichen Bedingungen der Vernunfterkenntnis, die Glaubenserleuchtung bis zur Mystik. Nehmen wir noch seine Hochschätzung der Mathematik hinzu, welcher er eine fundamentale Bedeutung für die Wissenschaften zumißt, so wird uns die erstaunliche Breite seiner geistigen Interessen deutlich. Bacon versucht, was sonst oft als unvereinbar angesehen wird, in seinem Denken zusammenzufassen. Sein nüchterner, empirischer Realitätssinn und sein von der Mathematik bestimmtes Verständnis von Rationalität hindern ihn keineswegs, Musik und Poesie zu preisen, ohne die es für den Menschen kein »Vernehmen der göttlichen Harmonien« (Geyer, 473) geben kann. So wäre ihm der heutige Zerfall der Wissenschaften in die Lager von Natur- und Geisteswissenschaften als völlig unakzeptabel erschienen.

Erwähnt seien noch seine Warnungen vor einigen Haupthindernissen, die den Menschen nicht zur Wahrheit kommen lassen: Blinder Glaube an Autorität, wenn sie unwürdigen Menschen zugeschrieben wird, die uns in der Gewohnheit festhaltende Trägheit, die Vorurteile der des Denkens unfähigen Masse sowie die Eitelkeit mancher Menschen, die sich für weise halten, in Wahrheit aber töricht sind.

Das Hauptwerk Bacons trägt den Titel »Opus major – das größere Werk«. Es wird ergänzt durch das »kleinere Werk« und ein »drittes Werk«. Die beiden letzteren sind Torso geblieben. Erwähnt sei noch das »Compendium philosophiae«.

4. Die ältere Franziskanerschule in Paris

Ab 1224 unterhielten die Franziskaner auch in Paris ein Generalstudium. Für seine Entwicklung war es von großer Bedeutung, daß ein bereits berühmter Magister der Pariser Universität, Alexander von Hales (etwa 1170–1245) 1231 in den Orden eintrat. Er schrieb einen Kommentar zu den Sentenzen des Petrus Lombardus (+1160) und eine »Summe der gesamten Theologie«. ›Summa‹ bezeichnet zunächst keine literarische Gattung, sondern die Gesamtheit des zu einem Wissensgebiet Gehörigen (z. B. der Logik, der Medizin, der Jurisprodenz oder der Theologie). Die Verfasser versuchen, die jeweilige Stofffülle nach bestimmten Gesichtspunkten einzuteilen und als ein geordnetes Ganzes systematisch darzustellen. Bei manchen Summen hat das auch einen didaktischen Sinn, nämlich einen Zusammenhang übersichtlich und dadurch besser studierbar zu machen. Das war im 13. Jahrhundert dringend notwendig geworden:

»Die Hinwendung der Kloster- u. Kathedralschulen des 11. u. 12. Jh. zu den großen Autoren der Patrist. Theologie hatte in Florilegien, Abreviationen, Kompilationen u. Sentenzen ... der Väterschriften einen unermeßlichen Wissensstoff zutage gefördert« (Hödl, 1964, 1165).

Abaelard und Hugo v. St. Victor hatten für Teilbereiche der Theologie mit solchen Systematisierungen begonnen. Entscheidend für das Profil einer solchen Summa ist der alles bestimmende Gesichtspunkt, unter dem sie den Wissensstoff ordnet. Bei Abaelard z. B. ist es das höchste Gut, so daß er das Werk »Theologia summi boni« bezeichnen kann.

Bei Alexander von Hales Theologischer Summe wird ebenfalls der Begriff des höchsten Gutes als leitender Gesichtspunkt ausgewählt. Sein Zusammenhang mit der Gesamtwirklichkeit wird dadurch hergestellt, daß alles durch seine Teilhabe am Guten existiert, so daß eine metaphysische Denkfigur die Perspektive bestimmt. Diese Summe verdankt sich wahrscheinlich dem Gesamtentwurf nach Alexander von Hales, ist aber teilweise von anderen ausgearbeitet worden. Genannt wird vor allem Johannes von Rupella.

Wichtig ist, daß sich Alexander um die Unterscheidung von Theologie und Metaphysik, zugleich aber auch um ihre Zuordnung bemüht. Darin zeigt sich eine Haupttendenz des 13. Jahrhunderts. Für Alexander handelt die Metaphysik von allen Dingen in Hinsicht auf ihr Sein und dessen Ursachen. Daher kann sie auch »Theologie der Philosophen« heißen. Denn die erste Ursache alles Seienden ist Gott. Die Theologie als Glaubenswissenschaft handelt auch von allen Dingen, dazu aber auch noch von den Sakramenten. Das besagt: Ihr geht es nicht nur um ein Wissen von der Gesamtwirklichkeit, sondern um die Verwirklichung des Heiles in ihr. Philosophie und Theologie unterscheiden sich auch in der Weise der Gewißheit, zu welcher sie gelangen können. Der Metaphysik gelingt eine größere Gewißheit hinsichtlich des spekulativen Denkens. Die Theologie dagegen hat die stärkere Kraft der certitudo affectionis für sich, d. h. sie vermag den Menschen auch erlebnismäßig und mit den Willen motivierender Überzeugungskraft zu ergreifen (Gilson-Böhner, 445).

In der Metaphysik spielen bei Alexander die transzendentalen Bestimmungen des Seins und die Analogie des Seins eine wichtige Rolle. Damit ergeben sich Berührungspunkte mit Thomas von Aquin, aber auch mit Duns Scotus. Bei ihnen werden wir auf diese Problembereiche kurz eingehen können.

Unter den Schülern des Alexander befand sich auch Johannes Fidanza. Er ist, bekannter unter dem Beinamen Bonaventura, als »die hervorragendste Persönlichkeit der älteren Franziskanerschule« (Geyer, 386) in die Geschichte eingegangen. Er stammt aus der Toskana und wurde 1217, vielleicht aber auch erst 1221 geboren. Wann er in den Franziskanerorden eintrat, ist ungewiß. Er hat in Paris studiert, wurde Leiter der Pariser Franziskanerschule und 1257 zusammen mit Thomas von Aquin Professor an der Theologischen Fakultät. ab 1243 amtierte er als Bischof von Albano und starb als Kardinal 1274 auf dem Konzil von Lyon. Sein bekanntestes Werk ist das »Itinerarium mentis in Deum – Der Weg des Geistes zu Gott«. Er verfaßte auch Quaestiones disputatae und Bibelkommentare. Als Generalminister der Franziskaner führte er in Paris sogenannte »Collationes« durch. Es handelte sich um Konferenzen oder Tagungen, welche durch die Auseinandersetzung mit dem Aristotelismus an der Pariser Universität motiviert waren und zur Lösung der Probleme beitragen wollten. Von den Niederschriften dieser Veranstaltungen ist vor allem die über das Sechstagewerk der Schöpfung (In Hexaemeron) bekannt geworden. In seinem Sentenzenkommentar erklärt Bonaventura sich als »Vertreter der alten Schule im Sinne Augustins und des Alexander Halensis, den er seinen Lehrer und Vater nennt, und dessen Fußstapfen er hauptsächlich folgen will« (Geyer, 387). Allerdings kennt er sich auch in Aristoteles gut aus und hält ihn für eine Autorität. Er kritisiert aber seine Meinung, die Welt sei ewig und verteidigt Platons Ideenlehre gegen ihn. Er verbindet sie mit der für ihn zentralen metaphysischen Lehre von Gott als der causa exemplaris, dem Urbild als Ursache aller Dinge. Weil Aristoteles die Ideen nicht anerkennt, gibt es bei ihm auch keine Lenkung der Welt durch die göttliche Vorsehung. Denn nach Bonaventuras Überzeugung erkennt Gott die Welt in und durch die Ideen. Auch Bonaventura suchte allerdings auf seine Weise eine Synthese zwischen Aristoteles und der platonischen Tradition. Für ihn ist sie in Augustinus gegeben. Dieser vertritt mit Platon die Existenz der ewigen Ideen in Gott. Ihr Inbegriff ist das ewige Wort. Es ist das absolute Bild Gottes, weil er sich in ihm in der Totalität seines Seins erkennend vor sich hinstellt. In diesem Sinne schreibt Bonaventura der göttlichen Selbsterkenntnis eine höchste, schöpferische Ausdruckshaftigkeit zu. Die Ideen der Dinge bilden in Gott eine Einheit im göttlichen Wort. Es werden aber dennoch in ihr und durch sie die Ideen aller Dinge in ihrer Verschiedenheit hervorgebracht. Ohne Erleuchtung durch diese »ewigen Gründe« ist keine Erkenntnis möglich. Darum hat Augustinus recht, wenn er Platon wegen seiner Ideenlehre preist. Er tadelt ihn aber auch, weil er die Sinnenwelt verachtete. So kam er zu keinem Wissen um die Dinge der Welt und die in ihnen selbst gelegenen Ursachen. Darum war die Kritik des Aristoteles an Platon notwendig. Platon repräsentiert die Weisheit, der es um die ewigen Gründe geht, Aristoteles die Wissenschaft mit ihrer Zuwendung zum Geschaffenen selbst. Nach Bonaventura muß man beide Wege verbinden, wobei die Weisheit das letzte Ziel des Weges ausmacht.

Die ganze Natur bezeugt das Dasein Gottes. Alle Dinge spiegeln ihn wider. Sie sind seine Schatten, sofern er in einem ganz allgemeinen und noch nicht präzisen Sinn ihre Ursache ist. Spur Gottes heißen sie, weil er ihr Urbild, ihre Wirk- und Zielursache ist. Bild Gottes sind nur die vernunftbegabten Geschöpfe, die um Gott wissen können. Bonaventura sieht die Schöpfung in Analogie zur Trinität. Die Wesenheiten der Dinge werden nämlich durch Materie, Form und deren Einheit aufgebaut. Darin spiegeln sie die Dreiheit der göttlichen Personen in ihrer Einheit. Die Analogie, in welcher Gott und die Dinge einander entsprechen, wird für Bonaventura zur Trinitätsanalogie. Die Materie als ein universales Fundament spiegelt Gott Vater wider, die Form als Wesensprinzip der Dinge die Lichthaftigkeit des Sohnes und die Einheit den Geist Gottes.

Freilich muß bedacht werden, daß sich die Analogie als »Wesensgesetz der Schöpfung« (Gilson-Böhner, 496) seit dem Sündenfall unserer verdunkelten Vernunft nur noch in unzusammenhängenden Einzelerkenntnissen andeutet. Darum müssen wir vom Glaubenslicht erleuchtet auf die Welt blicken. Dann wird sie uns zum lichterfüllten Spiegel der göttlichen Weisheit und wie eine glühende Kohle, die ihr Licht ausstrahlt (Itinerarium, XIII,12, t.5).

Gott ist die Ursache aller Dinge. Darum gibt es für die menschliche Vernunft einen Weg, von der Wirkung dieser Ursache, der Welt, zu ihr selbst aufzusteigen. Die Argumente Bonaventuras in diesem Sinne schließen auf das absolute Sein, welches mit Gott identifiziert wird. Das ist aber nur möglich, weil sich unter der Einwirkung des göttlichen Urgrundes selbst die Idee des Seins in uns bildet. Das Sein fällt als erstes in unseren Intellekt. Bonaventura faßt diesen auch für Avicenna und Thomas zentralen Gedanken so: Was immer wir denken, denken wir im und durch das Sein. Sogar der Gedanke des Nichtseins setzt den des Seins voraus: Jeder Akt der Vernunft schließt einen Seinsgedanken in sich. Das zeigt sich uns, wenn wir

die Wahrheit eines Urteils »von Bedingung zu Bedingung weiterführen bis auf seine letzte Grundlage« (Gilson-Böhner, 502). Bonaventura denkt hier transzendental-philosophisch, nämlich auf die
Bedingungen der Möglichkeit von Erkenntnis überhaupt hin. Er
nennt diesen Reflektionsvollzug »resolutio plena«. In ihr stoßen wir
auf das Sein. Es weist alle Begrenzung, Zufälligkeit und Wandelbar-
keit von sich. Darum führt der »erste Verstandesbegriff«, die Bedingung der Möglichkeit aller Erkenntnis, »den Menschen vor die Idee
des absoluten Seins«, des reinen Aktes, vor Gott (Gilson-Böhner,
502).

Bonaventura unterscheidet hier sehr genau: Wir bilden in unserem Intellekt eine Idee des Seins. Das geschieht unter Einwirkung
des erleuchtenden Lichtes Gottes, das heißt aber des Seins selbst. In
der vom absoluten Sein selbst in uns erzeugten Idee des Seins erkennen wir dieses Sein selbst. Daß Bonaventura unter diesen Voraussetzungen dem anselmischen Argument zustimmt, ist konsequent. Bonaventura gibt ihm aber eine eigene Note. Für ihn hat das Urteil:
»Gott existiert«, unmittelbar teil an der Notwendigkeit seines Inhaltes. Damit verbindet er den Gottesbeweis des Augustinus aus der
Wahrheit mit dem Argument des Anselms. Anders ausgedrückt:
Anselms Argument ist deshalb wahr, weil Gott unmittelbar der
Seele gegenwärtig ist. Unter dieser Voraussetzung erscheint dann
das Urteil »Gott existiert« als ein analytischer Satz, in welchem das
Prädikat im Subjekt bereits mitgegeben ist. Auf die einfachste For-
mel gebracht, lautet der Satz dann: Wenn Gott Gott ist, ist Gott
(Gilson-Böhner, 504).

Diese Gegenwart Gottes in der sich selbst erkennenden Seele
bezeugt sich auch in ihrem Streben nach Weisheit, Glück und Frieden. Wir suchen das höchste Gut als Ruhe im unwandelbaren,
ewigen Sein. Dieses Streben kann nicht ohne eine ihm entsprechende
Erkenntnis sein. Auch von daher muß die Idee des Absoluten der
Seele von Natur aus zu eigen sein. Dieser Gesichtspunkt gehört
ebenfalls zur Erleuchtungslehre Bonaventuras wesentlich hinzu.

Der Begriff der Weisheit taucht bei Bonaventura in verschiedenen
Abstufungen auf. Seinen vollsten Sinn erreicht er in der cognitio Dei
experimentalis, also in der Erkenntnis Gottes, die in einer Gotteser-
fahrung begründet ist. Sie umfaßt im »Erfassen und Berühren Gottes« Erkennen und Liebe in der Einheit eines Aktes. Er ist ein
geistiger Auszug des Menschen aus sich selbst, ein ekstatisches Sich-
Übersteigen. In ihm sind Weisheit, Liebe und Friede eins geworden.
Die Wissenschaften sind zuletzt für Bonaventura nur Durchgangs-
stufen zu diesem Ziel hin. Es ist in diesem Leben im Licht des
Glaubens anwesend, vollendet sich aber erst in der jenseitigen An-

schauung Gottes. Die Philosophie soll auf diesem mystischen Wege eine Stufe markieren. Das vermag sie nur, wenn sie zwar Vernunftwissenschaft ist und bleibt, sich aber in der vom Glauben erleuchteten Vernunft vollzieht. Alles spekulative Denken muß dem letzten Ziel, dem Weg der Seele zu Gott dienen.

Bonaventura übernimmt von Aristoteles die Lehre von Form und Materie als Konstitutionsprinzipien des Seienden. Aber wie Alexander von Hales oder Ibn Gabirol schreibt er auch den unkörperlichen Geistwesen, den Engeln, eine Materie zu, da alles Geschaffene Potenzialität, Möglichkeit, einschließt und nicht wie Gott reine Wirklichkeit zu sein vermag. Darum ist für ihn ein Begriff unkörperlicher Materie notwendig, die rein als Möglichkeit verstanden wird. Auch die menschliche Seele besteht in sich aus Form und Materie. Ihre Vereinigung erwirkt die Individualität der Seele. Dennoch soll sie im Sinne des Aristoteles zugleich Form des Leibes sein. Ähnlich wie bei Averroes sind alle Formen keimartig in die Materie eingesenkt, um sich aktiv aus ihr heraus entwickeln zu können. Das geschieht nicht durch Gott allein, sondern auch durch die Mitwirkung von Naturkräften. Diese neuplatonische und stoische Lehre von den Keimgründen, den rationes seminales, hatte Augustinus übernommen und Bonaventura von ihm.

Bonaventura vertritt eine Lichtmetaphysik, welche eng an Robert Grosseteste anschließt. Das Licht ist kein Körper, sondern eine substantiale Form, die den Seinsrang eines Wesens bestimmt. Das Licht gilt als die edelste Form in der körperlichen Welt. Sie ist in ihr allen Seienden gemeinsam. Durch sie geschieht die erste Formung, an welchen die weiteren das Sosein der Dinge bestimmenden Formen ansetzen.

Wie in den geschaffenen Seienden Form und Materie aufeinander angewiesen sind, so auch in der Vernunft des Menschen. Seine Sinne eröffnen ihm den Zugang zum innerweltlich Seienden. Unter Mitwirkung des Gemeinsinns, welcher die einzelnen Sinneswahrnehmungen zueinander ordnet, dem Gedächtnis und der Einbildungskraft, bezieht der mögliche Intellekt im Sinne des Aristoteles sich auf die sinnlichen Vorstellungen. Den geistigen Gehalt der Erkenntnis bildet der intellectus agens, der wirkende Verstand, in den möglichen ein. Beide vollziehen sich nur miteinander. Die ersten logischen Prinzipien des Denkens, auf denen seine Kraft beruht, werden ebenfalls erst auf dem Hintergrund sinnlicher Erfahrung aktualisiert. Sie sind uns aber als »ein natürliches Licht ... angeboren«. Sie gehören nicht zum Gegenstand, den wir erkennen, sondern zum »Licht, durch das wir sehen« (Gilson-Böhner, 499).

Bonaventura hat wie kein anderer Denker des Mittelalters die

Philosophie in den Dienst der Theologie gestellt. Er arbeitet mit philosophischen Begriffen, Argumentationsweisen und bezieht sich häufig auf andere Philosophen. Aber er hat niemals »die philosophische Forschung um ihrer selbst willen« betrieben (Van Steenberghen, 252). Christus ist für ihn die Mitte des Universums und ohne den Glauben an ihn bleibt auch die Philosophie blind. Ist die Philosophie unter diesen Umständen noch Vernunftwissenschaft? Weil diese Frage von vielen Philosophen verneint wird, wird Bonaventura in der Philosophie der Neuzeit bis in die Gegenwart hinein wenig beachtet. E. Gilson besteht dagegen auf der Ansicht, die Scholastik des 13. Jahrhunderts habe in Bonaventura neben Thomas von Aquin einen zweiten Höhepunkt erreicht. Für Bonaventura gehört das Mystische wesentlich zur Menschennatur. Daher wollte er eine »Lehrsynthese« schaffen, in welchem die »Gesamtheit der menschlichen Erfahrung« von diesem Mystischen her ihren Platz findet, darunter auch die Philosophie (Gilson, 521 u. 524). In dieser Synthese findet das Denken Bonaventuras seine systematische Einheit.

Im Mittelalter selbst hat Bonaventuras Denken Nachfolge gefunden. Es trat »eine ganze Reihe von Denkern auf, deren Aufgabe an erster Stelle darin bestand, die metaphysischen Grundlagen seiner Lehre aufrecht zu erhalten, zu vertiefen und zu entwickeln« (Gilson, 520). Es seien Matthäus von Aquasparta, Petrus Johannes Olivi, Johannes Gerson und Johannes Peckham genannt. Einige von ihnen, wie Johannes Peckham und Petrus Johannes Olivi, wurden zu entschiedenen Gegnern des Thomas von Aquin.

5. Albertus Magnus

Albert wurde wahrscheinlich 1193 in Lauingen an der Donau geboren. Über seine Jugend, Schul- und Universitätsbildung wissen wir kaum etwas. Gewiß ist allerdings, daß er in Padua studiert hat. 1223 (oder 1229) tritt er in Köln dem Predigerorden bei. 1245–1248 finden wir ihn als Magister (Professor) der Theologie in Paris. Im Jahr der Grundsteinlegung des Kölner Doms kehrt er 1248 nach Köln zurück, um dort das Ordensstudium der Dominikaner zu organisieren. Mit ihm kommt sein Schüler Thomas von Aquin. Großes Aufsehen erregte seine Übernahme des Bischofsamtes in Regensburg (1260–1262) auf Wunsch des Papstes, aber gegen den erklärten Willen der Ordensleitung, kein Dominikaner solle ein solches Amt annehmen, folgte Albert dem Willen Alexander IV., das zerrüttete Bistum Regensburg zu sanieren. Das gelang ihm. Albert hatte vorher, obwohl entschieden dem Studium und der Forschung zuneigend, als Prior der deutschen Ordensprovinz auf dem Gebiet der Verwaltung und Organisation Erfahrung gesammelt. Politisch war er durch Schiedssprüche hervorgetreten, durch welche sogar Kriege vermieden oder beendet werden konnten. Vor allem um die Stadt Köln hat er sich große Verdienste erworben. Albert wirkte auch als Kreuzzugsprediger. Nach einigen Jahren des Aufenthaltes in Straßburg (1264–70) kehrte er nach Köln zurück, wo er am 18.11.1280 als einer der berühmtesten Männer seiner Zeit stirbt. 1277 war er noch einmal nach Paris gereist, um dort in den Streit um die Aristotelesrezeption einzugreifen, weil auch einige Thesen seines Schülers Thomas von Aquin durch den Pariser Bischof Tempier verurteilt worden waren. Ob der Beinahme »Magnus«, der Große, auf seinen ungewöhnlichen Ruf zurückgeht oder ein Schreibfehler ist und eigentlich »Magus« heißt, der Magier, ist ungeklärt. Die Zeitgenossen bezeichneten ihn auch als Albertus Coloniensis, Albert von Köln. Man gab ihm auch wegen der außerordentlichen Breite seines Wissens und seiner Forschungsinteressen den Namen Doctor universalis. Sie spiegeln sich auch in der ungewöhnlichen Anzahl und thematischen Breite seiner Schriften. Unter ihnen befinden sich Bibelkommentare, theologische Summen, theologische und philosophische Traktate, Predigten und erbauliche Schriften, psychologisch-anthropologische Schriften und Abhandlungen zur Pflanzen-, Tier-, Wetter- und Gesteinskunde sowie zur Chemie und Mathematik.

Albert wollte »das phantastische Unternehmen« durchführen, des Aristoteles gesammtes Werk »durch Interpretation, Paraphrase und Kommentar« dem Westen zugänglich zu machen (Stehkämper/Zender, 132). Er benutzte Übersetzungen aus dem Arabischen ins Lateinische, weniger direkte aus dem Griechischen ins Lateinische. Die bahnbrechenden, besseren Übersetzungen des Wilhelm von Moerbeke (seit 1263) standen ihm nicht zur Verfügung, im Gegensatz zu Thomas von Aquin. In seinen Kommentaren geht er auch auf die Auffassungen anderer Aristoteleskommentatoren ein. Seine Paraphrasen arbeiten aber auch mit Hilfe von Textvergleichen an den aristotelischen Schriften selbst, um das Gemeinte zu erschließen. Manchmal fügt er eigene Weiterentwicklungen (Digressionen) an. Albert geht es um den Sinn dessen, was Aristoteles gesagt hat. Aber er will auch durch ihn hindurch die Breite und Fülle der Wirklichkeit der Welt im Wissen einholen. Mit diesem Ziel stößt er auch im eigenen Orden auf Widerstand. Er klagt, es gäbe Leute, »die mit allen Mitteln das Studium der Philosophie bekämpfen, besonders bei den Dominikanern.« Solche Menschen »haben Sokrates getötet« und Aristoteles »zur Auswanderung gezwungen.« Es sind überaus bittere und gallige Menschen, welche den anderen das Leben verbittern und es nicht fertigbringen, »in der Süße der Gemeinschaft die Wahrheit zu suchen« (Gilson-Böhner, 454).

Albert verstand sich als Theologe und folgte als solcher weitgehend Augustinus. Aristoteles genießt bei ihm keine unbeschränkte Autorität. Er war für ihn nur ein Mensch und kein Gott und konnte daher irren wie wir alle. Das gilt natürlich auch von seinen islamischen und jüdischen Kommentatoren. Bei allem Einsatz für die Verbreitung des aristotelischen Werkes war Aristoteles für Albert auch auf dem Gebiet des weltlichen Wissens keineswegs sein einziger Lehrer. Geht es um medizinische Fragen, dann zieht er ihm Galen oder Hippokrates vor. Dabei versteht sich Albert selbst u.a. auch als Naturwissenschaftler. Als solcher vertraut er methodisch der genauen Beobachtung und auch schon dem Experiment. Es geht ihm um die Begründung von Erfahrungswissen. Dabei sind Botanik und Zoologie seine bevorzugten Arbeitsfelder. Solches empirische Wissen soll aber nicht nur die Phänomene beschreiben, sondern sie auch aus ihren Ursachen erklären. Dies gilt ihm nicht wie seinen Kritikern als eitle Neugier, sondern als eine ernstzunehmende Tätigkeit. Gewiß unterliegt für ihn als Theologen die Welt der Vorsehung Gottes. Aber Gott handelt, indem er die natürlichen Ursachen auf ihre Eigenwirksamkeit hin bewegt. Daher können sie ohne Bezug auf Gott in sich selbst erforscht werden. In dieser Überzeugung liegt ein entschiedener Neuansatz des mittelalterlichen Denkens. Da Albert sich auch mit Astrologie und Parapsychologie beschäftigte und naturwissenschaftliche Experimente anstellte, kann es durchaus sein, daß er in den Ruf eines Magiers geriet.

Albert war von dieser neuen Weltsicht fasziniert. Er wollte sie aber mit der theologischen Tradition vermitteln. Wie ernst er den Versuch einer solchen Synthese nahm, zeigt seine Überzeugung, der sei in der Philosophie der Größte, welcher beide Philosophien, nämlich die aristotelische und die neuplatonische, zu vereinen vermöge. Thomas von Aquin besaß in dieser Hinsicht wohl die größere systematische Kraft, aber das Anliegen war bei beiden dasselbe, obwohl Unterschiede in einzelnen Fragen nicht zu übersehen sind.

Im Zusammenhang mit seinen Kommentaren zu Aristoteles bestimmt Albert die Metaphysik als erste Philosophie im Sinne des Aristoteles, ja als die erste Wissenschaft überhaupt. Ihr Thema ist das Sein. Dieses gilt Albert nicht als ein bestimmtes Seiendes, sondern als der erste Ausfluß aus Gott, als Ersterschaffenes. Das Sein ist die Ureinheit, aus welcher die Formen der Dinge hervorgehen. Aber er erklärt mit Aristoteles auch das Seiende zum Thema der Metaphysik. Schließlich ist sie auch Lehre von Gott als der ersten Ursache, vor der nichts anderes mehr ist. Für Albert scheint das Seiende der Begriff zu sein, in welchem die Aufgabenbereiche der Metaphysik vermittelt werden können (Craemer-Rügenberg, 60).

Im Gegensatz zum Gottesbegriff des Aristoteles ist Gott für Albert nicht nur reine Wirklichkeit, sondern zugleich auch die machtvoll wirkende Erstursache der Welt. Er wirkt durch nichts ihm Äußerliches, sondern durch sein Wesen. Dabei will er nichts für sich selbst erreichen, weil er der seit Ewigkeit in sich Vollendete ist. Sein Schaffen ist daher »absichtsloses Tun« (Craemer-Ruegenberg, 68). Thomas von Aquin wird darin die »Liberalität« Gottes sehen, die Freiheit, in welcher er aus Freude an seiner eigenen Gutheit den Geschöpfen ihre eigene Gutheit und Schönheit in je verschiedenem Maß mitteilt, damit sie das göttliche Sein widerspiegeln (S.th. I. 44,4). Der Hervorgang des Seins aus Gott erscheint bei Albert auch im Rahmen einer neuplatonisch inspirierten Lichtmetaphysik. Albert bezeichnet die erste Ursache, Gott, als reines, namenloses und unsagbares Licht. Denn er selbst ist der universelle tätige Intellekt und nicht ein erster Ausfluß aus Gott, wie wir es im Neuplatonismus mehrfach angetroffen haben. Aus dem geistigen Licht Gottes geht das Sein als das ersterschaffene Licht hervor. Zum Sein gelangen, heißt also zugleich erleuchtet werden. Seinsmitteilung ist Lichtmitteilung. Albert lehrt, daß in Gott Sein und Wesen identisch und reines Licht sind. Außerhalb seiner gelten Sein und Wesen als verschieden. Ihr Unterschied setzt bereits in den ersten Emanationen aus dem Sein ein, nämlich den Intelligenzen. Sie sind bereits durch Potentialität bestimmt, d. h. sie müssen nicht sein, sondern können nur sein kraft der ersten Ursache. Im Abstieg des Lichtes weg in die niederen Stufen nimmt mit der Abnahme des Lichtes die Potentialität immer mehr zu. Licht und Sein verschatten sich. Die »niedere Emanationsstufe beginnt jedesmal da, wo das Licht der höheren eine Verdunklung erfährt. Verdunkeltes Licht aber nennt Albert mit Isaak Israeli Schatten« (Baeumker, 407ff). Die Grade des Wirklichseins als Grade des Lichtes enden in der Materie als der reinen Möglichkeit.

Das Sein ist für Albert auch das erste Bewegbare. Mit ihm zugleich hat Gott die Bewegung und die Materie geschaffen. In ihr sind alle Formen der Dinge eingeschaffen und gehen in der Bewegung des Werdens aus ihr hervor. Damit ist auch die Zeit gegeben. Gott selbst ruht in ewiger Unveränderlichkeit. Deswegen ist die Frage nach einer Zeit, in welcher Gott verharrt hätte, ehe er die Welt schuf, sinnlos (Craemer-Ruegenberg, 94). Allerdings glaubte Albert nicht, daß ein strenger Beweis für die Nicht-Ewigkeit der Welt geführt werden könne. Er hält aber die Annahme, daß die Zeit mit der Schöpfung beginnt, für gutbegründet.

Hinsichtlich des Universalienproblems denkt Albert so: Die Universalien existieren in drei Seinsweisen: im göttlichen schöpferischen Intellekt vor den individuellen Dingen, in ihnen als das Eine ihrer Wesenheit und schließlich nach ihnen im menschlichen Denken. Es hebt sie aus den Dingen durch Abstraktion heraus. In diesem dreifach differenzierten Sinn kommt dem Allgemeinen Realität zu. Aber es subsistiert nirgendwo in sich als ein selbständiges Seiendes.

Die Lehre von der Einheit des Intellektes verwirft Albert gegenüber Averroes. Den geschaffenen Intellekt gibt es nur als Vielheit der einzelnen Denksubjekte. Aber die Formen der Dinge und damit das Allgemeine in ihnen entsprechen der ewigen Ausstrahlung des göttlichen Intellektes. Darum gibt es das Allgemeine in den Gehalten des Denkens der vielen Denkenden als ein ihnen Gemeinsames (Geyer, 412).

Im Kommentar zur Schrift des Aristoteles »Über die Seele« legt Albert u.a. auch sein eigenes Verständnis der Seele und ihres Verhältnisses zum Leib dar. Sie gilt mit Aristoteles als Form eines Organismus, d.h. als sein Lebens-, Bewegungs- und Wirklichkeitsprinzip. Bereits die Pflanzen haben eine Seele. Diese regelt ihr Wachstum, ihre Ernährung und Vermehrung. Bei den Tieren besitzt diese Seele neue, höhere Wirkvermögen, nämlich die der sinnlichen Wahrnehmung und der Ortsbewegung. Die menschliche Seele besitzt die Vermögen der Pflanzen- und der Tierseele, darüber hinaus aber auch Verstand und freien Willen. Die höheren Seelenvermögen setzen die niederen voraus und sind Kräfte der einen Seele. Albert übernimmt auch die Unterscheidung von aktiven und potentiell-empfänglichen Intellekt. Der Intellekt ist jedoch das höchste Seelenvermögen in jedem Menschen selbst. In seiner Schrift »Über die Einheit des Verstandes« gegen die Averroisten erklärt Albert allerdings, der Irrtum des Averroes enthalte eine nicht richtig plazierte Einsicht: Der Intellekt des Menschen, einschließlich des Möglichen und Aufnehmenden, dem der aktive Intellekt seine Einsichten einprägt, sei insofern »getrennt« als er nicht wie die übrigen Seelenkräfte auf den Leib des Menschen und seine Organe angewiesen ist. Daher ist er auch fähig, ohne sie jenseits des Todes weiter zu existieren. Dennoch ist er zugleich Form des Leibes und prägt den Menschen durch und durch. Aber er übersteigt ihn auch in seiner Leiblichkeit und zwar in dieser selbst. Er ist ein aktives Licht als eigentätiger Vollzug. Er wird nicht bewegt, sondern »verändert sich in der Weise der ›Selbstverwirklichung‹« (Craemer-Ruegenberg, 105) als

Bild und Wirkung des ewigen Intellektes Gottes. Jenseits der Todesgrenze verliert er seinen Bezug zur sinnlichen Wahrnehmung. Ohne Leib vermag er sich nicht mehr der durch die Sinne vermittelten Natur zuzuwenden. Das ist nicht mehr nötig. Denn das Wissen um die Welt, das ihm durch die Vermittlung von Gedächtnis, Wahrnehmung, Vorstellung und Phantasie zugewachsen ist, hat er im aufnahmefähigen Intellekt sich eingeprägt. Mit Avicenna erklärt Albert, die Sinnlichkeit sei nur ein Fahrzeug, das man braucht, um in die Heimat zu gelangen. Ist man dort angelangt, wird es überflüssig (Craemer-Ruegenberg, 109).

Albert – wie auch Thomas von Aquin – hat bezüglich der Beurteilung der Zweigeschlechtlichkeit des Menschen die aristotelische Überzeugung von der anthropologischen Überlegenheit des Mannes übernommen. Manche moralischen Abqualifizierungen der Frau, welche Albert zugeschrieben werden, stammen wahrscheinlich nicht von ihm selbst, sondern von studentischen Mitschreibern. Die organunabhängige Tätigkeit des Intellektes schreibt Albert beiden Geschlechtern zu, so daß sie zur einen Art des Menschen gehören.

5. Thomas von Aquin

a) Leben

Thomas wurde 1224/25 im Stammschloß seiner Familie in Roccasecca geboren. Es liegt in der Provinz von Caserta, die damals zum Königreich Sizilien gehörte. Thomas war ein Sohn des Grafen Landulf von Aquino und seiner Frau Theodora, einer Adeligen aus Neapel von normannischer Herkunft. Der Name »de Aquino« weist nicht auf die Geburt des Thomas in der Stadt Aquino hin, wie man häufig angenommen hat, sondern ist der Familienname (Weisheipl, 15). Bereits nach seinem fünften Geburtstag wurde Thomas in der berühmten Benediktinerabtei von Monte Cassino von der Familie als Oblatus Gott mit dem Ziel dargebracht, zum Benediktiner erzogen zu werden. Die Familie verband damit die Hoffnung, Thomas könnte später zum Abt des Klosters werden. Davon erhoffte sich die Familie eine Steigerung ihres Ansehens und ihrer wirtschaftlichen Macht. Ab 1239 studierte Thomas an der Universität von Neapel die freien Künste. An dieser kaiserlichen Universität kam er in Berührung mit dem Dominikanerorden. Ebenso begegnete er hier ein erstes Mal dem Aristoteles. Damit sind die prägenden Kräfte in Thomas Leben gegenwärtig geworden: Die am Evangelium orientierte Existenzweise radikaler Armut, die Hochschätzung des Lehrens mit der Zuwendung zu der im Zeichen des Aristoteles neu erschlossenen Welt der Wissenschaft. Beides stand in der Zeit des Thomas in der Gefahr, sich gegenseitig auszuschließen. Thomas dagegen sucht »beide in seiner eigenen geistlichen und geistigen Existenz zu verbinden ..., indem er die Zusammengehörigkeit, ja die Notwendigkeit der Verknüpfung des anscheinend einander Ausschließenden erfaßt und erweist« (Pieper, 1986, 50f).

Thomas geriet durch den Eintritt in den Predigerorden in Konflikt mit seiner Familie. Sie entführte ihn sogar, als er nach Paris reisen wollte, um dort seine Studien fortzusetzen, und hielt ihn auf einem Familiensitz unter Hausarrest. Mit Hilfe seiner Schwester, aber vor allem aufgrund der Unbeugsamkeit seines Entschlusses, konnte er schließlich die Reise fortsetzen. In Paris wurde er Schüler Alberts d. Großen. Ihm folgte er nach Köln, und zwar im Jahr der Grundsteinlegung des Domes 1248. In Köln wurde er 1250 zum Priester geweiht, ehe er 1252 nach Paris zurückkehrte, um dort im Auftrag des Ordensgenerals Johannes von Wildeshausen als Bakkalaureus über die Sentenzen des Petrus Lombardus Vorlesungen zu halten. Die Sentenzen stellten Sammlungen von Stellen aus den Kirchenvätern zu grundlegenden Glaubenslehren dar. Unter ihnen ragte die von Petrus Lombardus um die Mitte des 12. Jahrhunderts geschaffene besonders hervor. Ihren Erfolg verdankte sie weniger dem Umstand, »daß Petrus Lombardus Bischof von Paris war (1150–1160)«, sondern weil er »eine gemäßigte Richtung« zwischen dem Rationalismus von Abaelard und den »herkömmlichen Theologien der Mönche« mit ihrem »übermäßigen Positivismus« der gläubigen Hinnahme der Lehren der Autoritäten verfolgte. Petrus stellte auch »neue Fragen zur Diskussion«. Manchmal bot er selbst »eine Lösung an, doch oft ... überließ er es anderen, darüber weiter nachzusinnen« (Weisheipl, 70). Wegen dieser Offenheit wurde er ähnlich wie Abaelard scharf kritisiert und in den Verdacht gebracht, einer rationalistischen Auflösung des Glaubens Vorschub zu leisten. Dennoch setzten sich die Sentenzen als Grundlage des Studiums der Theologen durch. Alexander von Hales soll als erster öffentliche Vorlesungen über sie durchgeführt haben.

1256 wurde Thomas Magister der Theologie, zunächst an der Ordenshochschule der Dominikaner im Kloster Saint Jacques. Damals gab es in Paris einen heftigen Streit über die Aufnahme von Angehörigen der Bettelorden als Magister an der Universität. 1257 wird Thomas schließlich zusammen mit Bonaventura, mit dem er in Freundschaft und Gegnerschaft zugleich verbunden war, unter die Magister der Universität aufgenommen. 1259 verläßt er Paris, um in

Italien verschiedene Ämter, auch am päpstlichen Hof, zu übernehmen. Vor allem hatte er es mit der Organisation der Studien im Orden zu tun. Er wird u.a. Leiter der Ordensschule von Santa Sabina in Rom. 1269–70 finden wir ihn erneut als Magister in Paris, wo er in die Auseinandersetzungen um die Bettelorden und den Streit eingreift, der um den Aristotelismus entstanden war. 1273 wird Thomas mit der Gründung eines Studium Generale in Neapel beauftragt, also eines Studienzentrums der Dominikaner. 1274 sollte er am Konzil von Lyon teilnehmen, starb aber auf dem Wege dorthin am 7. März 1274 in der Zisterzienserabtei von Fossanova. Es heißt, daß Thomas in der Gegend mit dem Kopf gegen einen quer über die Straße ragenden Baum stieß und dadurch schwer benommen wurde. Von diesem Ereignis an verschlechterte sich sein Gesundheitszustand immer mehr. Schon vorher, am 6. Dezember 1273 »wurde Thomas plötzlich von etwas getroffen (commotus), das ihn zutiefst berührt und verändert hat«. Er hörte mit der Arbeit an der Summe der Theologie auf und erklärte gegenüber Reginald von Piperno, seinem Sekretär und Vertrauten, er sei außerstande, noch zu schreiben. Der Grund dafür mag wohl in einer Erschöpfung seiner Kräfte liegen, nachdem »er sich fünf Jahre lang Tag für Tag« übermäßigen Anstrengungen ausgesetzt hatte. Allerdings erklärte er gegenüber Reginald auch, alles, was er geschrieben habe, erscheine ihm nun wie Stroh. Wenig später fügte er gegenüber seiner Schwester, der Gräfin Theodora von San Severino, hinzu, es komme ihm wie Stroh vor »im Vergleich zu dem, was mir jetzt offenbart worden ist« (Weisheipl, 293 f). Von welcher Art diese Erfahrung war, die Thomas so interpretierte, wissen wir nicht. 1323 wird Thomas in Avignon durch Papst Johannes XXII. heilig gesprochen.

Thomas hat ein umfangreiches Werk hinterlassen mit den beiden großen Summen, den Kommentaren zur Bibel, Aristoteles, Boethius, den Sentenzen des Petrus Lombardus und zum »Liber de causis«. Wichtig sind auch seine Quaestiones, in denen seine Disputationen festgehalten wurden, und Traktate zu einzelnen Fragen. Ein vollständiger Katalog seiner authentischen Schriften findet sich bei Weisheipl, 321–351.

b) Der Begriff der Philosophie

Thomas von Aquin verstand sich als Theologe. Auf Eigenart, Leistungsfähigkeit und Wirkungsgeschichte seiner Theologie kann hier nicht eingegangen werden, da wir uns an die philosophischen Perspektiven des Thomas halten müssen. Freilich können sie nicht schlechthin von der Theologie isoliert werden. Denn die klare Unterscheidung zwischen beiden Wissenschaften ohne Aufgabe ihres

Zusammenhangs gehört zu den Fundamenten des Denkens von Thomas von Aquin.

Die Theologie ist für Thomas eine Wissenschaft. Jede Wissenschaft braucht ihre Prinzipien, ihren Gegenstand und ihre Beweisverfahren. Als Prinzipien der Theologie nennt Thomas die Glaubensartikel des christlichen Glaubensbekenntnisses. Deren Grundlage ist die Bibel. Beide erschließen die göttliche Offenbarung, durch welche der Theologie ihre Gewißheit zuwächst. Durch diese ihre letzte Quelle empfängt sie aber auch ihren Gegenstand, nämlich Gott und alles übrige, sofern es mit ihm in Beziehung steht. Damit ist die ratio formalis dieser Wissenschaft angegeben, d.h. die Perspektive, in welcher sie ihren Gegenstand betrachtet, so daß er seinen besonderen theologischen Charakter gewinnt. Glaubensartikel können nicht durch andere Prinzipien begründet werden, weil sie ihre Quelle in der Offenbarung und nicht in der Vernunft des Menschen haben. Wohl aber lassen sich – mit Hilfe der Vernunft – gegen den Glauben vorgebrachte Argumente entkräften. Allerdings ist zu bedenken, daß die Offenbarung dem Menschen seiner Vernunft unzugängliche Wahrheiten erschließt: Gott als den Dreieinigen, die Menschwerdung Gottes in Christus, die Gnade als gewährte Teilhabe an Gottes eigenem Leben.

Die Philosophie ist im Unterschied zur Theologie Vollzug der menschlichen Vernunft als solcher. Sie stellt sich nach Thomas in »einer geordneten Vielfalt« aufeinander »bezogener, aber prinzipiell selbständiger Wissenschaften« dar. Sie lassen sich »in formale (Logik, Grammatik), theoretische (Physik, Mathematik, Metaphysik)« und »praktische (Ethik, Ökonomik, Politik)« einteilen (Kluxen, 1975, 219). Neben den philosophischen Disziplinen kennt Thomas auch das in den artes mechanicae vorliegende technische Wissen und Können als zum Bereich menschlicher Vernunft gehörig. In der Philosophie bezieht sich die menschliche Vernunft auf die Welt und ihre Ursachen. Sie bringt gleichsam die Welterfahrung des Menschen zur Vernunft. Wenn Thomas hier von Ursachen spricht, meint er sowohl die innerweltlichen Wirkzusammenhänge, als auch die Ursache, welcher sich die Welt im ganzen verdankt: Gott. Die Theologie geht von Gott her auf die Welt, die Philosophie umgekehrt von der Welt auf Gott zu. Ihr Thema sind die Dinge in ihrem eigenen Sein. Sie werden zunächst in sich selbst betrachtet und zuletzt erst Gott aus ihnen erkannt (C.G. 2,4). Eine solche Betrachtung ist auch für die Theologie wichtig, weil die Erkenntnis der Natur der Geschöpfe Irrtümer über Gott zu beseitigen vermag (C.G. 2,3). Auch gilt für Thomas, daß die Theologie von sich her nicht alles über die Welt weiß, so daß sie der Ergänzung durch das weltliche Wissen bedürftig ist, wenn sie die Welthaftigkeit des Menschen in ihr Verständnis des Glaubens einbeziehen will. Darum erkennt Thomas die Selbständigkeit der Philosophie nach ihren Prinzipien, ihrem Gegenstand und ihren methodischen Verfahren voll an.

Thomas erstrebt eine Synthese von Glauben und Vernunft, in welcher beiden ihre Eigenständigkeit gelassen wird. Dabei ist er allerdings auch der Überzeugung, daß es Fragen gibt, welche durch die Vernunft zu keiner letzten Klarheit geführt werden können. Sie ist für Thomas an einem Maß gemessen, das sie selber nicht einzuholen vermag. Daher fällt für Thomas von der Offenbarung her auf diese Fragen ein neues Licht, in welchem die Vernunft auch erst voll zu sich selbst kommt. Auf der anderen Seite werden immer wieder die Kräfte der Vernunft bis zum äußersten herausgefordert, um Glaubensaussagen dem menschlichen Verstehen näher zu bringen. Ein exemplarisches Beispiel dafür ist die Interpretation der Trinitätslehre mit Hilfe ontologischer Begriffe und solchen, die, im Anschluß an Augustinus, eine Metaphysik des Geistes voraussetzen. Unter diesen Voraussetzungen muß allerdings die Frage zugelassen werden, ob und in welchem Maße sich Thomas auch in seiner theologischen Arbeit von Perspektiven leiten läßt, welche dem Erfahrungs- und Begriffsfeld der Metaphysik entstammen und sein Vorverständnis mitbestimmen.

In ihrem letzten Ziel gehen Theologie und Philosophie konform, nämlich der Weisheit. Ihre Sache ist es für Thomas im Anschluß an Aristoteles, Ordnung zu schaffen. Ordnen heißt, die Dinge auf ihr Ziel hin zu lenken, auf das, was für sie gut ist und wozu sie gut sind. Mit diesem Begriff wird das in der Antike geläufige vorphilosophische Verständnis von Weisheit aufgegriffen. Auch nach Thomas gibt es mancherlei artes, Künste, auf welche diese Art von Weisheit anwendbar sind. Es sind solche, welche andere auf ihr Ziel lenken, wie zum Beispiel die Medizin die Salbenherstellung. Damit ist allerdings der Begriff der Weisheit noch keineswegs ausgeschöpft. Der »Weise schlechthin« weiß nämlich um die Ordnung des gesamten Universums. Seine Weisheit bezieht sich auf die ersten Ursachen und die letzte Vollendung der Totalität der Welt. Diese Weisheit ist sachlich identisch mit der Wahrheit, um die es in der Philosophie geht. Um ihretwillen ist das All begründet worden. Als dieses Gut des Universums gilt die Weisheit zugleich als das Gut der Vernunft. Denn nur in ihr ist diese Wahrheit/Weisheit als Wissen um den Sinn des Ganzen Wirklichkeit. Um diese Weisheit geht es der Philosophie. Nun ist aber Ursache und Ziel der Welttotalität im göttlichen Wort, dem Logos, offenbar. In ihm ist alles geschaffen worden, so daß er als die Weisheit schlechthin gilt. In Christus ist er Mensch und damit in der Welt sichtbar geworden. Er ist die Einheit von Weisheit und Wahrheit in Person. Damit ist der Punkt erreicht, an dem Thomas Theologie und Philosophie von ihren tragenden Sinnbezügen her einander zuordnen kann. Der Glaube sowie seine theologische Auslegung und die Philosophie erstreben dasselbe Gut des Universums. In Christus ist diese Weisheit/Wahrheit als geoffenbarte anwesend. Aber auch die erste Philosophie im Sinne des Aristoteles, also die Metaphysik, ist Wissenschaft von der Wahrheit, »und zwar nicht von irgendeiner, sondern von der Wahrheit, die Ursprung aller Wahrheit ist…, die sich auf den Ursprung des Seins von allem bezieht« (C.G I,1). Hier wird vollends deutlich, daß die Philosophie keineswegs nur eine Dienststellung als Hilfswissenschaft der Theologie innehat. Geht es nämlich bei der Weisheit um Sinn und Wahrheit der Welt im ganzen, dann ist sie notwendig auf Philosophie verwiesen, weil sie die Wissenschaft ist, welche als Metaphysik die Totalität des Seins der Welt zum Gegenstand hat.

c) Das Sein

Die Metaphysik des Thomas ist Ontologie, Lehre vom Seienden. Sie bezieht sich also nicht nur auf das Immaterielle, das Geistige. Thomas hält dies für ein Mißverständnis der Metaphysik, wie er im Kommentar zu De trinitate des Boethius deutlich gemacht hat. Handelt nämlich die Metaphysik vom Seienden im allgemeinen, so muß sie sich auch mit der Materie, der Bewegung und den materiellen Einzeldingen befassen. Das geschieht allerdings streng unter dem Gesichtspunkt des Seienden, während die Untersuchung ihrer besonderen Strukturen und Gesetze der Naturwissenschaft (Physik, Astronomie, Optik) zufällt.

In den Mittelpunkt der Metaphysik des Thomas dringen wir mit dem Unterschied zwischen dem Sein und den Seienden vor. Das Sein, esse, wird von dem, was ist, unterschieden. Das konkrete Seiende, dieser Baum, dieser Hund oder dieser Mensch, sind nicht ihr Sein. Sie sind Seiende durch das Sein. Der Differenz zwischen dem, das Sein hat und dem, wodurch es Sein hat, korrespondiert noch eine weitere Unterscheidung. Es ist die von Sein und Wesen (essentia). Das Wesen ist das, wodurch etwas ist, was es ist, z. B. Rose, Pferd, Mensch usw. Das Sein dagegen bezeichnet den Akt, d. h. die Wirklichkeit des Seienden im Unterschied zu seiner bloßen Möglichkeit. Für sich genommen ist das Wesen eines Seienden seine bloße Möglichkeit. Durch das Sein wird sie zur aktuellen Wirklichkeit. Auf diesen Sachverhalt zielt die Lehre des Thomas von der sogenannten Realdifferenz, dem wirklichen Unterschied von Sein und Wesen. In ihm liegen erhebliche Schwierigkeiten, welche in der Thomas-Interpretation zu verschiedenen Auffassungen geführt haben.

Zur Originalität der Ontologie des Thomas führt uns am besten folgender Satz: »Was ich Sein nenne, ist das Vollkommenste von allem.« Das gilt, weil alles, was Sein hat, in Wirklichkeit existiert. Daraus folgt: »Was ich Sein nenne, ist die Aktualität aller Akte und deswegen die Vollkommenheit aller Vollkommenheiten.« Thomas fügt hinzu, dem Sein könne nichts ihm Äußerliches hinzugefügt werden. Denn ihm ist nichts äußerlich außer dem Nicht-Seienden (De Pot, 7, ad 9). Die Vollkommenheit des Seins folgt also aus seiner Aktualität. Das kann folgendermaßen deutlich werden: Alles, was sich z. B. an einem Baum findet, ist aktuell, wirklich. Das Sein des Baumes ist keine seiner Eigenschaften neben anderem, etwa braun, blühend, hoch, verzweigt usw. Alle seine Eigenschaften, Zustände und Tätigkeiten sind ja selber wirklich, also vom Sein durchdrungen. Wir finden nichts an dem Baum, was nicht ist. Das Sein ist sozusagen an jeder Stelle gegenwärtig und läßt ihn, mit allem, was zu ihm gehört, in der Welt anwesend sein. So steht es aber nicht nur um den Baum, sondern um alle Dinge und um das Universum im ganzen. Alles in ihm ist. Dabei sind die Seienden voneinander verschieden. Sie verwirklichen je andere Möglicheiten von Sein, (Wesenheiten) als Ausschnitte seiner sie übersteigenden Fülle.

Die Dinge sind im Anschluß an Aristoteles durch die Form geprägt. Sie steht im Gegenüber mit der Materie. In ihr prägen die Formen die verschiedenen Wesenheiten aus. Die Formen sind somit Wesensformen. Die Materie, von sich aus formlos, steht in der Möglichkeit, die Vielzahl der Formen in sich aufzunehmen und so in ihre Wesensgestalt einzugehen. Form und Materie zusammen konstituieren das Seiende. Aber auch die Wesensformen sind nur aktuell, wirklich, in der Welt gegenwärtig, wenn sie selber vom Sein durchformt werden. Darum heißt das Sein auch »Aktualität jeder Form oder Natur« (S. Th. I, 3, 4). Das Sein ist daher das »Formalste von allem« (z. B. S.Th. I, 7, 1). Das Sein ist also die alles einschließende Wirklichkeitsmacht, die alles Wirkliche an jedem Punkt seiner Wirklichkeit wirklich macht.

Man würde Thomas gründlich mißverstehen, wollte man das Sein mit bloßer Vorhandenheit verwechseln. Die Wirklichkeit des Seins ist ein Sich-Wirklichen. Es muß nach Art einer Tätigkeit gesehen werden. Gemeint ist dabei allerdings keine Tätigkeit, die auf eine äußere Wirkung in Bezug auf andere Seiende zielt (operatio). Es handelt sich vielmehr um eine actio immanens, ein im Seienden selbst im Bezug auf es selbst sich ereignendes Geschehen. Im Seinsakt hält es seine Teile, Zustände und Eigenschaften in seiner Einheit zusammen. In ihm gewinnt es seine geringere oder größere Selbständigkeit (Subsistenz). In ihr gründet es sich in sich selbst, tritt aber zugleich in eine umfassende Weite und Gemeinsamkeit ein. Denn das Sein ist die in keinem Seienden sich abschließende grenzenlose Seinsfülle. Alle Wesenheiten gründen in ihr und auch alle einzelnen Seienden. Es hebt alles in seine ihm eigene selbständige Existenz, die Subsistenz. Es selbst aber subsistiert nirgendwo in den Dingen. Das Sein »bezeichnet etwas Vollständiges und Einfaches, das aber nicht subsistiert« (De Pot. 1,1). Wenn die grenzenlose Seinsfülle in keinem Seienden existiert, wo dann? Damit ist die Frage nach dem Verhältnis von Gott und Sein gestellt. Darauf wird noch einzugehen sein. Zuvor sind die Aussagen des Thomas über das Sein aber noch in einer wichtigen Hinsicht zu ergänzen.

d) Die transzendentalen Namen des Seins

Thomas kennt einige Namen, welche allen Seienden zukommen. Sie entfalten den Sinn des Seins selbst. Ihm kann nichts von außerhalb seiner selbst hinzugefügt werden, sondern nur solches, was mit ihm sachlich identisch ist. Diese Namen heißen transzendental, weil sie alle Besonderungen, nämlich die Kategorien, die Gattungs- und Artbegriffe und die Individuen übersteigen. In De veritate I, 1 unterscheidet Thomas zwischen Transzendentalien, die jedes Seiende für sich genommen und solchen, die es in seiner Hinordnung auf ein anderes bezeichnen. In der ersten Hinsicht wird das Seiende res und ens genannt. Res (Ding) heißt es, sofern ihm eine Wesenheit zukommt, ens, sofern es ein Seiendes ist, wobei »seiend« vom Seinsakt (actus essendi), abzuleiten ist. Weiter gehört das Eine (unum) zu den Transzendentalien der ersten Reihe. »Eines« besagt, daß jedes Seiende in sich ungeteilt, d. h. mit sich identisch ist. Die zweite Gruppe der Transzendentalien, die das Seiende in seiner Hinordnung auf anderes bezeichnen, beginnt mit »etwas« (aliquid). Es besagt »ein anderes Was« (aliud quid): Das Seiende ist nicht nur ungeteilt in sich, sondern von jedem anderen unterschieden.

Es folgen die beiden transzendentalen Namen des Guten und des Wahren. Beide bezeichnen die Übereinstimmung eines Seienden mit einem anderen. Diese convenientia soll eine transzendentale sein. Das heißt, es kann sich nicht darum handeln, daß irgendein Seiendes mit einem anderen übereinstimmt. Es muß vielmehr ein Seiendes angenommen werden, welches von seiner Natur aus dazu bestimmt ist, mit allem Seienden übereinzustimmen (quod natum sit convenire cum omni ente). Das ist die im Leib in der Welt anwesende menschliche Seele, welche in gewisser Weise alles ist. In ihr findet sich sowohl

Erkenntnis wie Strebekraft. Soll die Konvenienz zwischen der Seele und dem Seienden zum Ausdruck kommen, welche die Strebekraft beansprucht, so ergibt sich der transzendentale Name des Guten (bonum). Geht es um den intellektiven, erkennenden Bezug der Seele zu allem Seienden, so sprechen wir vom Wahren (verum). Erkennend und strebend soll der Mensch mit allem, was ist, übereinkommen. Aber es gilt auch umgekehrt: Das Seiende ist von Natur aus dazu bestimmt, in der Seele zu sein (De Ver. XXII, 10 und S. Th. I, 78, 1).

Bezüglich der Wahrheit betont Thomas, jedes Seiende sei intelligibel, d. h. ein Erkennbares, welches in den Stand des Erkanntseins gebracht werden kann. Soll das gelingen, müssen der erkennende Geist des Menschen und das Seiende vor jeder aktuell vollzogenen Erkenntnis in einer vorgängigen Angeglichenheit aufeinander hinstehen. Diese Korrespondenz ist der ermöglichende Grund für die in der Erkenntnis aktuell vollzogene Angleichung des Intellektes an die Sache. In ihr findet Thomas die eigentliche Bedeutung des Wortes »wahr«. Es darf aber nicht vergessen werden: Die gelungene Erkenntnis ist bereits »quaedam effectus veritatis – eine gewisse Wirkung der Wahrheit«. In dieser Wirkung tritt dann das Seiende – und in ihm das Sein – in seine Offenbarkeit ein. Darum stimmt Thomas Hilarius von Poitiers zu, wenn dieser erklärt, das Wahre sei das Sein zeigend und offenbarend (declarativum et manifestativum esse). Im Hintergrund dieses Konzeptes steht die Überzeugung, in der absoluten Identität von Sein und Erkennen in Gott sei das Sein immer schon in das Licht des Intellektes aufgegangen und dieser nichts anderes als das gelichtete Bei-sich-sein des Seins. In der Konvenienz zwischen Mensch und Welt, welche das Wahre ist, wird jene Identität gleichsam nachgeahmt.

Seiendes steht aber auch in Beziehung zum Wollen. Das heißt, es ist fähig, die Strebekraft des geistigen freien Willens auf sich zu ziehen. Seiendes kann bejaht und geliebt werden, von jemandem für sich selbst gewollt, aber auch an andere mitgeteilt werden. In De Ver. XXI, 1 heißt es: »In erster Linie und ursprünglich heißt das Seiende gut, insofern es ein vollendendes für ein anderes ist und insofern dessen Ziel.« In diesem Sinne für anderes kann aber etwas nur sein, sofern es selber die ihm zukommende Vollkommenheit besitzt, d. h. für Thomas die Verwirklichung seines Wesens. Wieder taucht hier die grundlegende Bedeutung des Seins als Akt auf. Der vielzitierte Satz des Thomas, alles Seiende, soweit es ein Seiendes ist, sei gut, zielt dieses Gutsein ganz ausdrücklich von der Aktualität des Seins her an. Das Seiende ist insoweit gut, als es in seiner Vollendung steht. Diese aber muß eine wirkliche sein. Das Seiende schließt sich aber nicht in seiner Selbstverwirklichung ab, als ob es nichts anderes suchte, als seine eigene Identität. Es ist vielmehr von sich her in einem ontologischen Sinne kommunikativ. In seinem Sein stellt er sich auch für andere dar und teilt sich mit.

Die transzendentalen Namen bezeichnen jeweils unter einer anderen Perspektive das Sein selbst. Sachlich sind sie mit ihm identisch und können daher untereinander ausgetauscht werden. Sie sind konvertibel.

Die Transzendentalienlehre des Thomas nimmt in der Geschichte der Philosophie einen einzigartigen Platz ein. Um das zu verstehen, muß man sich zunächst an Platon erinnern. Er hatte einen Schritt des Denkens über alles Seiende hinaus zu vollziehen versucht. Denn das Höchste, das noch über den Ideen steht und ihnen Sein und Erkennbarkeit gewährt und die Vernunft sehend macht, das Gute, steht für ihn »jenseits der Seiendheit«. Platon soll aber auch in seiner ungeschriebenen Lehre vom Einen als dem Ursprünglichsten gesprochen haben. Zuvor hatte er dem Schönen als dem am meisten Leuchtenden und Liebenswerten im »Phaidon« und im »Symposion« einen außerordentlichen Rang zuerkannt. Diese verschiedenen Wendungen seines Denkens standen in der Nachfolge des Parmenides im Dienst der Frage aller Fragen: Was ist das Seiende? Damit war der ganze Fragenkreis, um den es auch in der Transzendentalienlehre des Thomas geht, sozusagen auf dem Tisch. Aber der Zusammenhang dieser Begriffe bzw. ihre Über- und Unterordnung blieben ungeklärt.

Im Neuplatonismus wurde dann das Eine über das Sein hinausgehoben. Dieses galt als Ausfluß des Einen. Am ehesten kann das Eine auch das Gute genannt werden, während das Schöne mehr als der Strahl erscheint, mit dem das Eine/Gute die menschliche Seele zu sich zurückruft. Das überseiende Eine war der Gott des Neuplatonismus. Er hat vermittelt durch Dionysius Areopagita und Augustinus in der dem Thomas vorliegenden mittelalterlichen Tradition tiefe Spuren hinterlassen. Thomas braucht nicht über das Sein hinauszugehen, wenn Gott gedacht werden soll. Denn für ihn ist das Sein kein Seiendes, sondern das Grenzenlose, Überbegriffliche, alles Einschließende, an dem alles teil hat. In Gott subsistiert diese Fülle, gründet sie in sich selbst durch sich selbst. Er ist das durch sich selbst subsistierende Sein selbst. Auch Thomas geht über alles Seiende hinaus, aber in Richtung auf das Sein. Für ihn kann es kein Jenseits des Seins geben, weil es die reine alles einschließende Wirklichkeit in ihrer absoluten Unabgrenzbarkeit ist. Dabei behalten das Eine, Wahre und Gute ihren alles Seiende überschreitenden Rang, allerdings als im Sein sachlich mitgesetzte Perspektiven seiner selbst. Dadurch gelingt ihm eine Fassung des Sinns vom Sein selbst.

e) Thomas und die mittelalterliche Theorie des Schönen

Die zentrale Stellung der Schönheit im mittelalterlichen Denken kommt in den meisten Darstellungen zu kurz. Dabei war ihm durch den Einfluß des Neuplatonismus ein unüberschlagbar wichtiger metaphysischer Rang zugefallen. Die Vermittlung von der ontologischen Mächtigkeit des Schönen war vor allem über Dionysius Areopagita, aber auch über Augustinus, an das Mittelalter weitergegeben worden.

Er spricht von Gott oft als von der ewigen Schönheit. Seine Gedanken über den endgültigen Zustand des Menschen im ewigen Leben sind – in scharfem Gegensatz zu seiner düsteren Prädestinationslehre – erfüllt von den Bildern unvergänglicher Schönheit. Gott erfaßt sich selbst als Zusammenklang, Harmonie und Frieden der Übereinstimmung mit sich selbst in der Trinität. Sie gilt Augustinus als das Urbild aller gelungenen Maßverhältnisse und ist somit der Archetyp der Schönheit schlechthin.

Wo uns das Schöne begegnet, vermögen wir uns über das Elend des gegenwärtigen Lebens zu erheben, weil wir in ihm einen Vorgeschmack des endgültigen Zustandes der Welt und unserer selbst erfahren können. Ein exemplarisches Beispiel für diesen Gedanken finden wir bei Abt Suger von Saint-Denis bei Paris (+1151). Er war ein »Liebhaber der klassischen Dichter und der Chronisten, ... Staatsmann, Soldat, Jurist« und »hatte ... nicht den Ehrgeiz, ein philosophischer Denker zu sein«. Dennoch kann man in einem gewissen Sinn von der »Philosophie des Abtes Suger sprechen« (Panofsky, 109) Diese Philosophie besteht in einer bestimmten Form der »anagogischen Annäherung«, wie der Pseudoareopagite und Eriugena sie verstanden. Abt Suger hatte den Neubau der Kathedrale von Saint-Denis geplant und durchführen lassen. In seinen Versen für das Portal der Kathedrale wird deutlich, was er unter der anagogischen Annäherung versteht: »Der schwache Geist erhebt sich zum wahren durch das Materielle/Und sehnend erhebt er sich durch das Licht aus seiner Versunkenheit.« (Assunto, 193). Die in der materiellen Welt aufleuchtende Schönheit führt den Menschen für Augenblicke aus der Gefangenschaft des Irdischen hinaus. Daß es so ist, erfährt Suger in der Freude an der Schönheit seiner Kirche, insbesondere der Edelsteine in den Ornamenten der liturgischen Geräte und des Hochaltars: »Wenn mich in meinem Entzükken über die Schönheit des Hauses Gottes die Herrlichkeit der vielfarbigen Steine weggerufen hat von äußerlichen Sorgen, ... dann scheint mir, ich sähe mich selbst in einer Region außerhalb des Erdkreises weilen, die weder ganz dem Schlamm der Erde noch ganz der Reinheit des Himmels angehöre, und daß ich durch die Gnade

Gottes in der Weise des Überstiegs aus dieser unteren Welt zu jener höheren entrückt werden könne.« (Panofsky, 115).

Immer wieder wurde in ähnlicher Weise auf dem Hintergrund des christlichen Neuplatonismus die Schönheit in der Welt zum symbolischen Hinweis auf die Schönheit des Unsichtbaren. Im Vordergrund steht dabei häufig, wenn auch keineswegs ausschließlich, die Schönheit des Lichtes und der Farbe. So entspricht es der neuplatonischen Lichtmetaphysik, wie wir sie bei Dionysius, Eriugena, Robert Grosseteste und Bonaventura kennengelernt haben. Aber auch bei Augustinus spielt sie eine hervorragende Rolle. Hugo von St. Victor fragt z. B.: »Was ist schöner als das Licht, das obwohl selbst farblos, beim Erleuchten die Farben aller Dinge hervortreten läßt?« In der Folge spricht er von der Wirkung der Farben der Blüten auf das Gemüt. Nicht nur ihre »Schönheit ist wunderbar, sondern auch ihr Ursprung«. Am meisten ergreift ihn »das Grün, das am allerschönsten ist ..., wenn im Frühling die Sprosse zu neuem Leben erwachen und mit ihren nach oben gestreckten Spitzen, gleichsam den Tod mit Füßen tretend, als Sinnbild der künften Auferstehung ans Licht hervorbrechen.« (Assunto, 1982, 203).

Bei R. Grosseteste ist das Licht aus sich selbst heraus schön und steht in vollständiger Übereinstimmung mit sich selbst. In seiner Schrift »De unica forma omnium – Über die einzige Form aller Dinge« spricht Robert von der Schönheit eines Hauses, des Menschen, der Seele oder der Welt überhaupt. Man sagt immer wieder: »dieses ist schön, jenes ist schön«. Lassen wir »dieses« und »jenes« weg, so können wir versuchen, zum Schönen selbst aufzusteigen. Dann werden wir einsehen, daß Gott nicht durch etwas anderes, sondern durch sich selbst schön ist und selber die Form, durch die alles andere schön ist.

Schönheit finden die mittlalterlichen Denker aber nicht nur in der Natur, sondern auch in den Werken der Kunst: der Plastik, der farbigen Fenster der Gotik, Musik und Literatur, sowie der Architektur, welche für Albert d. Großen deswegen der Weisheit nahe steht, weil sie aus der Einsicht in geistige Ursachen ihre Werke schöpft.

Bei seinem Schüler Ulrich von Straßburg (+1277) tritt der transzendentale Charakter des Schönen deutlich hervor. Seine »Summa de bono« (Über das Gute) enthält auch ein Kapitel über das Schöne. Ihm gemäß ist die Schönheit identisch mit der Form eines Seienden. Durch die Form erlangt das Seiende seine Vollkommenheit, ist also durch sie gut. Im Anschluß an Dionysius erklärt er aber die sachliche Identität dieser Vollkommenheit mit der Schönheit. Schönheit und Gutheit sind also in der Form real identisch. Die Schönheit besagt hier von der Form her über das Seiende hinstrahlendes Licht. Es wird auch als »lumen intellectuale« bezeichnet. Das besagt wohl: Die Schönheit als der jedem Seienden auf seine Weise wesenseigentümliche Glanz übersteigt im materiell Seienden selbst die Materie als auf die geistige Wahrnehmungsfähigkeit hingeordnet. Ulrich läßt keinen Zweifel darüber, daß es nichts gibt, was ganz und gar der Schönheit entbehrt. Was wir häßlich nennen, ist nur ein unvollkommeneres Schönes. Durch seine Kontrastwirkung gegenüber dem Schöneren trägt es überdies zur Schönheit des Universums bei. Urbild aller Schönheit ist auch für Ulrich Gott als Trinität in ihrer wunderbaren Übereinstimmung (mira consonantia). Er ist das Urbild des Lichtes, welches das Licht der Formen ausgießt. Weil jede Form Ähnlichkeit mit dem Urlicht besitzt, ruft auch für Ulrich alles Schöne den Menschen zu Gott hin, der nicht nur Ursprung, sondern auch Ziel der gesamten Schöpfung ist. In verschiedener Abstufung lichthaft gut und schön geformt, spiegelt das Universum die Schönheit Gottes wider. Darum ist die bestehende Welt für ihn die beste aller möglichen. Auch Gott hätte keine bessere schaffen können. Ulrich nimmt also Leibniz Lehre von der besten aller Welten vorweg, und zwar im Zusammenhang mit seiner Metaphysik des Schönen (Perpeet, 92–96).

Thomas versteht das Schöne als transzendentale Eigenheit des Seins. Diese These (W. Czapiewski, F.J. Kovach, G. Pöltner, G. Scherer, u.a.) ist nicht unbestritten. Denn das Schöne taucht in keiner der Zusammenstellungen der transzendentalen Namen bei Thomas auf. Dennoch behandelt Thomas das pulchrum, das Schöne, als Transzendentale. Das Schöne kommt wie das Wahre und das Gute nur in der Hinordnung auf den Menschen im oben erläuterten Sinn zur Gegebenheit. Das Schöne zeigt sich, d. h. es muß wahrgenommen werden. Indem es sich als Gesehenes zeigt, gefällt es, d. h. es läßt uns zustimmend bei sich verweilen, indem es unsere Sinne und unseren Geist auf sich hinzieht, uns überwältigt und begeistert, uns mit Freude erfüllt und uns unter Umständen im Innersten ergreift. So ist wohl die Bestimmung des Schönen durch Thomas zu verstehen »pulchra enim dicuntur, quae visa placent -schön ist, was als Gesehenes gefällt« (S.Th. I. 5,4 ad 1). »Sehen« steht hier in einem weiteren Sinn des Wortes und meint nicht nur den Gesichtssinn. Thomas erwähnt ausdrücklich auch das Hören. Wir freuen uns nicht nur an dem schönen Gesehenen, sondern auch an schönen Tönen (S.Th. I – II, 27, 1 ad 3).

Dieser Bestimmung des Schönen von der Seite des die Schönheit erfahrenden Subjektes her entsprechen drei Wesensmomente auf der Seite des sich zeigenden schönen Seienden: Die unversehrte Ganz-

heit eines Seienden (integritas sive perfectio), gelungene Maßverhältnisse (debita proportio sive consonantia) und der lichtvolle Glanz
(claritas), wie er sich vor allem in leuchtenden Farben zeigt (S.Th. I,
39, 8). Mit dieser Bestimmung rückt das Schöne in die Nähe des
Guten. Denn jedes Seiende erstrebt sein unversehrtes und erfülltes
Sein als sein Gut. Thomas erklärt daher, Gut und Schön seien
sachlich identisch. Ihr Unterschied ist nur ein begrifflicher. Dennoch fügt das Schöne dem Guten etwas hinzu, nämlich die Beziehung zur Erkenntniskraft. Das Schöne gefällt ja als Wahrgenomme-
nes, in seinem Anblick oder seiner Erkenntnis kommt unser Wille
zur Ruhe (S.Th. I – II, 27, 1 ad 3). Das besagt: Im Schönen wird dem
Guten die Hinordnung auf das Wahre hinzugefügt. Im Schönen
umgreifen sich Wahrheit und Gutheit. Dies vorausgesetzt gilt: »Pulchrum convertitur com bono – das Schöne und das Gute sind
vertauschbar« (De div. Nom. C., 4,1.22). Das ist offensichtlich eine
transzendentale Argumentationsweise des Thomas. Denn ein tran-
szendentaler Name kann nur mit einem anderen vertauscht werden
und mit keinem Begriff anderer Art. Ja, wenn im Schönen Wahrheit
und Gutheit so konvergieren, daß gesagt werden kann, »Schönsein
ist das Gutsein des Wahrseins« (Czapiewski, 21), dann vollendet
sich das Verhältnis von Sein und Erkennen, von Sein und Wollen im
Schönen. In ihm wird die Erkenntnis des Wahren zum Gut des
Willens und dieser seiner Hinordnung auf die Erkenntniskraft inne.
So erkennen wir in den Transzendentalien eine Bewegung. In ihr
geht das Sein zu sich selbst auf, indem es sich im Erkanntwerden als
erfüllt zeigt. So kann der Geist es bejahen, in ihm ruhen und es in
erfüllter Freude genießen. Im Aufgang des Seins durch Wahrheit
und Gutheit zum Schönen zeigt sich der eine Sinn des Seins.

f) Der Mensch
Für Thomas muß die Seele im Anschluß an Aristoteles als forma
corporis, als Form des Leibes, verstanden werden. Durch sie lebt der
Leib. Die Form der Seele erhebt die Materie zum aktuellen Leibsein
des konkreten Menschen. Er besteht daher für Thomas nicht aus
zwei Substanzen, Seele und Körper, wie es später Descartes gelehrt
hat. Für ihn ist die Beziehung zwischen Seele und Leib auch keine
äußerliche, wie es Thomas in der ihm vorliegenden neuplatonischen
Tradition zumeist vorfand. Der Mensch ist vielmehr konkrete Person. »Konkret« kann hier ganz wörtlich verstanden werden im Sinne
von »zusammengewachsen«, nämlich in und aus dem gegenseitigen
Sichumgreifen von Seele und Materie. Dadurch wird der Mensch als
geistleibliche Einheit konstituiert. Für Thomas macht es das Wesen
der menschlichen Seele aus, in diesem Sinne Formkraft des Leibes zu

sein. Sie ist dies also nicht durch eine ihrer Potenzen (Vermögen), sondern durch sich selbst. Es ist sozusagen das Seelenhafte der Seele, Lebensprinzip eines Leibes zu sein. Damit geht Thomas entschieden über seinen Lehrer Albert hinaus. Dieser hatte zwar auch die Seele als Form des Leibes angesehen, sie aber auch als eines leibfreien Lebens fähigen Geist bestimmt. Zwar ist auch Thomas der Meinung, die Menschenseele übersteige in ihren intellektuellen Vermögen im Unterschied zu den vegetativen und sensitiven alles Materielle. Daher wird die Seele des Menschen im Tode nicht in die körperliche Zerstörung hineingerissen. Obwohl Thomas ihr für ihre Existenzweise nach dem Tod die beseligende Anschauung Gottes zuspricht, ist die Leiblosigkeit ihrem Wesen ungemäß. Daher erwartet sie die Auferstehung der Toten, d. h. ihre Wiedervereinigung mit einem neuen »verklärten« Leib.

Als verleiblichte ist die Seele des Menschen in der Welt. In diesem weltlichen Dasein, so sahen wir, ist sie dazu bestimmt, mit allem übereinzukommen. Dieses anthropologische Grunddatum hat seinen Grund in der Offenheit des Menschen für das Sein. Es ist für ihn das Erstbekannte – quasi notissimum. Wenn wir fragen, so wollen wir wissen, ob etwas ist und was es ist. Daher setzt alle Forschung das Sein als Bekanntes bereits voraus. Alle Behauptungen, Unterscheidungen, Urteile und Argumente bewegen sich in dem allerweitesten Umkreis des Seins, in dem wir uns als denkende Wesen immer schon vorfinden. Wir denken immer schon das Sein und solange wir denken, kommen wir nicht aus ihm heraus. In De ver. I, 1 bezeichnet Thomas das Seiende als das Erstbekannte. Wenige Zeilen später erklärt er, »seiend« sei von Sein (esse) abzuleiten. Offensichtlich ist er der Überzeugung, daß wir in jedem Seienden das Sein miterfassen. Sonst könnten wir nicht von etwas als einem Seienden sprechen. Der Gehalt von Sein erschöpft sich aber in keinem Seienden. In ihm wird vielmehr alles Begrenzte, sinnlich Wahrnehmbare, aber auch begrifflich Umfaßbare überschritten. So eröffnet sich uns im Umgang mit den begrenzten Seienden die Grenzenlosigkeit, das Eine, welches alles einschließt und zugleich unabmeßbar übersteigt. Daß es so ist, wird uns zumeist nicht bewußt, sondern bleibt unentfaltet und unausdrücklich der Boden, auf welchem wir uns gleichwohl immer bewegen. Die philosophische Reflexion hat die Aufgabe, ihn zur bewußten Gegebenheit zu bringen.

An anderen Stellen erklärt Thomas, die Gegenstände der sinnlich erfahrbaren Welt seien das dem Menschen gemäße Objekt. Diese These entspricht seinem Begriff der Seele, demgemäß sie Lebensprinzip des Leibes und zugleich der Grund der geistigen Potenzen des Menschen ist. Trifft das zu, so muß sich der Mensch sinnlich vermitteln lassen, was zum Gegenstand seiner Vernunft werden soll. Er ist »Geist in Welt« (K. Rahner). Beide Aspekte müssen aber zusammengesehen werden: In der Hinwendung zur sinnlichen Welt geht dem Menschen das Sein auf, so daß er auch schon das Seiende überschreitet.

Die Antwort des Thomas auf die Frage nach dem Glück oder dem Sinn des Daseins ist bereits in dem enthalten, was oben über das Gut der Vernunft gesagt worden ist, nämlich die Erkenntnis der Wahrheit. Thomas folgt Aristoteles in der Überzeugung, das Glück liege in der höchsten Tätigkeit, zu welcher der Mensch fähig ist. Das ist die Erkenntnis der Wirklichkeit aus ihren ersten Gründen und in ihrem Gesamtzusammenhang, also die Weisheit. Diese »intellektualistische« These über das Glück wird nur verständlich, wenn man mit Thomas annimmt, Erkenntnis sei die vollkommenste Form der Vereinigung. Im Erkennen wird ein der Möglichkeit nach Erkennbares wirklich erkannt. Erkenntnis ist daher nichts anderes als das Erkennbare im Erkanntsein. Diese geschieht aber nicht im Gegenstand, sondern im Erkennenden. Denn Erkenntnis ist ein Vollzug des intellectus agens, der tätigen Vernunft. Durch sie geht die Vernunft aus dem noch leeren Vermögen, Erkenntnis aufzunehmen (intellectus possibilis) zur aktuellen Erkenntnis über. Als Vollzug der Vernunft ist die Erkenntnis in gewisser Weise der Mensch selbst. In sich, durch seine erkennende Tätigkeit, wird der Mensch mit dem Erkannten identisch. Er vollzieht es auf geistige – und auch auf sinnliche – Weise in sich selbst. Darum kann Thomas sagen, der Intellekt »werde« im Erkennen die Dinge. Freilich nicht so, wie sie in sich selbst sind, sondern so, wie er sie in sich vollzieht, eben als Erkanntes.

Das alles bedeutet aber keine Vernachlässigung der übrigen Vermögen des Menschen. Wir können nur erkennen, was wir erkennen wollen, erstreben, bejahen, lieben. Umgekehrt gilt, nur worum wir wissen, vermögen wir zu lieben. Intellekt und Wille schließen sich nach Thomas gegenseitig ein. Sie stehen in einem Kreislaufverhältnis (circulatio) zueinander. Daher kommt auch der Wille des Menschen in der Erkenntnis der Wahrheit zu seiner Befriedigung. Wenn er in dem von ihm erstrebten Gut ruht, so ist damit Freude verbunden. Sie wird in äußerster Weise gesteigert in der unmittelbaren Anschauung der absoluten Gutheit und Schönheit des göttlichen Seins. Zu ihr hin ist der Mensch in seinem Leben zwischen Geburt und Tod unterwegs. Jetzt ist ihm das Glück nur anfangs – und augenblickshaft – auf unvollkommene Weise zuteil. Aber er geht in statu viatoris, während seiner Pilgerschaft der Gemeinschaft derer entgegen, welche die göttliche Schau genießen. In ihr wird jeder seine individuelle

Perspektive besitzen. Diese Schau wird nicht weltlos sein. Der Mensch wird dann nämlich die Sinnzusammenhänge des Universums von seinem Ursprung und von seinem Ziel her überschauen können. So erfüllt sich in der seligen Schau dann auch die Bestimmung des Menschen, mit allem Seienden übereinzukommen.

g) Die philosophische Gotteslehre

»Wir können nicht wissen, was Gott ist« (S.Th. I, 7 ad 1). Gott ist undefinierbar. Anders ausgedrückt: Wer es mit der Frage nach Gott aufnimmt, bekommt es mit dem Unbegreiflichen zutun. Diese Überzeugung hat eine kaum zu überschätzende Auswirkung für unser Wissen von der Welt. Im Kommentar zur Schrift »Über die Seele« des Aristoteles faßt Thomas sie in den Satz: »Die Wesensgründe der Dinge sind uns unbekannt.« Denn sie sind für Thomas letztlich im Sein und Wesen Gottes selbst zu suchen, das uns unbekannt ist. Im Blick auf den zitierten Satz ist mit Recht gesagt worden, er bezeichne ein Denken, welches »nicht nur weit entfernt« ist »von der runden Perfektion des rationalistischen Systemdenkens, sondern er umschreibt einen Begriff von Philosophie, der die Vorstellung eines geschlossenen philosophischen Systems geradezu formell ausschließt« (Pieper, 1953, 67). Allerdings ist Thomas ebenso überzeugt, daß die Vernunft Gründe für die Unbegreiflichkeit Gottes namhaft machen kann. Wir können wissen, warum wir nicht wissen, was Gott ist. Unser Nichtwissen ist hier selber wieder ein Wissen. Darum ist die Konzeption des Thomas ebenfalls von jeder Art des Irrationalismus unterschieden. Auch gilt für Thomas: Wenn wir auch nicht wissen, was Gott ist, so können wir doch aus seinen Wirkungen erkennen, daß er ist. Zwar ist es für den Menschen nicht leicht, zu dieser Erkenntnis zu gelangen. Zunächst werden wir an die Existenz Gottes glauben müssen. Aber wir brauchen nicht bei diesem Glauben stehen zu bleiben, sondern sind in der Lage, diesen Glauben in Wissen übergehen zu lassen. Mit Moses Maimonides erklärt Thomas, daß es sich hier um eine Einsicht von großer Tiefe und Feinheit (profunditas et subtilitas) handelt. Zunächst ist unser Geist zu schwach für sie, zumal man sich viele Kenntnisse erwerben muß, was eine lange Zeit beansprucht. Manch einer wird von seinen Anlagen her für ein solches Wissen indisponiert sein. Anderen fehlt die notwendige Muße, weil sie ganz und gar von der Besorgung des zum Leben Notwendigen gefangen gehalten werden. So können es nur wenige sein, welche zu einer philosophisch begründeten Gotteserkenntnis gelangen. Aber sie liegt grundsätzlich in der Reichweite der menschlichen Vernunft.

Woher weiß der Mensch etwas von Gott? Die Antwort muß

lauten: Im Seinsverständnis des Menschen ist eine implizite, d. h. unentfaltete und nicht ausdrücklich zum Gegenstand gemachte Gotteserkenntnis eingefaltet. Man kann um Sein wissen und vom Sein reden und muß doch nicht ausdrücklich und begrifflich von Gott sprechen. Das Sein ist das Erste in aller Erkenntnis, Gott aber das Letzte, der Abschluß und Höhepunkt aller menschlichen Erkenntnisse. Aber für Thomas gilt auch, daß »alle Erkennenden in jeder Erkenntnis Gott einschlußweise erkennen« (de Ver, 22 ad 1). Im »gleichsam Bekanntesten«, dem Sein, berühren wir ein erstesmal die alle Wesenheiten der Seienden überschreitende Grenzenlosigkeit. Gerade in dieser seiner Unendlichkeit ist das Sein das höchste Gleichnis Gottes. Indem wir im Allerbekanntesten an das Grenzenlose geraten, haben wir immer schon einen ersten »Vorgriff« (K. Rahner) auf Gott hin getan, ohne daß dieser aus seiner Verborgenheit hervorgetreten wäre. Gott ist also für Thomas kein höchstes Seiendes, über und neben den anderen Seienden, wie Heidegger es der traditionellen Metaphysik vorgeworfen hat. Bei Thomas setzt vielmehr jede Art von Erkenntnis Gottes den Vollzug der ontologischen Differenz, also des Unterschieds von Sein und Seienden voraus. Das muß beachtet werden, wenn die Beweise für die Existenz Gottes nicht mißverstanden werden sollen.

Wir können die fünf Wege der Summe der Theologie hier nur kurz zitieren und die etwas ausführlichere Darstellung in der »Summa contra gentiles« nicht berücksichtigen: Der erste Beweis zielt auf Gott als den ersten Beweger. Dieser muß angenommen werden, wenn wir verstehen wollen, wie Möglichkeit in Wirklichkeit übergehen kann. Das kann nur durch ein Wirkliches geschehen. Nun kann auch dieses Bewegende seinerseits von einem anderen bewegt worden sein. Aber man kann unmöglich so immer weiter bis ins Unendliche fortschreiten. Wir müssen auf ein erstes Bewegendes stoßen, in dessen Kraft alle anderen Beweger bewegen. Diesen ersten Beweger meinen wir, wenn wir von Gott sprechen.

Von ähnlicher Struktur ist das zweite Argument. Es geht von der Wirkursache aus. Unserer Welterfahrung gemäß gibt es eine Über- und Unterordnung von Wirkursachen. Dabei ist nichts durch sich selbst bewirkt. Es müßte dann seinem eigenen Sein vorhergehen, was unmöglich ist. So wird uns deutlich, daß es eine Erstursache geben muß, in deren Kraft die anderen wirken. Wir müssen eine erste Wirkursache annehmen. Auch sie meinen wir, wenn wir von Gott sprechen.

Auch beim dritten Beweis ist der Ausgangspunkt die Erfahrungswelt. In ihr stoßen wir auf Dinge, die sein und auch nicht sein können, nämlich alles, was entsteht und vergeht. Es ist nun unmöglich, daß diese Dinge immer sind. Was auch nicht sein kann, ist irgendwann auch nicht gewesen. Wären aber alle Dinge von dieser Art, war einmal überhaupt nichts. Dann könnte aber auch heute nichts sein. Gab es irgendwann einmal nichts, so könnte auch nie etwas entstanden sein. Da aber etwas ist, muß gefolgert werden: Es gibt etwas, das notwendig ist, d. h. nicht nichtsein kann. Gott ist dieses notwendige Sein. Eine kontingente, also nicht notwendige Welt bedarf eines notwendigen Grundes, um sein zu können.

Der vierte Beweis nimmt die Stufen zum Ansatzpunkt, welche wir in den Dingen finden. In einigen gibt es nämlich ein Mehr oder Weniger des Guten, Wahren und Edlen (nobile) als in anderen. Thomas ist der Überzeugung, ein solches Mehr oder Weniger könne man nur aussagen, wenn die Dinge sich in verschiedener Weise einem Höchsten annähern. Wer Rangunterschiede zugibt, muß einräumen, daß es ein Wahrstes und Bestes und Edelstes und somit ein »maxime ens«, ein im höchsten Maße Seiendes gibt, welches für alle Seienden Ursache ihres Seins und jeglicher Seinsvollkommenheit ist. Es nennen wir Gott.

Im fünften Beweisgang geht es um die Erfahrung, daß vernunftlose Dinge zielgerichtet tätig sein können, obwohl sie keine Erkenntnis besitzen und also von sich aus keine Absichten entfalten können. Das kann kein Zufall sein, weil sie immer oder häufig sich so verhalten, daß sie dabei tatsächlich das für sie Beste erreichen. Da sie selber vernunftlos sind, können sie nur dann in dieser Weise wirken, wenn sie, wie der Pfeil vom Schützen auf sein Ziel hingelenkt wird, von einer Intelligenz bestimmt werden. Und auch diese, alles auf sein Ziel hinordnende, nennen wir Gott.

Gottes Existenz ist der Vernunft also zugänglich. Wir dürfen aber nicht meinen, damit das Sein Gottes verstanden zu haben. »Sein« bezeichnet ja den Seinsakt. Was er bei Gott besagt, wissen wir nicht. Wir kennen ihn so wenig wie sein Wesen. Wir wissen nur aus den Werken Gottes, daß es ihn gibt. Der entscheidende Unterschied zwischen dem Sein Gottes und jeglichem anderen Seienden besteht für Thomas darin, daß Gott allein das Sein ist, während die übrigen es nur »haben«, nämlich durch die Teilhabe, die ihnen von Gott gewährt wird.

Von dieser Teilhabe her versteht Thomas das schöpferische Wirken Gottes. Er schafft jedes Seiende, indem er ihm sein »Tiefstes und Intimstes«, das Sein, mitteilt. Das geschieht nicht nur im zeitlichen Beginn seiner Existenz, sondern so lange es ist. Darum ist Gott in jedem Seienden aufs tiefste und intimste anwesend durch seine schöpferische Kraft (S.Th. I, 8, 1). Die Wesenheiten der Dinge entsprechen den Ideen. Diese entspringen der Selbsterkenntnis Gottes. Indem er sich selbst wissend durchdringt, erkennt er sich als mögliches Urbild unendlich vieler Geschöpfe. So ist er auch bei Thomas Urbild alles Seienden, causa exemplaris. Weil er sein Sein in seiner Gutheit und Schönheit erkennt, liebt und darin in sich selbst selig ist – in der Gemeinschaft zwischen den drei göttlichen Personen –, teilt er den Geschöpfen ihr Sein als Abglanz seines eigenen mit. Darum sind sie ihm ähnlich trotz des unendlichen Abstandes zwischen seinem und ihrem Sein. Das ist der Hintergrund der Lehre des Thomas von der Analogie des Seins. Sie besagt: Univoce Aussagen, die etwas von Gott und den Geschöpfen im gleichen Sinn zur Sprache bringen wollen, sind schlechthin unmöglich. Reine Äquivokationen können unsere Aussagen über Gott auch nicht sein. Denn bei ihnen wird für sachlich verschiedene Gegenstände dasselbe Wort gebraucht (z.B. »Bank« für eine Sitzgelegenheit und ein Geldinstitut). Wir kennen aber auch noch die analogen Aussagen. In ihnen wird eine Entsprechung über eine Verschiedenheit hinweg zum Ausdruck gebracht.

h) Erkenntnistheoretische Fragen
Thomas hat gegen die averroistischen Tendenzen seiner Zeit auf der Individualität des menschlichen Intellektes bestanden. Er verteidigt dessen Eigentätigkeit und hat diesem Thema eine eigene Schrift gewidmet (De unitate intellectus contra Averroistas – Über die Einheit des Geistes – gegen die Averroisten). Der intellektus agens, die tätige Vernunft, ist das höchste Vermögen der individuellen Seele. Weil diese durch ihr Wesen den Leib formt, ist auch die tätige Vernunft mit dem Leib des einzelnen Menschen wesenhaft vereint. Diese anthropologische Voraussetzung muß immer beachtet werden, wenn man Thomas nach seinen erkenntnistheoretischen Ansichten befragt.

Oben wurde die Grundlage der gesamten menschlichen Erkenntnis, nämlich das alles tragende Seinsverständnis in seinem Zusammenhang mit der Hinwendung zur sinnlichen Vorstellung bereits deutlich. Mit dem Seinsverständnis hängen auch die obersten Prinzipien der Vernunft, vor allem das Widerspruchsgesetz, aufs engste zusammen. Die Vernunft erfaßt sie intuitiv. Sie sind durch keine diskursiven Beweisverfahren einzuholen, sondern werden von ihnen jederzeit vorausgesetzt. Sinnliche und erst recht vernunfthafte Erkenntnis sind als produktive Vollzüge des Menschen anzusehen. Dies wird in der Thomas-Interpretation nicht immer klar genug gesehen. Thomas ist zwar der Überzeugung, daß wir uns erkennend auf die uns vorgegebene Wirklichkeit beziehen, in das oben besprochene Verhältnis der Konvenienz eintreten und uns an sie angleichen müssen. Das geschieht aber auf die Weise des Erkennenden. Unsere Erkenntnisvollzüge sind in gewisser Weise wir selber. Denn diese Akte sind unsere Akte. Nach Thomas werden wir aber in ihnen – wie schon gesagt – in gewisser Weise das Erkannte. Denn die Erkenntnis ist nichts anderes als das Erkennbare als Erkanntes. Aber wir werden, wenn wir z.B. einen Baum erkennen, nicht zum in sich subsistierenden, sinnlich gegebenen Baum. Wir vollziehen nicht seinen Seinsakt, sondern den Baum in unserem Erkenntnisakt. Wir vollziehen sein Wesen im Modus der Erkenntnis.

Durch das Wesen ist etwas, was es ist. In seiner Realisierung entspricht es einer ewigen Idee in Gott. Unabhängig von der Vernunft in sich existierende Ideen erkennt Thomas also nicht an, sondern nur als Gedanken eines universalen Geistes. In den Dingen sind die Wesenheiten individuiert, Wesenheiten dieses konkreten Seienden. Der menschliche Geist vermag von dieser Individualisierung zu abstrahieren und das Wesen in allgemeinen Begriffen zu erfassen. Das alles besagt: Es gibt Universalien nur im Geist.

Dabei sind zwei wichtige Hinzufügungen notwendig: Was von den Wesenheiten in allgemeinen Begriffen faßbar ist, erschöpft nach Thomas nicht das Wesen des individuellen Seienden. Vor allem in seiner Frühschrift »De ente et essentia – Über das Seiende und das Wesen« hat Thomas dieses herausgestellt. So kann durch die allgemeine Bestimmung »vernunftbegabtes Lebewesen«, was zur Definition des Menschen gehört, sein persönliches individuelles Wesen nicht auf den Begriff gebracht werden. Die zweite Bemerkung entspricht diesem Befund: Thomas nimmt in Gott nicht nur die Ideen allgemeiner Wesenheiten, sondern auch der Individuen selbst an.

i) Ethik

Ein Hinweis auf die Ethik des Thomas kann nur erfolgen, wenn zunächst sein Begriff der menschlichen Freiheit erläutert wird. In ihm überschneiden sich Anthropologie und Ethik. Dies geschieht am besten von seinem Verständnis der Person her. Person ist für ihn ein Wort, welches eine hohe Würde zum Ausdruck bringt. Sie bezeichnet die individuelle Einheit und Ganzheit des Menschen. Alles übrige am Menschen ist ihr Teil, selbst die Seele. Denn in der Seele und Leib umfassenden Selbständigkeit und Selbsttätigkeit der Person erscheint der Mensch als unteilbares Einzelwesen von besonderem Rang. Die Person ist Herr ihrer Akte und handelt durch sich selbst, während alles andere eher »getan wird«. Von daher ist die Person »das Vollkommenste in der ganzen Natur, nämlich das Für-sich-Bestehende vernunftbegabter Natur«. Die Person ist die höchste Form des Selbstandwesens, der Subsistenz (S.Th. I, 29, 1 u 3).

Von der Freiheit her muß die Tugend als zentraler Begriff der Ethik des Thomas gesehen werden. Die Tugend ist für ihn ein »Habitus«. Habitus wird von »habere«, haben, abgeleitet. Der Habitus gehört zu den zehn Kategorien nach Aristoteles. Der Tugendhabitus fällt aber nicht in diese Kategorie, welche sich auf das Haben von Eigenschaften und Gegenständen bezieht. Er gehört nämlich zum Bereich der Kategorie der Qualität. Denn die Tugend qualifiziert den Menschen und verleiht ihm eine Kompetenz, die ihn persönlich kennzeichnet. Diese Qualifizierung wird von Thomas als Disposition bezeichnet. Sie bringt den Menschen in eine bestimmte Verfassung, die ihn auf das Gute ausgerichtet sein läßt. Weil sie sich in der Tätigkeit auswirkt, ist diese Qualität ein Prinzip des menschlichen Handelns. Prinzip bezeichnet hier einen Quellgrund unserer Handlungsfähigkeit in uns selber. Durch ihn wird unsere Fähigkeit des Handelns informiert, in Form gebracht, so daß wir »in Form« sind. Dabei ist zu beachten, daß ein solcher Habitus schwer verlierbar ist. Er wirkt in uns als eine bleibende Handlungsbereitschaft und macht so unseren sittlichen Charakter aus. Dabei ist das Laster das negative Gegenbild der Tugend. Daß beide nur schwer verlorengehen können, besagt: Wer ab und zu das Gute tut, besitzt noch keine Tugend, und wer ab und zu böse handelt, ist noch nicht lasterhaft. Tugend besitzt erst, wer im Kern seiner Person mit dem Guten eins geworden ist. In ihr erreicht der Mensch eine Identität mit sich selbst, weil alle seine Kräfte durch sie in eine bestimmte Richtung gelenkt werden. Zu dieser Tugend gelangt der Mensch nur durch den Gebrauch seiner Freiheit. Da sie ihn selbst bindet, prägt und durchformt, kann man hier im Sinn des Thomas von einer Selbstdetermination des Menschen sprechen und somit von Selbstbestimmung im höchsten Sinn. Der Tugendhabitus stammt aber nicht nur aus der Freiheit, sondern setzt uns für weitere Freiheitsvollzüge frei.

Thomas kennt eine Vielzahl von Tugenden. Sie gehören nicht alle dem moralischen Bereich an. Das gilt vor allem für die Weisheit, die höchste aller Tugenden. Sie treibt den Menschen an, nach der Wahrheit um ihrer selbst willen zu suchen. Wir sahen schon, daß sich die Weisheit zum Teil in der Philosophie verwirklicht. Bezüglich der moralischen Tugenden handelt Thomas besonders von den vier sogenannten Kardinaltugenden. Sie heißen so, weil sich alle anderen Tugenden um sie bewegen wie um eine Türangel. Es handelt sich um die Klugheit als die Fähigkeit, situationsgerecht von der erkannten Wahrheit her tätig zu werden. Ihr folgt die Gerechtigkeit als grundlegende Tugend des sozialen Zusammenlebens und die Tapferkeit als die Fähigkeit des Menschen, um der Verwirklichung des Guten willen eigene Nachteile in Kauf zu nehmen. Die Tugend des Maßes, manchmal auf Selbstbeherrschung eingeengt, richtet sich auf die Verwirklichung der verschiedenen Kräfte, Antriebe und Neigungen unter der Herrschaft der Vernunft (Pieper, 1964).

Tugend bedeutet also Selbstverwirklichung in Freiheit. Dabei denkt Thomas allerdings niemals an subjektive Beliebigkeit. Gewiß ist der Begriff der Tugend für individuelle Perspektiven und Spielräume offen. Er setzt aber doch einige allgemeine Strukturen des Menschseins voraus, die nicht vernachlässigt werden dürfen. Für die Ethik ist vor allem im Sinn des Thomas entscheidend: Alle Menschen streben nach dem Glück. Das geschieht mit einer anthropologischen Notwendigkeit, die allen freien Entscheidungen vorausliegt und niemals außer kraft gesetzt werden kann. Alles Streben und Handeln ist von dieser Notwendigkeit unterfangen. Wir können uns ihr nicht entziehen. Allerdings: Wie wir uns zu dem Endziel in Beziehung setzen, durch das unser Wille bestimmt ist, auf welchen Wegen wir es verwirklichen wollen, für was wir es halten, ist Sache unserer Freiheit. Thomas kann diesen Sachverhalt auch so formulieren: Weil es kein Streben geben kann, welches nicht auf dem Weg über ein u. U. weitverzweigtes Netz von Teilzielen auf ein letztes Ziel hingeordnet ist, wissen alle Menschen: Das Gute muß getan werden. Das ist die Grundlage der praktischen Vernunft. Damit ist nicht gemeint, wir wüßten in einer angeborenen Idee, was inhaltlich das Gute ist. Wir sind nur unabweisbar auf es verwiesen. Es zieht uns an sich, auch wenn wir noch nicht wissen, was es ist. Für Thomas selbst steht freilich fest, daß das Glück, das Gute und Gott identisch sind. Darum besteht die Grundaufgabe des Menschen darin, die vielen begrenzten Teilverwirklichungen, in die ihnen angemessene Beziehung zum unbegrenzten Guten an sich selbst zu bringen. Unter diesem Anspruch steht ein durch Vernunft ausgezeichnetes Wesen. Es ist sein Wesensgesetz. Von ihm her müssen alle anderen Einzelgesetze bestimmt sein. Thomas nennt es auch: Die Regel der Vernunft. Sie setzt keine bis ins Einzelne dem Menschen vorgegebene Ordnung voraus, sondern ruft ihn aus der Spannung von Endlichkeit und Unendlichlkeit auf, vernunftgemäß zu leben und zu handeln.

Theologisch mündet dieser ganze Ansatz in die drei vom Geist Gottes dem Menschen mitgeteilten Tugenden des Glaubens, der Hoffnung und der Liebe ein. Sie wirkt Gott in uns durch diesen seinen Geist ohne eine Handlung des Menschen, aber keineswegs ohne unsere Zustimmung, also nicht ohne unsere Freiheit. Thomas hat als Theologe das Feld dieser drei Tugenden in weiträumigen und zugleich differenzierten Untersuchungen dargestellt und ist dabei immer auch im Kontakt mit Fragen der philosophischen Lehre vom

Menschen geblieben. Sieht man die auf die klassische griechische Philosophie zurückgehenden vier Kardinaltugenden und die drei Theologischen Tugenden in ihrer Hinordnung aufeinander, dann ergibt sich aus ihnen ein Gesamtkonzept sowohl vernunftgemäßer wie spiritueller Lebensführung (Pieper, 1950).

j) Sozialphilosophie

Wahrscheinlich hat kein anderer der mittelalterlichen Philosophen so umfassend über sozialphilosophische Fragen nachgedacht wie Thomas von Aquin. Umfassend bedeutet hier soviel wie systematisch strukturiert, zugleich aber auch eine erstaunliche Beziehung zu vielen Einzelfragen. Es ist unmöglich, dem hier näher nachzugehen. Es seien nur einige Kernpunkte angesprochen:

Von Aristoteles her begreift Thomas den Staat als eine mit der Natur des Menschen gegebene Notwendigkeit. Er ist ihm keine bloße Notordnung, die über den Menschen wegen seiner Sündhaftigkeit verhängt werden mußte, sondern eine Bedingung der Realisierung des Gemeinwohls. Es umfaßt nicht nur das für den Menschen um seiner Selbsterhaltung willen Nützliche, sondern alle Güter, deren der Mensch bedürftig ist, die er zu produzieren vermag oder in kontemplativer Freude genießen kann. Mit der Tradition unterscheidet Thomas das aktive und das kontemplative Leben. Jenes hat es mit den äußeren Gütern der Selbsterhaltung zu tun, und zwar nicht nur jedes Menschen für sich selbst, sondern in gegenseitiger Verbundenheit in der Gesellschaft und in der Hilfe für die in Not Geratenen. Hier ergeben sich Aufgaben sowohl für das gerechte Handeln wie für die Nächstenliebe im christlichen Sinn. Aber das Gemeinwohl greift weiter. Im Grunde verbirgt sich in ihm ein umfassender Kulturbegriff. Denn das bonum commune umfaßt auch die Verwirklichung der theoretischen Interessen des Menschen und eines Lebens, das sich ganz der Betrachtung der Wahrheit um ihrer selbst willen widmet. Es ist das kontemplative Leben. Es galt im Mittelalter von seiner Tradition her als die vollkommenere Lebensform. Auch Thomas schätzt es hoch. Aber er ist doch der Meinung, daß die vollkommenste Lebensform die vita mixta ist, das Leben, in welchem die Betrachtung der Wahrheit in eine neue Form der Praxis übergeht. Thomas sieht sie übrigens exemplarisch im Lehrer der Theologie und der Philosophie verwirklicht. Diese Lehre setzt die Betrachtung der Wahrheit in sich selber voraus, also das kontemplative Leben. Indem der Lehrer sich aber dem noch Unwissenden zuwendet, wird er um des anderen Menschen willen tätig. Thomas erblickt in dem Begriff dieses »gemischten Lebens« eine Rechtfertigung der Lebensform der Dominikaner. Aber auch seine

Fassung des Kernbegriffs der Politik, eben des Gemeinwohls, ist von derselben Grundkonzeption bestimmt. In diesem Zusammenhang müssen die Ausführungen des Thomas über Recht und Grenzen des Privateigentums, die Bindung der Staatsgewalt an die Gerechtigkeit, das Recht der politischen Aktion gegen den ungerechten Herrscher und sein Begriff des Friedens gewürdigt werden.

k.) Zur Wirkungsgeschichte des Thomas

Thomas genoß zu seinen Lebzeiten ein hohes Ansehen. Als er 1274 starb, löste die Todesnachricht an der Pariser Artistenfakultät große Bestürzung aus. Im 13. Jahrhundert blieb er aber keineswegs unbestritten, sondern stieß auch auf heftige Kritik. Einige seiner Gegner wurden oben im Zusammenhang mit Bonaventura bereits erwähnt. Thomas fand aber auch Gegner im eigenen Orden, so Peter von Tarentaise und vor allem Robert Kilwardby (+1279).

Unter den Weltgeistlichen, also keinem Orden angehörigen Magistern der theologischen Fakultät in Paris, ragt Heinrich von Gent hervor. Anfang des 13. Jahrhunderts geboren, starb er 1293. Heinrich vertritt einen entschiedenen Augustinismus und steht in »Ideengemeinschaft mit der älteren Franziskanerschule«, bildet aber zugleich »in manchen Punkten die Brücke zu Duns Scotus, der ihn häufig zitiert und kritisiert« (Geyer, 500). Wichtig ist seine These, die Materie dürfe nicht als reine Möglichkeit verstanden werden. Sie könne nur dann zur Aufnahme der Formen befähigt sein, wenn sie in sich selbst wirklich ist und eine Idee des Schöpfers widerspiegelt. Diese Kritik an der aristotelischen Auffassung der Materie stimmt in vielem mit der überein, die in unserer Zeit H.E. Hengstenberg vorgetragen hat (Hengstenberg, 1991, 36–88). Die Materie ist für Heinrich nicht Individuationsprinzip wie bei Thomas. Die Seienden sind als solche individuell und damit von jedem anderen Wesen verschieden. In ihrer Identität mit sich selbst negieren sie in Bezug auf sich selbst das Anderssein, in Bezug auf die anderen ihre Identität mit ihnen. So erscheint Individualität als »eine doppelte Negation« (Geyer, 500). Merkwürdig ist es, daß Heinrich dennoch im Unterschied zu Thomas keine individuellen Ideen in Gott anerkennen wollte. Was das Leib-Seele-Problem angeht, so lehrt er die Konstitution des Menschen aus Materie, Seele und der forma corporeitatis. Das besagt: Die Seele formt nicht wie bei Thomas unmittelbar die Materie, sondern setzt bei ihr bereits eine gewisse Geformtheit voraus, welche durch jene Form der Körperlichkeit geleistet wird. Weiter ist bemerkenswert, daß Heinrich von Gent unter den Potenzen menschlichen Geistes dem Willen den Vorrang gegenüber dem Intellekt gibt. Dieser sei nämlich passiv und empfangend, während der Wille schlechthin aktiv sei. Außerdem ist der Mensch durch den Willen auf das Gute schlechthin bezogen. Dem entspricht es, daß er »nicht in der Erkenntnis, sondern in der Liebe Gottes« (Geyer, 502) das alles bestimmende Ziel des menschlichen Lebens sieht.

Auf die Philosophie der Neuzeit blieb Thomas – auch aufgrund der konfessionellen Spaltung – weithin ohne Einfluß. Erst mit der allgemeinen Erinnerung an das Mittelalter durch die Romantik wurde man auch auf ihn wieder aufmerksam. Vor allem wirkte die Enzyklika »Aeterni Patris« von Papst Leo XIII. sich dahin aus, daß Thomas theologisch und philosophisch einen fast absoluten Vorrang im katholischen Denken erlangte. In dem nun entstehenden Neu-Thomismus erfolgte aber die Wiederaufnahme der Lehre des Thomas nicht ohne Mißverständnisse. Im Blick darauf muß man sagen: »Thomas war so wenig Thomist wie Plato Platoniker. Diese Bewegung hatte jedoch als positive Nebenwirkung eine intensive Thomasforschung hervorgerufen. Durch diese Rückwendung zu Thomas selbst, wurde dann in unserem Jahrundert die Neuscholastik überwunden, Thomas neu entdeckt als Theologe, aber ... auch als einer der großen Klassiker der Philosophie.« (Heinzmann, 219).

7. Siger von Brabant, Boethius von Dacien und die Verurteilung von 1277

Die Artistenfakultät in Paris – so von den artes liberales, den freien Künsten, her bezeichnet – hatte trotz anfänglicher Verbote das Studium des Aristoteles stark gefördert. Auch an der theologischen Fakultät wurden Vorlesungen über Aristoteles gehalten. Sicher hat das Ansehen von Albert und Thomas zu der großen Wertschätzung des Aristoteles beigetragen. Im Jahre 1255 wurde ein umfassendes Studium des Aristoteles von der Artistenfakultät allgemein verbindlich gemacht. Um Aristoteles und seine Kommentatoren war eine einflußreiche Bewegung entstanden. Manche sahen in ihr den Einbruch eines mit dem christlichen Glauben unvereinbaren Naturalismus. Dieses Wort bezeichnet hier die Tendenz zu einer offenen oder heimlichen Ablehnung der Offenbarung und zur Erklärung der philosophierenden Vernunft als der einzigen maßgeblichen Instanz in allen wesentlichen Fragen. Auch spielten die Lehren von Averroes und Avicenna über die Einzigkeit des Intellektes in allen Menschen eine große Rolle. Mit ihr schien die vom christlichen Glauben her unabdingbare persönliche Unsterblichkeit in Frage gestellt zu sein.

Man befürchtete auch, daß mit diesen Lehren ein Determinismus verbunden sei, eine Leugnung der menschlichen Willensfreiheit. Die Auseinandersetzungen um den zeitlichen Anfang der Welt, die wir schon wiederholt berührt haben, waren ebenfalls von Bedeutung. Man hat diese Tendenzen in der Bezeichnung »lateinischer Averroismus« zusammengefaßt. Dagegen hat Fernand van Steenberghen in seinem bekannten Buch »Die Philosophie im 13. Jahrhundert« Kritik geübt und erklärt, es handle sich eher um einen »heterodoxen Aristotelismus« (van Steenberghen, 374).

Als dessen Hauptvertreter gilt Siger von Brabant (1240–1284). Den Intellekt unterscheidet er nach passivem und aktivem in seiner überindividuellen Einheit. Im Tod fällt der einzelne Mensch der Vernichtung anheim. Dabei wird der menschliche Intellekt als der niederste unter den aus Gott nacheinander und auseinander hervorgehenden Geistwesen angesehen. Siger lehrte dies in einem Buch zur Schrift des Aristoteles über die Seele. Als er vor ein Inquisitionsgericht gestellt wurde, apellierte er an das Gericht des Papstes und reiste nach Italien. Im Zuge von für uns nicht mehr voll überschaubaren Vorgängen sprach man ihn schließlich vom Vorwurf der Häresie frei. In Dantes »Göttlicher Kommödie« wird Siger im vierten Himmel der Sonne und des Lichtes in einen Kreis zwölf bedeutender Denker versetzt. Thomas stellt ihn als einen Menschen vor, »der versunken in ernstes Denken sich nach dem Tod zu sehnen schien« nun aber im ewigen Licht strahlt und in seiner Lehre »ungelegene Wahrheiten hervorbrachte«. Dante betrachtet hier Siger als einen Christen, welcher »ein Vertreter der Autonomie der Philosophie« war (Van Steenberghen, 376).

Für Siger ist es kennzeichnend, daß er die Lehrmeinungen der Philosophen, besonders des Aristoteles, so umfassend wie möglich zur Darstellung bringen will wie Albert. Dabei soll auch das nicht verschwiegen werden, was eventuell mit dem christlichen Glauben als unvereinbar erscheint. Die Erforschung dessen, was die Philosophen gelehrt haben, wird für Siger geradezu zur Haupttätigkeit des Philosophen. Dieser sich offenbar in Paris verbreitenden Tendenz ist Thomas von Aquin entgegengetreten, wenn er sagt, »das Studium der Philosophie hat nicht den Sinn, zu erfahren, was andere gedacht haben, sondern zu erfahren, wie sich die Wahrheit der Dinge verhält« (De caelo I, 22).

In diesem Zusammenhang muß kurz von der Lehre der »doppelten Wahrheit« die Rede sein. Sie ist als die Meinung dargestellt worden, es könne etwas philosophisch wahr, aber theologisch falsch sein und umgekehrt. Das ist aber eine Entstellung dessen, worum es ging, nämlich um die Frage, was zu geschehen habe, wenn man auf

Widersprüche zwischen der Offenbarungswahrheit und einer philosophischen Lehre stößt. Wahrscheinlich hat es die Tendenz gegeben, mit dem Glauben unvereinbare philosophische Thesen aus Aristoteles oder anderen zu zitieren, unkritisiert stehen zu lassen, ohne sich mit ihnen persönlich zu identifizieren. Auf diese Weise wird dann die bloße Beschäftigung mit den Lehrmeinungen der Philosophen zur Tarnung, hinter der sich eine radikale »Infragestellung des Überkommenen verbirgt« (Pieper, 1960, 166). Thomas hat auf diese Möglichkeit in einer Predigt im Juli 1270 in Paris hingewiesen:

»Einige von denen, die in der Philosophie sich betätigen, sagen Dinge, die gemäß dem Glauben nicht wahr sind; wenn man ihnen aber zu verstehen gibt, daß ihre Rede wider den Glauben verstoße, dann antworten sie, es sei der Philosoph, [Aristoteles] der solches sage; was sie selbst betreffe, so seien sie nicht der gleichen Meinung; es handele sich eben nur um eine Wiedergabe der Worte des Philosophen« (Pieper, 1960, 166 f).

Boethius von Dacien (Dänemark) übernimmt in seinem Werk »De summo bono« die Auffassung des Aristoteles von der Philosophie als der höchsten Seinsmöglichkeit des Menschen als Weisheit der Vernunft. Philosophisches Denken vermag bis zu der Einsicht in die Abhängigkeit der Welt von einer ihr transzendenten Ursache vorzudringen. Allerdings gelangt sie zu keiner Gewißheit bezüglich der Frage nach dem Anfang der Welt. Boethius bringt sie mit der Freiheit Gottes in Zusammenhang. Was von ihr abhängt, also außerhalb metaphysischer Notwendigkeiten steht, vermag die Vernunft nicht von sich aus zu erkennen. Hier eröffnet sich der Raum für die Offenbarung. Außerhalb dieser Beziehung von Freiheit und Offenbarung läßt sich diese nicht sinnvoll denken. Auch muß man bedenken, daß Boethius keineswegs die Vollendung des Menschen im ewigen Leben, auf das sich der Glaube bezieht, bestritten hat. Wenn er die Philosophie als Weisheit und höchste Glücksmöglichkeit preist, spricht er vom Leben »in dieser Welt«. Auch es bezieht sich auf Gott als das höchste Sein und Ursprung alles Guten (De summo bono). Offensichtlich wollte Boethius klar zwischen Wissen und Glauben, Philosophie und Theologie, mit philosophischen Gründen Beweisbarem und nur dem Glauben Zugänglichem unterscheiden (Van Steenberghen, 377ff). Damit verteidigt er genau wie Siger von Brabant die Autonomie der Philosophie.

Siger von Brabant hat freilich in Paris einen »Aristotelismus« vertreten, welcher keine Rücksicht auf die Theologie und die christliche Orthodoxie nahm, wobei »eine ansehnliche Gruppe von Meistern und Studenten ... seine Ideen« teilte (Van Steenberghen, 351f). Bereits 1270 verurteilte der Pariser Bischof Tempier, früher selbst

Magister und Kanzler der Universität, dreizehn Irrtümer unter Androhung der Exkommunikation. Es ging vor allem um die Ewigkeit der Welt, den sogenannten »Monopsychismus«, also die Einzigkeit des Intellektes, den Determinismus und die Leugnung der Vorsehung Gottes. Das Dekret brachte keine dauernde Lösung. Im Fortgang der Auseinandersetzung kommt es zur Spaltung der Artistenfakultät, zum Eingreifen des päpstlichen Legaten Simon von Brion, zum Inquisitionsprozeß gegen Siger und seine Flucht nach Italien. Dort wurde er wahrscheinlich von seinem Sekretär in einem Wahnsinnsanfall 1284 ermordet. Anfang des Jahres 1277 fordert Papst Johannes XXI. Bischof Tempier auf, eine Untersuchung über die Vorgänge an der Pariser Artistenfakultät anzustellen und ihm anschließend über die dort verbreiteten Irrtümer zu berichten. Im April verlangte der Papst auch eine Untersuchung hinsichtlich der theologischen Fakultät.

Tempier hatte nach Abschluß der Arbeit einer von ihm zusammengerufenen Kommission von sechzehn Theologen am 7. März ein Dekret veröffentlicht. In ihm wurden 219 Sätze als häretisch verurteilt. Es ging um 179 philosophische und 40 theologische Irrtümer. Sie waren ziemlich unsystematisch zusammengestellt worden, wobei man »nicht einmal Wiederholungen und Widersprüche vermied« (Van Steenberghen, 453). Es wurden sogar Thesen verurteilt, die als »durchaus orthodox« anzusehen sind, etwa über die Auferstehung von den Toten oder »die Kompetenz der Philosophie« (Van Steenberghen, 454). Auch zitierte man Lehren, für die Siger oder Boethius verantwortlich gemacht wurden, nicht in ihrem Sinn. In all ihrer Fragwürdigkeit lassen uns dennoch die »verurteilten Thesen ... eine intellektuelle Athmosphäre« deutlich werden und »markieren einen Diskussionsstand« (Flasch, 1986, 372).

Die verurteilten Thesen können hier nicht im einzelnen vorgestellt werden. Für uns ist die Bemerkung wichtig: Es ging vor allem um das Verhältnis von Philosophie und Theologie. Die Philosophie meldete, gestützt auf die Autorität des Aristoteles, ihre Autonomie an. Die Theologie gebrauchte, wo es ihr nützlich erschien, die Hilfe ihrer Magd, der Philosophie. Zugleich pochte sie aber auch auf ihre Autorität im Hinblick auf die Offenbarung als Erkenntnisquelle. Die Verurteilung von 1277 machte die Krise weithin sichtbar, obwohl sie nur von einer lokalen Autorität, dem Bischof von Paris, ausgesprochen worden war. In Köln z. B. wurde sie nicht übernommen, wohl aber in Oxford.

Unter den verurteilten Sätzen fanden sich auch Lehren des Thomas. In Oxford ging es sogar vor allem gegen ihn. Am 18. März verurteilte der Erzbischof von Canterbury, Robert Kilwardby, 16

thomistische Sätze. Sie betreffen »vor allem die Lehre von der Einzigkeit der Form« (Van Steenberghen, 458), also die leibgeistige
Einheit des Menschen, die zugunsten des traditionellen Dualismus
zurückgedrängt werden sollte. Wilhelm de la Mare, ein Franziskaner, veröffentlichte ein »Correctorium fratris Thomae«, also eine
Kritik an Thomas. Sie wurde zum Gegenstand von Streitigkeiten
zwischen Dominikanern und Franziskanern. Letzteren verbot man
sogar, Werke des Thomas zu lesen, ohne das Correctorium zur
Hand zu haben. Erst 1325 wurde die Verurteilung der Lehren des
Thomas widerrufen, nachdem er 1323 heilig gesprochen worden
war.

Durch die Verurteilung von 1277 wurde die Ausbreitung des
radikalen Aristotelismus weithin zum Stehen gebracht. Zugleich
behinderte man aber die Verbreitung der Lehren des Thomas und
befestigte die Vorrangstellung eines konservativen Augustinismus.
Dahinter standen auch lokale Fakultätsstreitigkeiten zwischen der
philosophischen Fakultät der Artisten und der theologischen. Der
Autonomieanspruch der Philosophie wurde dabei zum Teil mit
skurrilen Autoritätsansprüchen der Magister der Theologie beantwortet (Hödl, 1987). Der Streit von 1277 war vor allem ein Signal für
die bevorstehende wachsende Entfremdung von Philosophie und
Theologie und damit von Vernunft und Glaube, welche die Zukunft
immer mehr bestimmen sollte. Freilich haben sich immer wieder
bedeutende Köpfe nicht an die entstehenden Abgrenzungen gehalten (Flasch, 1968, 375). Auf einen von ihnen soll im folgenden
verwiesen werden.

8. Raimundus Lullus (Ramon Lull)

Er wurde auf Mallorca um 1225 geboren. Zunächst dem weltlichen
Leben zugewandt, vollzog er um 1265 eine vollständige Umkehr.
Jetzt wurde es sein Ziel, den christlichen Glauben in der islamischen
Welt zu verbreiten. Mit seiner ganzen Energie stellte er sich in den
Dienst dieser Aufgabe. Er trat in den dritten Orden der Franziskaner
ein. Nicht nur als Philosoph und Theologe, sondern auch als Dichter
ist er hervorgetreten. Seine zahlreichen Werke schrieb er in lateini-
scher, arabischer und katalanischer Sprache. Bei Aufenthalten in
Paris sah er sich veranlaßt, gegen die »Averroisten« leidenschaftlich
Front zu machen. Von der Art zu denken, wie er sie bei den Pariser
Philosophen und Theologen vorfand, hielt er nichts. Er suchte vielmehr nach einer neuen methodischen Grundlegung, die für alle

Wissenschaften tauglich sein sollte. Diese »Kunst« stellt sich als »System der obersten, allgemeinsten, durch sich evidenten Regeln und Prinzipien« dar (Geyer, 459). Aus ihnen sollen sich die Grundsätze aller Wissenschaften ableiten lassen, auch der Philosophie. Durch dieses Verfahren soll es leichter werden, die Wissenschaften in ihren Zusammenhängen zu überblicken, so daß sich das Wissen der Menschen schnell in unbegrenzter Weise vermehren kann. Dabei geht es um eine Kombinatorik der Prinzipien. Durch sie gelangt man zu begründeten Urteilen. Dieser erstmals bei Lull auftretende Gedanke einer auf wenigen kombinierbaren Grundbegriffen beruhenden Generalwissenschaft hat in der Neuzeit bis zu Leibniz hin Beachtung gefunden. Raimundus Lullus versuchte durch Tafeln, Kolumnen und Felder sein System zu veranschaulichen, damit es für jedermann leichter einsichtig würde. Er hielt es auch im Sinne der Verbreitung und Verteidigung des Glaubens für nützlich. Die Anzahl der zu kombinierenden Prinzipien wandelte Lull mehrfach ab.

Wie er eine Generalwissenschaft überhaupt aufbauen wollte, so auch eine Metaphysik und Logik umfassende »Fundamentalphilosophie« (Flasch, 1986, 388). Bei diesem Unternehmen entwickelt er einige bemerkenswerte Gedanken: Gewisse Namen Gottes, wie z. B. »Gut«, »Seiend« oder »Einer« sind zugleich metaphysische Grundbegriffe, die wir auch auf die Welt anwenden. Gottes Wesen und die logisch faßbaren Strukturen der Welt überschneiden sich in diesen untereinander austauschbaren Strukturen. Lull nennt solche Begriffe »Dignitates«, also »Würdigkeiten« oder, wie Flasch übersetzt, »Grundwürden« (Flasch, 1986, 389).

Sodann hat Lull, was man heute im Anschluß an Heidegger »Gleichursprünglichkeit« nennt, in sein System eingeführt. So enthält das Gute immer drei Momente, die es miteinander konstituieren, nämlich das, was gut macht (bonificativum), was gut gemacht werden kann (bonificabile) und das Handeln, welches die beiden anderen Momente umfaßt (bonificare) (Flasch, 1986, 391). Erst in der Einheit dieser drei Momente ist das Gute da. Lull verstand diese Theorie als einen Beitrag zur Begründung der Vernunfthaftigkeit des Glaubens an die Trinität. Dieses Beispiel zeigt Lull als einen Denker, der überall Beziehungen sehen und Phänomene durch Beziehungen erklären will, dabei aber zugleich ein Denker der Einheit ist.

Auf Einheit zielt seine Grundwissenschaft, die Kunst der Kombinatorik, aber auch die Anthropologie. So ist ihm die herkömmliche Bestimmung des Menschen als vernunftbegabtes Lebewesen zu dualistisch. Sie weist die Einheit von Vernunfthaftigkeit und Lebewesen nicht durch sich selber auf, sondern behauptet sie nur nachträglich. Darum soll, was der Mensch ist, im Sinne von Lull »an seiner

Tätigkeit, an seiner ganzheitlichen Realisation« (Flasch, 1986, 383) sichtbar gemacht werden. In diesem Sinne ist der Mensch animal homificans, das Wesen, was sich durch seine Tätigkeiten als Mensch her- und darstellt. Allerdings wird man fragen müssen, ob dieser Gegensatz zu der klassischen Definition des Aristoteles nicht künstlich ist. Denn sie ist bei Aristoteles gerade aus der Analyse von Aktualisierungen der Wesensmöglichkeiten des Menschen hervorgegangen.

Einheit sucht Lull auch, wenn er eine Verklammerung von Gott und Welt sucht, in welcher sie sich nicht als Gegensätze gegenüberstehen. Gott hat den Menschen geschaffen, um selber Mensch zu werden und so sein eigenes Wesen in der Welt darzustellen. Die ganze Weltordnung erfüllt sich im Menschen, wenn er von der Inkarnation her verstanden wird, von der Menschwerdung Gottes als der Erfüllung der menschlichen Natur dort, wo sie zum Zeichen der Größe und Erfülltheit Gottes wird. Ja in ihr gelangt auch Gott selbst erst zu seiner höchsten Vollendung (Flasch, 1986, 393). Nikolaus von Kues, welcher Lull besonders hoch schätzte, hat diesen Gedanken wieder aufgegriffen. Auch im Bemühen um den Frieden zwischen den Religionen sind Raimundus Lullus und Nikolaus von Kues Geistesverwandte. Diesem Frieden wollte Lulls Kombinationskunst ebenfalls dienen. Er sollte im Sinne Lulls allerdings die Wahrheit des christlichen Glaubens unangetastet lassen, die er, ganz im Gegensatz zu der oben erörterten Tendenz der Trennung von Philosophie und Glaube, als philosophisch gesichert ansah.

9. Dietrich von Freiberg

Dieser originelle Denker hat im Spannungsgefüge des späten 13. Jahrhunderts eine unverwechselbare Position eingenommen. Von Albert und Ulrich von Straßburg her bildet er eine Brücke zu Meister Eckhart. Dietrich ist ein Vertreter des Dominikanerordens, der nicht in der Nachfolge des Thomas steht, obwohl dieser in den letzten zwei Jahrzehnten des 13. Jahrhunderts im Dominikanerorden immer beherrschender wird. Dietrich (1250–1320), aus Freiberg in Sachsen stammend, war von 1293 bis 1296 Provinzial der deutschen Ordensprovinz. Gelehrt hat er in Freiberg, Trier und Paris, wo er 1296/97 zum Magister der Theologie promovierte. Er genoß im Orden hohes Ansehen (Mojsisch, 1980, XV) (Dietrich von Freiberg, Abhandlung über den Intellekt und den Erkenntnisinhalt, übersetzt und mit einer Einleitung hrsg. von Burkhard Mojsisch,

Hamburg 1980). Er hat eine große Zahl von Schriften verfaßt, und zwar nicht nur über Logik, Metaphysik, Naturphilosophie und Theologie, sondern auch zur Optik. In seiner Schrift »De iride – Über den Regenbogen« hat er das bis dahin für unlösbar gehaltene Problem des Regenbogens geklärt: »Er zeigte, daß der Regenbogen durch zweimalige Brechung und einmalige Reflektion der Sonnenstrahlen auf Regentröpfchen entsteht und daß der Nebenregenbogen auf zweimaliger Brechung und zweimaliger Reflektion beruht« (Geyer, 555).

Dietrichs philosophische Bedeutung liegt vor allem in seiner Lehre vom Intellekt. Sie setzt die Unterscheidung von tätigem und möglichem Intellekt voraus. Dieser vermag in der Erkenntnis alles zu werden, jener alles tätig zu vollziehen. Dietrich will die Aktivität des tätigen Intellektes radikal fassen. Er bildet die Wirklichkeit nicht ab, verhält sich ihr gegenüber nicht rezeptiv, sondern schafft, setzt, konstituiert das Erkannte durch den Erkenntnisvollzug selbst. Er unterliegt keiner von außerhalb auf ihn zukommenden Kausalität. Wirkt nichts auf ihn ein, muß er das von ihm Erkannte durch sich selber setzen. Dabei denkt Dietrich allerdings vornehmlich an die allgemeinen Wesenheiten. Werden sie vom Intellekt des Menschen geschaffen, so läßt sich im Sinne Dietrichs dadurch die Rationalität der Natur begründen: »Es sind die Sachen selbst, die ihre Wesensstrukturen vom Intellekt erhalten« (Flasch, 1986, 398).

Wegen seiner alles andere überragenden Eigentümlichkeit, wird der Intellekt von Gott auf andere Weise geschaffen als die übrigen Dinge, nämlich als sein Bild aus ihm selbst herausgeführt. Als reine Aktivität ist er zugleich schlechthin selbständig und somit »substantielle Tätigkeit«. Man kann ihn auch als »eigenschaftslose Energie« (Flasch, 1986, 403) bezeichnen. Es haften ihm nämlich keine Akzidenzien äußerlich an. Vielmehr durchdringt er sich selbst ganz und gar, weil er in der Zuwendung zum Erkannten zugleich in sich gelichtete Selbsterkenntnis ist. Aus ihm geht die menschliche Seele hervor, aber so, daß er ihr ständig innewohnt. So ist er in der Seele, was das Herz im Lebewesen ist. Indem der Intellekt sich selbst denkt, erkennt er auch seinen göttlichen Ursprung. Dieser ist in ihm, so wie er in der Seele. Darum gilt er auch im Anschluß an Augustinus als das »Verborgene des Geistes« (abditum mentis). Hier wird der Weg deutlich, auf dem Eckhart zu seinem Gedanken vom Seelengrund gelangen wird.

Dietrich versteht den tätigen Intellekt als individuiert. Er darf aber nicht mit einem Vermögen der Seele verwechselt werden. Zwar entfaltet er sich mit Augustinus in Gedächtnis, Einsicht und

Wille. Diese sind aber »jeweils das Ganze. ...Sie bilden zusammen eine Tätigkeit, ein Leben, einen Geist« (Flasch, 1986, 404).

Wichtig ist, zu bedenken, daß nach Dietrich der tätige Intellekt zu sich selbst kommt, indem er aus seinem Ursprung hervorgeht. Er ist nur, indem er sich erkennt. Also erkennt er, indem er erkennend zu sich selbst kommt, zugleich seinen Ursprung. Man hat von daher einen Vergleich Dietrich von Freibergs mit Fichte vollzogen. Die wichtigsten Aussagen über den Intellekt finden sich in der mehrfach zitierten Abhandlung Dietrichs über den Intellekt, der Schrift »De origine« (Über den Ursprung) und »De visione beatifica« (Über die beseligende Schau).

10. Johannes Duns Skotus

Duns Skotus wurde 1266 zu Maxton in Schottland geboren. Er trat in den Orden der Franziskaner ein, studierte in Paris und lehrte in Oxford, Paris und später in Köln, wohin er 1308 von seinem Orden berufen wurde. Hier verstarb er noch im selben Jahr. Auf seinen Grabstein schrieb man: »Schottland gebar mich, England nahm mich auf, Frankreich lehrte mich, Köln hält mich fest«.

Von seinem umfangreichen Werk seien die Questionen zu Porphyrius, Aristoteles und der »Traktat über das erste Prinzip« genannt, sowie das »Opus Oxoniense« (Oxforder Werk) und die »Reportata Parisiensia«.

In den Auseinandersetzungen, die im Streit von 1277 gipfelten, war deutlich geworden: Manche Philosophen erstrebten die Vollendung der menschlichen Natur, leugnen aber die über sie hinausgehende, von der Offenbarung verbürgte. Die Theologen dagegen pochen auf die Schwäche der menschlichen Vernunft und betonen die Notwendigkeit der übernatürlichen Vollendung des Menschen. So hat Johannes die Situation beschrieben, innerhalb derer sein Denken sich vollzieht (Ox. Prol. Q. I, N 3).

Duns Skotus betont nachdrücklich die Notwendigkeit einer Offenbarung für den Menschen. Von Natur aus weiß er nichts von der Schau Gottes als seinem letzten Ziel. Die Philosophie bleibt hinsichtlich des Sinnes unserer Existenz voller Zweifel und Irrtümer. Denn die auf sich gestellte Vernunft hat keinen Einblick in die Entscheidungen der göttlichen Freiheit. Auch ist die menschliche Vernunft zu sehr an die Sinnenwelt gebunden, um etwas Gültiges über das letzte Ziel sagen zu können. Was ist unter diesen Voraussetzungen die Aufgabe der Philosophie? Für Duns Skotus ist der

Gegenstand der Metaphysik nicht Gott, wie Averroes gemeint hatte, sondern das Sein im Sinne Avicennas. Dieses Sein setzt der philosophische Gottesbegriff voraus. Damit stehen wir vor der wohl zentralsten und folgenreichsten Aussage der skotistischen Metaphysik, nämlich dem univocen Begriff des Seins. Wir erinnern uns: Thomas faßt das Sein analog. Das heißt: Vom Sein muß je und je anders gesprochen werden. Wenn von Gott und Welt die Rede ist, muß das Sein über einen Abgrund von Verschiedenheit hinweg ausgesagt werden. Es ist immer dasselbe, aber je anders. In skotistischer Sicht dagegen wird das Sein von Gott und den Geschöpfen im selben Sinne, univoc, ausgesagt. Das ist möglich, weil das Sein unendlich ist und alles einschließt. Da unsere Vernunft vom Sein herkommt, ist sie »nach allen Seiten geöffnet«, so daß sie »jedes Seiende erkennen kann« (Gilson-Böhner, 569). Freilich ist das Sein in dieser Allgemeinheit leer. Es faßt alles zusammen, was nicht nichts, sondern irgendetwas ist. In diesem Sinne ist es grenzenlos, so daß es alle Seienden und auch Gott einbegreifen kann. So wird es zum allgemeinsten und leersten Begriff. Vom Akt des Seins ist nicht mehr die Rede. Das Verständnis des Seins in diesem Sinne hat das Denken der Zukunft weithin bestimmt. Es wurde zum »Schicksal der Metaphysik« (Siewerth). Durch es ist auch noch der Begriff des Seins bestimmt, welchen Hegel seiner Logik zugrunde legt. Von dem durch Duns Skotus grundgelegten Seinsbegriff hat Heidegger sich abstoßen wollen, als er in »Sein und Zeit« ein neues Aufgreifen der Frage nach dem Sein verlangte.

Skotus nimmt auch die Transzendentalien in seine Metaphysik auf. Von ihnen war vor allem im Hinblick auf Thomas oben schon die Rede. Skotus kennt die mit dem Sein vertauschbaren Begriffe eines, ›wahr‹, ›gut‹ und ›schön‹. Ihnen fügt er die passiones entis disjunktae hinzu. Sie bilden Begriffspaare, bei denen ein Begriff jeweils den anderen ausschließt, aber einer von beiden zur Aussage kommen muß (z.B.: notwendig-kontingent, unendlich-endlich, einfach-zusammengesetzt). Hinzu kommen noch die perfectiones simpliciter, die reinen Vollkommenheiten. Sie sind unendlich im reinen Sinn ihrer Bezeichnung, können aber auch in begrenzter Weise auftreten (z.B. Weisheit). Durch Ausscheiden alles Unvollkommenen gewinnt man ihren reinen, unbegrenzten Sinn (Ox. I, De II, N. 10).

Der Gottesbeweis des Duns Skotus soll zeigen, daß es ein wirklich existierendes Unendliches gibt. Damit kommt er in die Nähe des anselmischen Arguments. Aber Skotus geht davon aus, daß man nur von den Wirkungen Gottes her, also den Geschöpfen, denkend zu ihm aufsteigen kann. Erst auf der letzten Stufe seines Beweisgangs beziebt er Anselms Beweis ein. War es dessen Absicht gewesen, die Existenz Gottes, ja die Unmöglichkeit seiner Nichtexistenz, in einem einzigen unwiderleglichen Gedanken aufleuchten zu lassen, so erweist sich der skotistische Beweis als ein hochkomplexes Gefüge einer Reihe von scharfsinnig aneinander gebundenen Glieder. Wir können sie hier nicht im einzelnen darstellen. Sie enthalten den Beweis aus der Wirkursache, aus der Zielursache und aus den Stufen des Seins in sich, und zwar auf dem Hintergrund der Kontingenz der Welt. Die verschiedenen Wege des Aufweises der Existenz Gottes werden also zu einem einzigen gleichsam gebündelt. Nur das Argument aus der Bewegung entfällt, weil Johannes meint, die Bewegung sei ein metaphysisch irrelevantes, rein physikalisches Phänomen. Das aus sich existierende Unendliche ist unendliche Einsicht und unendlicher Wille. Die Unendlichkeit garantiert die Vollkommenheit Gottes. Wäre er nämlich nicht unendlich, könnte Vollkommeneres im Sinne Anselms gedacht werden.

Metaphysisch sind noch folgende Gesichtspunkte für Duns Skotus wichtig: Auch bei ihm findet sich, ähnlich wie bei Heinrich von Gent, eine Kritik der Lehre von der Materie als reiner Möglichkeit. Sie besitzt Sein, ja sie wirkt sogar als aktives Prinzip bei der Konstitution der Seienden mit. Bekannt wurde Johannes Skotus auch durch seine Lehre von der »haecceitas«. Durch sie besitzt das Seiende seine Individualität. Sie ist weder aus der Materie noch aus der Form ableitbar. Deren Zusammentreten im Seienden muß noch einmal von einem Faktor umgriffen werden, welcher bewirkt, daß jedes Seiende nicht nur ein Exemplar seiner Art, sondern es selbst in seiner Individualität ist. Viel Beachtung, aber auch Kritik, hat die Lehre von der Formaldistinktion ausgelöst. Mit ihr fügt Duns Skotus den üblichen Unterscheidungen von realer und logischer eine neue Weise der Unterscheidung hinzu. Die Realdistinktion bezieht sich auf den wirklichen Unterschied zum Beispiel zweier Dinge, die rationale oder logische Distinktion ist eine nur vom Denken gesetzte Unterscheidung. Skotus sucht unter Bezug auf Augustinus und Bonaventura eine Möglichkeit der Unterscheidung einzuführen, die auf einem objektiv gegebenen Gehalt beruht, ohne eine dingliche Unterscheidung zu sein. Vor allem für die einfachen Entitäten wie Gott und die Seele sollen so sinnvolle Unterscheidungen möglich und der Trinitätslehre gedient werden, welche in der Einheit des göttlichen Seins Unterschiede machen muß. Zugleich geht es um die Einfachheit der menschlichen Seele, durch die sie Gott ähnlich ist. Denn auch in ihr müssen Unterscheidungen in ihrer Einfachheit möglich sein.

Für Skotus ist seine Lehre vom Vorrang des Willens gegenüber der Vernunft zentral. Damit ist nicht gemeint, der Wille sei nicht auf Einsichten der Vernunft angewiesen. Wer etwas will, muß um es wissen. Aber die Erkenntnis ist wesenhaft auf den Willen hingeordnet als seine Bedingung. In der Erkenntnis sind wir noch von etwas anderem abhängig, nämlich dem Erkenntnisgegenstand. Durch den Willen allein sind wir ganz und gar aus uns selbst tätig. In ihm vollzieht sich Selbstbestimmung schlechthin. Der Wille umfaßt das gesamte Leben der Seele als sein Beweger und auch noch sich selbst. Weil die Liebe als ein Akt des Willens gilt und er sich in ihr vollendet – gemäß augustinisch-franziskanischer Tradition –, geschieht die Vollendung des Menschen im Willen. Dabei unterscheidet Duns Skotus zwei Grundformen von Gütern: Das um seiner selbst willen wertvolle und das uns »subjektiv Freude und Befriedigung« gewährende Gut (Gilson-Böhner, 588). Zu dieser Art von Befriedigung drängen wir von Natur aus, so daß in ihr für sich genommen keine Freiheit realisiert wird. Sie muß in die Liebe zu dem in sich selbst Wertvollen integriert werden. Allein die Zuwendung des Willens zu ihm ist Realisierung von Freiheit. So betont Duns Skotus radikal die menschliche Freiheit. Das geschieht aber so, daß sie nicht um ihre eigene Selbstverwirklichung kreist. Sie vollendet sich vielmehr in der Zuwendung zu dem in sich und um seiner selbst willen Liebenswerten, zuletzt in der Hingabe an Gott in der Schau seines unendlichen und schlechthin erfüllten Wesens.

Die Lehre vom Vorrang des Willens bezieht Duns Skotus auch auf Gott: Der Wille Gottes in seiner unverrückbaren Notwendigkeit erstreckt sich nur auf die erste der beiden Gesetzestafeln der zehn Gebote. Denn in ihr geht es um die Beziehung des Menschen zu Gott selbst. Die zweite Tafel bezieht sich auf das Verhältnis zum anderen Menschen. Hier geht es nicht mehr um schlechthin Notwendiges, sondern um Kontingentes. Aus diesem Grunde gelten die Gebote der zweiten Tafel objektiv und allgemein, aber nicht schlechthin. Sie müssen im Wechsel der menschlichen Lebensbedingungen »für Befreiung oder Ausnahmen zugänglich bleiben ›wegen der den Geschöpfen eigenen Kontingenz‹« (Saint-Maurice, 191).

VII. Das 14. Jahrhundert

1. Zur Signatur der Zeit

Der vorliegende Text folgt der Einteilung der Geschichte in Jahrhunderte. Dadurch wird es überflüssig, Diskussionen um Höhepunkte, Niedergang, Früh-, Hoch- und Spätzeiten zu führen. Wenn man solche Unterscheidungen mit viel Vorsicht gebraucht, können sie vielleicht von Nutzen sein, hätten aber den einführenden Charakter der hier gebotenen Darstellung stark belastet. Folgt man dem schlichteren Einteilungsprinzip nach Jahrhunderten, muß man allerdings eine andere Schwierigkeit in Kauf nehmen: Menschen gehören oft nicht nur einem Jahrhundert an. Sie werden in dem einen geboren und sterben in dem nächsten. So gehören auch die zuletzt behandelten Philosophen, die wir dem 13. Jahrhundert zugerechnet haben, mit einem Teil ihres Lebens bereits ins 14.

Dieses Jahrhundert stellt sich uns als eine von Krisen geschüttelte Zeit dar. Es kommt zu erheblichen wirtschaftlichen Rückschlägen, Aufständen, sozialen Verteilungskämpfen und Kriegen. Unter ihnen fällt der 100jährige Krieg zwischen England und Frankreich besonders ins Gewicht. Die päpstliche Macht muß eine schwere politische Niederlage mit der Gefangennahme des Papstes in Anagni (1303) und dem anschließenden Exil der Päpste in Avignon hinnehmen. Dieser geschichtliche Vorgang fand auch seinen Niederschlag in der politischen Philosophie. Marsilius von Padua verfaßte 1324 eine Schrift unter dem Titel »Defensor pacis« (Verteidiger des Friedens). In ihr wird der Nachweis versucht, »daß der maßlose Herrschaftsanspruch der römischen Päpste in einzigartiger Weise politische Zwietracht verursacht habe und wie die Pest an der Wurzel ausgerottet werden muß«. Marsilius fordert daher »die Unabhängigkeit des Staates« von der Kirche, ja seine »Vormacht« über sie (Imbach, 1981, 222). In ähnlicher Weise hat auch Dante in seiner »Monarchia« die Eigenständigkeit der staatlichen Macht, aber auch des weltlichen Wissens, verteidigt. Die Furcht vor der Pest, welche im Vergleich des Marsilius zum Ausdruck kommt, sollte sich bald in furchtbarer Weise als berechtigt erweisen. Europa erlebt nämlich im 14. Jahrhundert nicht nur die große Flutkatastrophe in Nordholland und eine Hungersnot (1315–1317), sondern wird 1348 von der schwarzen Pest heimgesucht. Man spricht davon, daß ein Drittel der Bevölkerung Europas von ihr umgebracht worden sei.

Das 14. Jahrhundert ist aber nicht nur eine Zeit der Katastrophen, sondern auch der Umbrüche, die neue politische Strukturen und geistige Veränderungen mit sich bringt. Durch die Katastrophen werden die Menschen auf ihre Innerlichkeit zurückgeworfen. Dadurch werden Tendenzen zu mehr persönlicher Selbständigkeit und individueller Lebensgestaltung verstärkt. Das Allgemeine tritt zugunsten des Individuums zurück. Neue Formen des geistlichen Lebens (Mystik und Devotio moderna), die Malerei (Giotto) und Literatur der Zeit machen das deutlich. Die Laien dringen auf eine größere Selbständigkeit, wofür die erwähnte Kritik der politischen Macht der Kirche ein Symptom ist. Wichtig ist, daß mit der Zuwendung zur Individualität auch die Sinnlichkeit des Menschen eine Aufwertung erfährt und der Zug zur empirischen Erforschung der Welt neuen Auftrieb erhält.

2. Eckhart

Meister Eckhart (ca. 1260–1228) war Thüringer. Es ist ungeklärt, ob Hochheim bei Gotha oder bei Erfurt sein Geburtsort war. Er gehörte dem Dominikanerorden an. Vielleicht hat er in Köln studiert. In seinem Orden nahm er wichtige Positionen ein: Prior von Erfurt und Visitator Thüringens im Auftrag des Provinzials Dietrich von Freiberg. 1289 erklärt ein Generalkapitel die Unvereinbarkeit beider Ämter. 1303 wurde Eckhart Provinzial der neu gegründeten Ordensprovinz Saxonia mit dem Sitz in Erfurt. 1307 finden wir ihn als Generalvikar von Böhmen. Diese Stationen seines Lebens sind deshalb bemerkenswert, weil sie auf das Organisationstalent und die Verwaltungsfähigkeiten eines Menschen verweisen, der als Prediger, Mystiker, Philosoph und Theologe berühmt geworden ist. Er war aber offensichtlich der kraftvollen Teilnahme am tätigen Leben fähig, wie man es öfter bei Menschen findet, die von ihrer Neigung her eher dem kontemplativen Leben zugehören. Unter seiner Regie wurden drei Frauenkonvente gegründet, und zwar in Braunschweig, Dortmund und Groningen, wobei es zum Teil turbulent zuging bis hin zum Kampf um Baugenehmigungen (Ruh, 1985, 26ff).

Allerdings verdankt Eckhart seinen Beinamen »Meister«, Magister, seiner Tätigkeit in der Wissenschaft. Zweimal – wie Thomas von Aquin – war er in Paris Magister actu regens (ordentlicher Professor) (1293/94 und 1302/03). Nachdem Eckhart als Vertreter des Ordensgenerals die Aufsicht über die süddeutschen Frauenklöster innegehabt hatte, verbringt er seine letzten Jahre als Leiter des Generalstudiums der Dominikaner in Köln. Dort eröffnet Bischof

Heinrich von Virneburg 1326 einen Inquisitionsprozeß gegen Eckhart. An der Anklage waren als Verleumder, Zuträger und Falschzeugen bekannte Mitbrüder Eckharts beteiligt. Eckhart gab im Februar 1327 in der Kölner Dominikanerkirche eine Erklärung seiner Rechtgläubigkeit ab, wobei er zugab, irren zu können. Er betonte auch, daß er manches, was ihm vorgeworfen wurde, weder gesagt noch geschrieben habe. Anderes sei mißverstanden worden. Schließlich wurden 28 Artikel, die man aus Eckharts Äußerungen gesammelt hatte, als Irrlehren verurteilt. Das Urteil Papst Johannes XXII. ist wohl nie abgesandt worden. Es liegt im Archiv des Vatikans. Eckhart war zu seiner Verteidigung nach Avignon gereist und ist dort wahrscheinlich 1328 gestorben.

Von Eckhart waren lange Zeit nur seine deutschen Schriften bekannt. Durch sie, vor allem die Predigten, hat er die deutsche Sprache als Kultursprache – auch als philosophische – wesentlich gefördert. Er wurde lange nur als Prediger und Mystiker angesehen. Seit H. Denifle in Erfurt (1880) und im St. Nikolaus-Hospital in Kues an der Mosel (1885) die lateinischen Schriften Eckharts entdeckte und Teile davon 1886 herausgab, wurde deutlich, daß Eckhart auch Philosoph war.

Eckhart hat nach 1310 ein dreiteiliges Werk geplant, das »Opus tripartitum«. Es ist unvollendet geblieben. Am besten kennen wir den dritten Teil, das Opus expositionum, ebenso die Einleitung zum ersten Teil, dem Opus propositionum. In ihr vertritt Eckhart eine für ihn grundlegende These: »esse est deus – das Sein ist Gott«. Eckhart formuliert auch so: »Gott und das Sein sind dasselbe«. Bis zu solchen Formulierungen hatte sein Denken bereits verschiedene Etappen durchlaufen. Sie waren von der Grundidee bestimmt, Gott müsse jenseits alles Seienden stehen. Dieser Gedanke ist uns im Neuplatonismus immer wieder begegnet, so daß man Eckhart von der neuplatonischen Tradition her zu verstehen versucht. Allerdings muß auch der Einfluß Thomas von Aquins hier bedacht werden. Denn die Formulierung vom Sein, welches Gott ist, kann deswegen nicht rein neuplatonisch interpretiert werden, weil im Neuplatonismus das Eine über dem Sein und allem Seienden steht. Man kann Eckhart wegen dieser These von der Identität des Seins mit Gott keinen Pantheismus vorwerfen. Denn er betont ausdrücklich, er wolle nicht behaupten, Gott sei das Sein als Form der Dinge. Ihm geht es um das unerschaffene, absolute Sein in seiner Unendlichkeit und Überbegrifflichkeit. Es wird scharf von dem Sein der Geschöpfe unterschieden. Es kommt ihnen jeweils »hoc et hoc« zu. Das besagt: Jedes Seienden ist dieses bestimmte im Unterschied von den anderen. Gott dagegen befindet sich jenseits solcher Unterschiede.

Eckhart ist Theologe. Als solcher treibt er Bibelauslegung. Das geschieht weithin in der Gestalt metaphysischer Philosophie. Das wird besonders deutlich an Eckharts Auslegung der bekannten Stelle Exodus 3,14: Mose hört die Stimme Gottes aus dem Dornbusch, welcher brennt, aber nicht verbrennt. Aus ihm offenbart Gott seinen Namen: »ich bin, der ich bin« oder »ich bin, der da ist«. Eckhart liest diese Stelle im Sinne seiner metaphysischen Grundthese, wonach das Sein Gott ist. So wird er nach K. Albert zu einem Hauptvertreter der von E. Gilson sogenannten »Exodus-Metaphysik«. Ihr gemäß treffen sich Offenbarung und Metaphysik im Glauben an und im Wissen um die Identität von Gott und Sein (Albert, 1976, 30ff). Thomas von Aquin und Dun Skotus haben diese Stelle ähnlich interpretiert.

Weil Gott das Sein ist, kann er es auch verleihen. Schöpfung geschieht für Eckhart durch Seinsmitteilung. Von sich aus ist die Welt nichts. Sie muß ihr Sein von dem empfangen, der das Sein ist. Außer ihm schwebt im Sinne Eckharts gleichsam alles über dem Nichts. Gott verleiht der Welt ihr Sein aus seiner ewigen Gegenwärtigkeit heraus. In ihr hält er die Welt aus dem Nichts in das Sein. Da die Dinge von sich aus nichts sind und ihr Sein aus Gott ist, sind sie sein Spiegel. Darum ist er in den Dingen offenbar. So ist alles in Gott, zugleich aber auch auf ihn hin bewegt. Denn alles sucht die Ruhe in seiner reinen Gegenwärtigkeit. Alles beruht auf ihm und alles strebt nach ihm. So ist Gott der Grund und Boden, auf dem alles steht und sich bewegt (Waldschütz, 208–215).

Es gilt aber, noch einen anderen Gesichtspunkt in Hinsicht auf das Sein der Geschöpfe zu beachten. Das Sein, welches Gott ist, heißt auch »ungeschaffenes Sein« oder »Sein einfachhin«. In einer gewissen Weise kann dieses Sein auch von den Geschöpfen ausgesagt werden. Davon handelt Eckhart im ersten Genesiskommentar. Alle Dinge sind in sich und, sozusagen sich selbst zuvor, im ewigen Logos, in ihrem Ursprung in Gott. Alles, was in Gott ist, ist Gott. In ihm, nämlich seiner schöpferischen Erkenntnis und seiner Liebe sind alle Dinge, bevor ihnen ihr Sein in sich selbst verliehen wurde. In sich sind die Dinge nicht Gott, aber in Gott sind sie Gott, also nicht von ihm unterschieden. Da sie aber von sich her nichts und nur durch Gott etwas sind, müssen sie als von ihm schlechthin unterschieden bezeichnet werden. Aus diesem Grunde kann der Unterschied zwischen Gott und Geschöpf mit keinem Unterschied zwischen den Geschöpfen selbst verglichen werden: »Die eigentliche Unterschiedenheit Gottes ist die Unterschiedenheit durch Ununterschiedenheit ... . Ein Sein aber, das durch Ununterschiedenheit unterschieden ist, kann nur durch alles Sein hindurchgehen, in ihm präsent sein und doch davon verschieden sein« (Mieth, 288). Vor diesem Hintergrund muß Eckharts Lehre von der Analogie des Seins verstanden werden. In sie bringt er auch die Lehre von den Transzendentalien ein. Weil die Dinge ihr Sein nur haben, indem es ihnen von Gott verliehen wird, kommt in Eckharts Analogielehre zwischen Gott und den Geschöpfen eine äußerste Ferne der Verschiedenheit auf und bringt doch zugleich Gottes intimste Nähe zu allem zur Sprache. Seine Unbegreiflichkeit ist keine Weltlosigkeit und das Nicht-Gott-Sein der Welt kein Sein außerhalb seiner.

Die Lehre Eckharts vom Sein als Gott korrespondiert mit seiner Metaphysik des menschlichen Geistes. Entscheidend ist dabei folgender Gedanke: Die menschliche Seele hat sozusagen zwei Gesichter. Das eine blickt nach unten auf die Welt. Das geschieht in den verschiedenen Kräften der Seele. Das andere blickt ständig nach oben und ist in Gott gekehrt. Das ist immer so. Wir wissen es nur nicht jederzeit und müssen erst zu uns erwachen. Dabei zeigt sich bei Eckhart im Wissen von der Gegenwart Gottes im Grund jeder Menschenseele und ihrer Fähigkeit, ihn dort zu entdecken, ein überzeugtes menschliches Selbstbewußtsein. Für Eckhart steht es so auch um den ärmsten und verachtetsten Menschen nicht anders als um Papst oder Kaiser. Diese Entdeckung kann zur gnadenhaften Geburt des Sohnes Gottes in uns führen. Das ist der theologische Aspekt der Mystik Eckharts. Sie hat aber auch eine metaphysische Seite: Jenes obere Antlitz der Seele nährt sich von der Erkenntnis des Seins. Zu ihm erhebt es sich in einer unmittelbaren Schau, die alle Bilder und Begriffe hinter sich läßt. Sie hat keine begrenzten Objekte mehr vor sich, sondern wird des Seins in seiner ungegenständlichen Fülle inne. Der Mensch tritt dann ein in »das stille und unbegrenzte und unvordenkliche Licht, das ruhig mit sich eins ist« (Welte, 1979, 198). Es ist die »Wüstenei« der Gottheit noch jenseits der göttlichen Personen. Dieser metaphysische Aspekt seiner Mystik entspricht einer Erfahrung, welche die Kulturen übersteigt. So kommt es, daß Eckharts Denken heute mit der indischen Vedanta-Philosophie und dem Zen-Buddhismus in Beziehung gesetzt wird. Es darf aber nicht vergessen werden, daß das Sein als Gott zugleich Geist und als solcher Liebe und Barmherzigkeit ist. In seiner von ihnen erfüllten Aktivität wirkt er die höchste Form der Teilhabe im Grund des menschlichen Geistes, seine eigene Einbildung in ihn, durch die der Mensch die Gottesgeburt in seiner Seele erfährt, welche ihn zum Sohn Gottes macht.

In seinen Predigten macht Eckhart immer wieder darauf aufmerksam, daß Gelassenheit und innere Armut Voraussetzung solcher Erfahrungen sind. Damit meint er nicht nur, daß der Mensch sich nicht so an die Welt ausliefern soll, daß er am größten Reichtum vorbeigeht, den er zu erlangen vermag. Der Mensch muß vielmehr sich selbst lassen, seine Ichbezogenheit aufgeben, um sich gerade so im Sein, das Gott ist, zu finden. Dabei unterstellt Eckhart dem Menschen nicht primär moralischen Sollensforderungen, sondern verweist ihn auf Möglichkeiten seiner selbst, die ihm bisher verborgen geblieben sind. Er vergleicht ihn mit einem Menschen, der kostbaren Wein in der Tiefe seines Kellers gelagert hat, aber nichts davon weiß und ihn daher auch nicht trinken kann. Würde er ihn finden und trinken, käme er zu sich selbst. Dabei hat man mit Recht darauf aufmerksam gemacht, daß Eckhart kontemplatives und aktives Leben in eine neue Beziehung zueinander bringt. Im tätigen Leben, in der Zuwendung zum anderen Menschen und nicht in künstlicher Absonderung, kann der Mensch einig bleiben mit seinem Seelengrunde und darin mit dem absoluten Grund in Gott (Mieth, 1989).

3. Wilhelm von Ockham

Wilhelm wurde um 1280 geboren, wahrscheinlich im Dorf Ockham südlich von London. Er war Franziskaner und studierte in Oxford, wo er auch Vorlesungen gehalten hat, ohne den Titel eines Magisters zu erlangen. Aufgrund einer Anklage des Kanzlers der Universität, Johannes Luterell, wurde gegen Wilhelm am päpstlichen Hof in Agivnon ein Prozeß wegen Häresieverdachtes eröffnet. 1328 floh er zusammen mit dem Generalmagister der Franziskaner, Michael von Cesena, zu Kaiser Ludwig dem Bayern. Mit ihm blieb er bis zu dessen Tode verbunden und lebte in München. Dort starb er 1349 wahrscheinlich an der schwarzen Pest.

Ockham gilt aufgrund seiner Erkenntnistheorie als Nominalist. Worum es ihm geht, hat er im Prolog seines Sentenzenkommentars dargelegt. Er fragt nach dem Wesen der Wissenschaft, um sich über die Wissenschaftlichkeit der Theologie Rechenschaft ablegen zu können. Dabei zeigt sich bei ihm bereits die typisch neuzeitliche Frage nach einem unbezweifelbaren Fundament gewisser Erkenntnis. Als diese Grundlage gilt ihm die Evidenz, die unmittelbar einleuchtende Einsicht. Er sieht sie als gegeben an, wenn die Wahrheit eines Urteils aus den in ihm verbundenen Begriffen unzweifelhaft hervorgeht. Das gilt bei Sätzen wie »Das Ganze ist größer als der Teil«. Außerdem schreibt Wilhelm solche Evidenz der Erkenntnis von jetzt gegenwärtigen Sachverhalten zu. Der Satz: »Dieses Buch ist grün« ist nur evident »so lange ich dieses Buch vor mir habe. ... Er verliert seine Evidenz, wenn ich ihn eine halbe Stunde später vor meinem Freund nach einem Spaziergang wiederhole«. Im ersten Fall handelt es sich um eine intuitive, im zweiten um eine abstraktive Erkenntnis. Die intuitive bezieht sich auf unmittelbar Gegenwärtiges und fundiert die Gewißheit von Existenzurteilen. Bei der abstraktiven Erkenntnis ist ein solches Urteil nicht möglich. Sie heißt gerade abstraktiv, weil sie von der Existenz absieht. Die intuitive Erkenntnis »ist Anfang und Grundlage aller Evidenz im Bereich kontingenter Sachverhalte; auf sie stützt sich alle Erfahrungserkenntnis« (notitia experimentalis). Sie gilt auch als »die Voraussetzung aller abstraktiven Erkenntnis« und ist »stets Erkenntnis eines einzelnen« (singulare). Es ist »das Ersterkannte« und so das, was »die geistige Erkenntnis auslöst ...« (Imbach, 1981, 233). Die Erkenntnis des einzelnen ist die Voraussetzung schlechthin und somit das Prinzip aller Wissenschaft.

Es wäre ein Mißverständnis, Ockhams Ansatzpunkt rein sensualistisch zu interpretieren. Die intuitive Erkenntnis des einzelnen bleibt nämlich nicht auf die Sinne beschränkt, obwohl die sinnliche Erfassung Bedingung der Möglichkeit von Vernunfterkenntnissen ist. Sie kann aber für sich genommen niemals deren Ursache werden. Ockham anerkennt also Intuitionen, welche die Vernunft vollzieht. Zu ihnen gehört auch die Selbstgegenwart des Menschen, die in Sätzen, wie »ich denke« oder »ich liebe« mit höchster, auf Evidenz beruhender Gewißheit ausgesprochen wird. Wichtig ist auch die Feststellung, daß die Verschiedenheit der intuitiven und der abstraktiven Erkenntnis nicht von ihrem Gegenstand her begründet wird, sondern aus dem Unterschied im Vollzug der Erkenntnis selbst. Erkenntnisakt und -gegenstand werden nicht mehr in der gegenseitigen Hinordnung gesehen, die wir bei Thomas als Konvenienz kennengelernt haben. Es ist auch deutlich, daß die aristotelische Auffassung grundsätzlich verlassen ist, wonach die intellektuelle Erkenntnis auf das Allgemeine zielt (Imbach, 1981, 234).

Weil es zu Ockhams Grundüberzeugungen gehört, daß alles Seiende individuell ist, kann es keine Universalien außerhalb des Geistes geben. Sie existieren ausschließlich in ihm. Wie kommt es aber zur Allgemeinheit der Begriffe, wenn doch alles Wirkliche vereinzelt ist? Ockhams Versuch, auf diese Frage zu antworten, hat mehrere Stadien durchlaufen. Zunächst hielt er die Begriffe für Produkte des Geistes, die er in der Begegnung mit der ihm äußeren Wirklichkeit produziert. Dann hielt er die Begriffe für etwas an der Seele nach Art der Akzidentien an der Substanz. Schließlich identifizierte er den Erkenntnisakt, die intellectio, mit dem Begriff. »Das Universale ist demnach nichts anderes als der geistige Akt, mittels dem ich mich auf etwas beziehe« (Imbach, 1981, 236). Diese Beziehung besitzt eine Intention, eine Bedeutung. Als solche ist sie ein »signum rei«, ein Zeichen des Gegenstandes. Zieht man Ockhams Logik zur näheren Interpretation der Zeichenfunktion der Begriffe heran, so wird deutlich, daß der Begriff kein Abbild der bedeuteten Sache ist und sie in keiner Weise repräsentiert, sondern sie im Satz vertritt. Für R. Imbach gilt: »Ockham will die Vorstellung vernichten, der Begriff sei eine Nachahmung der Wirklichkeit.« Befreit man sich von dieser Vorstellung, »rückt die Eigengesetzlichkeit und Eigenständigkeit des Denkens in den Vordergrund. Durch die Negation der Rezeptivität der Erkenntnis wird der Weg zu einer Deutung des Erkennens geeignet, welches dieses in erster Linie als Tätigkeit begreift« (Imbach, 1981, 237). Durch diese Prädikation, nicht etwa durch die Dinge selbst, kommt der universelle Charakter der Begriffe zustande. Wenn die Begriffe zur Bezeichnung vieler Gegenstände geeignet, eben universell sind, so liegt das an keiner ihnen zugrunde liegenden gemeinsamen Natur, sondern an der Ähnlichkeit bestimmter Individuen. Allerdings macht Ockham darauf aufmerksam, daß der Begriff als Intention in seinem Sinne nicht mit dem gesprochenen oder geschriebenen Terminus verwechselt werden darf. Deren Festlegung ist eine Sache der Konvention und wechselt von Sprache zu Sprache. Der begriffliche Inhalt, eben die Intention, ist davon unterschieden und bleibt beim Wechsel der linguistischen Zeichen derselbe. Dieser streng begriffliche Terminus (terminus conceptus) ist identisch mit der Intention (Copleston, 232). Diese Theorie von den Begriffen als Intentionen des menschlichen Geistes wird zur Grundlage der Wissenschaften. Dabei darf der Ausgangspunkt niemals vergessen werden, nämlich die intuitive Erkenntnis des Einzelnen als erfahrungsmäßige Basis. Nur in ihr erreichen wir Wirklichkeit. Im begrifflichen Denken dagegen verbleiben wir im Bereich unserer Intentionen als bedeutungserfüllten Zeichen.

Was die Metaphysik angeht, so ist Ockham vor allem kritisch eingestellt. Er verfolgt die Tendenz, möglichst viele Gegenstände der Metaphysik für die Theologie zu reservieren. Er bestreitet bei manchen dieser Fragen nicht, daß sie in einer Beziehung zu unserer Erfahrung stehen und daß es Argumente in dieser oder jener Richtung geben kann. Diese besitzen aber keinen Beweischarakter. Das gilt vor allem von der Lehre, die Seele sei Form des Leibes und unsterblich, von der Freiheit des Menschen und der Existenz Gottes. Wohl kann die Existenz einer ersten Wirkursache oder einer alles bewahrenden Ursache – was nach Ockham logisch einwandfreier ist – bewiesen werden (Quodlibeta I, qu 1). Man mag auch zeigen können, daß es ein vollkommenes Wesen gibt. Versteht man aber unter Gott »ein absolut höchstes vollkommenes, einziges und unendliches Wesen, das allmächtig und allwissend ist«, dann meint Wilhelm, lasse es sich »mit Gewißheit nur im Glauben erkennen« (Copleston, 238). Auch hier wirkt sich die Grundvoraussetzung aus, daß Begriffe Existenz nicht erreichen können. Das gilt auch von Gott.

So wird Raum für den Glauben und die Theologie. Ihr fallen die Antworten auch über jene Fragen zu, die man in der Metaphysik vergeblich zu lösen versucht. Ockham versucht auch in einer der heutigen sprachanalytischen Kritik ähnlichen Weise angebliche metaphysische Wesenheiten, wie z. B. Bewegung und Zeit, als sprachliche Mißverständnisse zu entlarven. Sie entstehen durch, wie man heute sagt, Hypostasierungen, von abstrakten Begriffen, d. h. sie werden als Bezeichnungen von eigenständigen, dinghaften Substanzen mißverstanden.

Zu den wichtigsten Lehren Ockhams gehört die von der absoluten Allmacht Gottes, der potestas absoluta. Sie ist wirkungsgeschichtlich von kaum zu überschätzender Bedeutung. Sie gehört in die Theologie, hat aber wichtige philosophische Voraussetzungen. Die Grundthese besagt: Gott ist in seiner unbeschränkten Allmacht zugleich schlechthin frei. Er kann alles, was er will. Daher kann er rein aus seinem Willen heraus erklären, was für gut gelten soll. Duns Skotus hatte Ockham hier vorgearbeitet. Auch er erklärte schon: Etwas ist gut, weil Gott es will. Thomas von Aquin war der genau entgegengesetzten Überzeugung: Gott will etwas, weil es gut ist, nämlich in der Unendlichkeit seines Seins begründet und darum auch für die in Analogie zu ihm erschauten und geliebten Geschöpfe erstrebenswert.

Was bleibt der Freiheit des Menschen, wenn er sich einem schlechthin überlegenen allmächtigen Willen gegenübersieht? Ockham antwortet: der Gehorsam. Zwar leugnet er nicht, daß es in gewisser Weise Urteile der Vernunft über das gibt, was gut und böse ist. Sie beziehen sich aber auf Sachverhalte innerhalb einer Welt, die durch Gottes Allmacht zwar so verursacht worden ist, daß sie nun ist, wie sie ist, aber auch ganz anders hätte ausfallen können. In ihr hätte Gott das genaue Gegenteil dessen vom Menschen fordern können, was er ihm in der bestehenden Welt als seinen Willen auferlegt hat. Hier wird der Preis sichtbar, welcher für den Vorrang des Willens vor der Vernunft bezahlt werden muß: Der Wille kann letztlich nur noch sich selbst wollen. Die Vorstellung eines Gottes, der sich von einem solchen Willen leiten läßt, erzeugt Angst. Gerade wenn auch der Mensch frei sein will – und zwar auch angstfrei –, ist ein solcher Gott auf die Dauer unerträglich. Weil Ockhams Gottesgedanke die Vorstellungen von Gott in der Neuzeit auf weite Strecken hin geprägt hat, ist er eine der geschichtlichen Voraussetzungen heutiger atheistischer Tendenzen. Die Frage, ob sich dieser Begriff Gottes im Laufe der Zeit nicht auch mit der Projektion eines menschlichen Allmachtswahnes aufgeladen hat, muß geprüft werden. In diesem Zusammenhang ist es nicht uninteressant, zu wissen, daß sich nicht nur ein an Thomas orientiertes Denken gegen die im Sinne Ockhams verstandene absolute Macht Gottes wenden muß. Sie ist auch, wie J. Moltmann gezeigt hat, mit der Tradition reformierter Theologie unvereinbar, in welcher sie als nominalistische Spekulation betrachtet wird (Moltmann, 94).

Ockham war auch ein politischer Denker. In seinem »Opus nonaginta dierum«, einem in 90 Tagen verfaßten Werk, und im »Dialogus« bemüht er sich um eine Klärung des Verhältnisses von Eigentum und Gebrauch von Sachen im Rahmen einer Theorie des Naturrechtes. Dabei unterscheidet er zwischen der ursprünglichen Natur des Menschen, den konkreten Verhältnissen nach dem Sündenfall und geschichtlich gewordenen Verhältnisses mit den daraus erwachsenden Ansprüchen, die auf keinen Fall mit naturrechtlichen verwechselt werden dürfen. Anlaß dieser Auseinandersetzungen war ein schon lange schwelender Streit um das Armutsideal der Bettelorden, den Papst Johannes XXII. beenden wollte. Durch die Verurteilung des Satzes als Ketzerei, Christus und die Apostel hätten keinerlei Eigentum besessen, traf er vor allem die Franziskaner im Zentrum ihrer Lebensform, sowie ihrer Wirkungs- und Ausstrahlungskraft.

Dieser Streit führte Ockham zur Frage nach Wesen, Recht und Grenzen der Herrschaft in Kirche und Staat. Vieles von seiner scharfen Kritik geht mit den »Fürstenspiegeln« konform, einer im Mittelalter verbreiteten Literaturgattung. Aber Ockham untersucht auf einem theoretischen Hintergrund, der im 13. und 14. Jahrhundert weit verbreitet war, »immer wieder in hartnäckiger Kasuistik, was geschehen muß, wer was tun darf und wer es darum eben auch tun muß« Wichtig ist Ockhams Feststellung, daß in der Kirche auch die Laien in Sachen des Glaubens mitzureden haben und keineswegs nur vom Klerus zu belehren sind. Ähnlich haben die Angehörigen eines Volkes das Recht, an der Wahl des Königs oder Kaisers mitzuwirken, weil es dabei um ihre eigensten Belange geht. Ockham will eine Kirche und eine Gesellschaft freier Subjekte (Miethke, 224). Dabei soll das weltliche Gemeinwesen gegenüber der Kirche selbständig sein, da es eigenen Rechtes ist. Nach Ockhams Überzeugung steht der päpstliche Anspruch auf Oberhoheit über das politische Gemeinwesen, und damit über alle Angelegenheiten der Laien, weder mit dem Wesen der weltlichen Gesellschaft noch der Kirche in Übereinstimmung.

Diese Forderung nach Selbständigkeit des politischen Gemeinwesens steht in Entsprechung zu der Eigenständigkeit, welche die Philosophie im Zuge der Aristotelesrezeption für sich reklamiert hatte, seit die Artistenfakultät von Paris das Studium des Aristoteles 1255 verpflichtend gemacht hatte. Von da an emanzipierte sich die Philosophie von der Theologie und trat ihr schließlich mit dem Anspruch eines ausschließlich auf die Vernunft gestützten Entwurfes der Welt und des Sinnes menschlicher Existenz entgegen. Die Verurteilungen von 1277, so sahen wir, stehen damit im engen Zusammenhang. Die Verselbständigung der Philosophie gegenüber der Theologie und die Forderungen nach einer Befreiung des Staates von kirchlicher Vorherrschaft gelten als parallele Symptome des Werdens eines laikalen Kultur gegenüber der das Mittelalter bisher beherrschenden klerikalen (Imbach, 1989). In der Tat werden hier gemeinsame Tendenzen sichtbar. Die These von der klerikalen Kultur des Mittelalters muß aber, wenn man alle Kulturbereiche beachtet, wohl differenziert werden. Vor allem darf nicht vergessen werden: Besonders Ockham, welcher die Entklerikalisierung des Staates fordert, läßt das Kernstück der Philosophie, die Metaphysik, in ihrem thematischen Bestand erheblich schrumpfen, und zwar zugunsten des Glaubens und der Theologie. Die angebliche Befreiung der Philosophie erweist sich vom 14. Jahrhundert und seinen Folgen her eher als ihre Enthauptung.

Wilhelm von Ockham ist ein Hauptvertreter einer auf die Neuzeit hinüberweisenden Richtung. Er hatte nicht nur die Existenz von Universalien in den Dingen selbst geleugnet, sondern auch ihre Ideen im Geist Gottes. Das war eine Bedingung für die Voraussetzungslosigkeit des Willens in Gott. Von daher erhielt die Kritik traditioneller metaphysischer Grundannahmen in der Folgezeit einen breiten Raum. Sie bezieht sich besonders auf Kausalität, Substanz und vor allem auf die Zielgerichtetheit des Geschehens in der Natur. Auch liegen skeptische Tendenzen in der Konsequenz des ockhamistischen Nominalismus. Pierre de' Ailly, Gregor von Rimini, Johannes Gerson und Nikolaus von Autrecourt führen solche Denkanstöße weiter. Zweifellos haben sie dazu beigetragen, fundamentale naturwissenschaftliche Erkenntnisse der Neuzeit mit vorzubereiten. Johannes Buridanus, Albert von Sachsen und Nikolaus von Oresme sind hier vor allem zu erwähnen. Es ging um einen neuen, vom aristotelischen verschiedenen Begriff der Bewegung, um mathematische Probleme und um die Frage nach der fließenden

Form, d. h. ihrer Variationsbreite im Prozeß des Werdens und Vergehens eines Seienden.

4. Nikolaus von Kues

Das von Ockham ausgehende Denken gewann bis ins 15. Jahrhundert hinein einen beherrschenden Einfluß. Es drängte als »via moderna« die älteren scholastischen Schulen des Thomismus, Albertismus und Skotismus in den Hintergrund. Sie verloren sich häufig in Spitzfindigkeiten und unfruchtbaren Schulstreitigkeiten. Ein Beispiel dafür sind die Auseinandersetzungen von Thomisten und Albertisten in Köln (Stehkämper/Zender, 154ff). Auch an den Universitäten wurde überwiegend die via moderna gelehrt. Nikolaus von Kues blieb sowohl von ihr wie auch vom scholastischen Schulbetrieb unbefriedigt. Er vertiefte sich in die Tradition von ihren Quellen her und schafft eine neue, originelle Synthese, welche auf die Metaphysik der Neuzeit vorausweist. Wie seine Bibliothek im Sankt Nikolaus-Hospital in Kues zeigt, ist er von Proklos, dem Aeropagiten, Albertus Magnus, R. Lullus und Eckhart angeregt. Er schätzte auch Thomas von Aquin und empfahl ihn dem Klerus zum Studium (Meuthen, 20).

Nikolaus Cryftz (Krebs) wurde 1401 in Kues an der Mosel geboren. Bei den Brüdern vom gemeinsamen Leben in Deventer in Holland erhält er seine geistliche Prägung. Dort kommt er mit mystischen Bestrebungen in Berührung, lernt aber auch den Wert der alten Sprachen zu schätzen, so daß er an den humanistischen Tendenzen der Zeit teilgewinnt. In Heidelberg und Padua studiert er Naturwissenschaft, Mathematik, kanonisches Recht und Philosophie. In Köln studiert er Theologie und wird dort zum Priester geweiht. Seine Philosophie erhebt sich also auf einem breiten bildungsmäßigen Fundament. Als Doktor des Kirchenrechtes tritt er in die Dienste des Erzbischofs von Trier und wird dessen Gesandter an der römischen Kurie. Er nimmt am Konzil von Konstanz ab 1432 teil. 1438 gehört er zu einer Gesandtschaft, die sich am Hof des Kaisers in Konstantinopel um die Wiedervereinigung von Ost- und Westkirche bemühen sollte. 1448 wird er Kardinal und 1450 Bischof von Brixen. Zugleich ist er Visitator der deutschen Klöster. In Brixen gerät er in Streit mit Herzog Sigismund von Tirol, der ihn sogar gefangennehmen läßt. Der Kusaner starb 1464 zu Todi in Umbrien. Er ist in Rom begraben. Sein Herz befindet sich in Kues in der Kirche der Stiftung, die Nikolaus als Altersheim errichtet hatte.

Das erste Hauptwerk des Kusaners trägt den Titel »De docta ignorantia« (Über die gelehrte Unwissenheit). Es ist das Stichwort für sein gesamtes Denken. Diese wissende Unwissenheit hängt aufs engste mit dem Zusammenfall der Gegensätze im Unendlichen und daher in Gott zusammen. In einem Brief zu De Docta ignorantia berichtet Nikolaus, daß er bei der Rückkehr aus Griechenland auf hoher See eine erleuchtungsartige Einsicht erhalten habe. Ihm ging auf, man müsse »das Unbegreifliche unbegreiflicherweise ... in wissendem Nichtwissen« umfassen. Alle Bemühungen des menschlichen Geistes müsse dabei darauf gerichtet sein, »sich zu jener Einheit zu erheben, in der die Gegensätze zusammenfallen«. Damit taucht am Ende des Mittelalters der neuplatonische Einheitsgedanke noch einmal als philosophische Gotteslehre auf. Die göttliche Einheit ist übergegensätzlich. Was in der Welt neben- und gegeneinander steht, ist in Gott in einer alles umgreifenden Einheit eingefaltet. Er ist die coincidentia oppositorum, der Ineinsfall aller Gegensätze oder ihre complicatio, die Einheit, in der alles, was ist, eingefaltet ist. Das besagt, Gott ist die alles einschließende Fülle, das Größte, das »Maximum«. Ihm kann nichts Anderes gegenüberstehen. Er wird von Kusanus darum auch als das Nicht-Andere bezeichnet. Damit ist kein Pantheismus gemeint. Es geht vielmehr um das Aufgreifen der alten Einsicht: Alle Dinge präexistieren in der Einfachheit Gottes. Die Sonne, der Mensch, Himmel und Erde, die Tiere existieren in der Welt als je andere, voneinander verschiedene Seiende. In ihr sind sie Sonne, Tier, Mensch usw. Wenn gesagt wird, z.B. die Sonne, die wir am Himmel sehen, präexistiere in der Einheit des göttlichen Wesens, dann besagt das: In Gott ist die Sonne Gott und sie ist in ihm auch alles andere.

So ist in der Einheit Gottes alles auf göttliche Weise immer schon da, was wir in der Welt als entfaltete Vielheit vor Augen haben. Sie ist die Explikation, die Auseinanderfaltung der Einheit. Nikolaus glaubt nämlich, mit der Einfaltung von allem in Gott den tiefsten Grund der Möglichkeit der Welt freigelegt zu haben. Gott ist in seiner Einheit er selbst, darin zugleich aber alles, was überhaupt sein kann. Dieses innergöttliche Sein-Können ist nicht von Gott verschieden. Es ist er selbst. Daher kann Gott auch »possest« genannt werden, das »Könnensein«. An diesem Punkt schwenkt auch der Kusaner in die Exodus-Metaphysik ein, also die metaphysische Interpretation von Exodus 3, 14. Das biblische »Ich bin, der ich bin« ist für den Kuesaner mit dem »possest« identisch (De poss., 14).

Gott ist jenseits der Gegensätze, die Welt als von Gegensätzen bestimmt, muß als die Entfaltung seiner Einheit in die Vielheit verstanden werden. Das Sich-Erheben über die Gegensätze zu der ursprünglichen Einheit ist die entscheidende Einsicht des Intellektes. Nikolaus nennt sie »die heiß ersehnte Nahrung meiner Vernunft« und den Schatz, den sie in sich selbst findet (De vis. 16, III). In dieser Einsicht übersteigt der menschliche Geist die Fähigkeiten der Ratio. Sie bewegt sich im Bereich der Vielheit mit ihren Gegensätzen und ist daher durch das Widerspruchsprinzip bestimmt. Ihre logischen Operationen versagen vor der alles in sich einfaltenden Einheit. Indem wir die Vielheit übersteigen, gehen wir über unsere Fähigkeit hinaus, uns begrifflich in der Welt zurechtzufinden. Damit stoßen wir auf den Zusammenhang von Koinzidenz und wissendem Nichtwissen. Wir wissen, daß wir im Sinne der normalen Rationalität von der ursprünglichen Einheit, dem Nicht-Anderen, dem Könnensein nichts wissen können. Weil dieses Nichtwissen auf Einsicht beruht, ist es selber ein höchstes Wissen, das auch noch weiß, warum es nicht wissen kann. Das wissende Nichtwissen führt zu einer »visio«, als einer Schau. Sie geschieht aber »in dem Dunkel, in dem sich der verborgene Gott selbst vor den Augen aller Weisen verbirgt« (De poss., 74). Nikolaus faßt seine Grundeinsicht auch unter dem Gesichtspunkt der Schönheit. Ist die Welt in ihrer Vielheit zwar nicht im neuplatonischen Sinne aus Gott ausgeflossen, sondern Gottes Schöpfung, so beruht sie doch als Möglichkeit auf dem göttlichen Sein selbst und wird von ihm eingeschlossen. Steht es so, dann ist die Welt die Erscheinung des unsichtbaren Gottes (invisibilis dei apparitio), allerdings wie »im Spiegel- und Rätselbild« (De poss., 72). Nikolaus ist nicht müde geworden, immer neue Rätselbilder für den Ineinsfall der Gegensätze in Gott in der Welt aufzusuchen. Die Mathematik, Bewegungsabläufe, aber auch die Sprache liefern ihm dafür ihre Beispiele.

Von der Einheit aller Gegensätze in Gott und der Einfalt der Vielheit in ihm, fällt noch ein weiteres Licht auf den menschlichen Geist. Nikolaus versteht ihn nämlich als ein Bild dieser Einheit. Auch in ihm liegt eine unausgefaltete Einheit. Er vergleicht sie mit einem Samen, der Einheit, aus der die Zahlen hervorgehen, oder dem Punkt, aus dem sich die Ausdehnung entfaltet. Damit der Geist zur Ausfaltung dieser Einheit kommen kann, bedarf er der Erfahrung. Dabei werden die zunächst verworrenen Sinneseindrücke durch den Verstand unterschieden und geklärt. Dabei spielen Gattungen und Arten als Begriffe, welche Geschöpfe des Verstandes sind, eine wichtige Rolle. Es geht also ein apriorisches, in der Teilhabe des menschlichen Geistes an den göttlichen Ideen grundgelegtes Wissen an der Erfahrung aus sich heraus. Der Geist ist ein noch unentfalteter Mikrokosmos in jeweils individueller Gestalt. Urteile, die Sprache, Zahlen und Zahlenverhältnisse, aber auch Theorien sind schöpferische Produktionen des Geistes. Sie erhalten aber ihre Kraft durch die Teilhabe an Gott als der absoluten Uridee. Nikolaus vergleicht sie mit der Spitze eines fein geschliffenen Diamanten.

Zum näheren Verständnis der Welt bei Nikolaus müssen wir den für ihn zentralen Begriff der Kontraktion einführen. Es wurde schon deutlich: Die Welt ist die Ausfaltung der übergegensätzlichen Seinsfülle Gottes. Das besagt: In der Welt steht jedes Einzelwesen allen anderen als je besonders bestimmtes gegenüber. Es ist dieses oder jenes. Dieses bezeichnet der Begriff der contractio. In Gott ist alles das Eine und Selbe. Da alles an ihm als dem Nicht-Kontrahierten, Nicht-Anderen teilhat, muß jedes Kontrahierte in gewisser Weise alles andere sein. Alles ist im Unterschied von allem anderen es selbst und doch auch mit ihm zutiefst verwandt: »Jegliches ist in jeglichem«. Es ist, »was es ist, nur aus dem Gesamt der Verwirklichung alles übrigen und birgt im Sachverhalt seines Seins alle übrigen Verwirklichungen in sich«. Auf diese Weise ist »Gott in jeglichem und jegliches ist in Gott« (Volkmann-Schluck, 55). Er ist das Maximum in seiner unendlichen nicht kontrahierten Fülle, die Welt aber das Maximum als Gesamtbestand des Kontrahierten. Auf diese Weise ist das Universum das Gleichnis des Absoluten (similitudo absoluti). Diese im 4. und 5. Kapitel des zweiten Buches der »Docta ignorantia« vollzogene Interpretation der Welt steht in deutlicher Verwandtschaft zur Monadenlehre von Leibniz.

Naturwissenschaftlich folgt aus diesem Begriff des Universums der Sturz des aristotelischen Weltbildes. Nun gibt es im Universum kein Oben und Unten mehr, keine qualitativen Unterschiede der Himmelsphäre vom sublunarischen Bereich der Erde und auch keine vollkommenen Bewegungen der Himmelskörper im Unterschied zu den irdischen. Denn der Kosmos findet im Gedanken der Kontraktion zu einer Einheit, welche solche Unterscheidungen nicht mehr zuläßt. Bei Nikolaus von Kues wird die Welt in der Andersheit sozusagen zur ausgebreiteten Unendlichkeit, die von der reinen Unendlichkeit überall getragen wird und sie widerspiegelt. In diesem Sinne ist Gott die Mitte des grenzenlosen Universums. So geht ein metaphysischer Gedanke der Entwicklung des modernen astronomischen Weltbildes voraus. Giordano Bruno wird diesen Weltbegriff aufgreifen, aber ins Pantheistische wenden.

Der Unterschied der nicht kontrahierten Unendlichkeit Gottes und des Universums als Kontraktum liegt auch dem theologischen Grundgedanken des Kusaners zugrunde, seiner Lehre von Christus. Er ist als der Mensch gewordene Gott jenes absolute Maximum, das zugleich ein kontrahiertes Einzelwesen in der Welt ist. In ihm wird die Sinnlinie der Welt zur Vollendung gebracht. Denn über die

Anwesenheit der absoluten Unendlichkeit im kontrahierten Individuum hinaus kann es nichts Größeres mehr geben. In ihm sind ja die beiden alles bestimmenden Seinsweisen selber zur Einheit gebracht. Das muß bedacht werden, wenn man den Gedanken vom Religionsfrieden (De pace fidei) nicht mißverstehen will. Dieser Frieden könnte eintreten, wenn man die Einsicht von der Einheit des Glaubens in der Verschiedenheit seiner Ausformungen in den Religionen vollzieht. Sie verhalten sich zum Glauben wie die Vielheit der Dinge zu der ihr zugrunde liegenden Einheit. Diese ist Gott und zuletzt die Einheit von Gott und Welt mit Christus als ihrer Sinnspitze.

Literaturverzeichnis

Editionen und Übersetzungen

Peter Abaelard: *Opera theologica*. Hg. v. Buytaert, E. M., 5 Bde. Turnhout 1969 u. 1987. *Die philosophischen Schriften Peter Abaelards*. Hg. Geyer, B. (Logica »Ingredientibus«, sowie die Glossen zu Porphyrius, den Kategorien und zu Peri hermeneias, Münster 1919–1933. – *Dialectica*. Hg. v. de Rijk, L.M., Assen ²1970. – *Nosce te ipsum*. Die Ethik des Peter Abälard. Übers. v. Hommel, F., Wiesbaden 1947. – *Dialogus inter Philosophum, Judaeum et Christianum*. Hg. v. Thomas, R., Stuttgart 1970. – *Sic et non*. Hg. v. Boyer, B. u. McKeon, R., Chicago 1976/77. – *Die Leidensgeschichte und der Briefwechsel mit Heloisa*. *übers. v. Brost, E., Heidelberg* ⁴1979 und Darmstadt 1984. – *Theologia Summi boni*. Hg. u. übers. v. Niggli, U., Hamburg 1989.

Albert der Große: *Alberti Magni Opera Omnia*. Hg. v. Albertus-Magnus-Institut Köln, geleitet v. Geyer, B., seit 1978 v. Kübel, W., Münster 1952ff. – Eine umfassende Bibliographie der Werke Alberts findet sich im von der Stadt Köln zum 700. Todestag Alberts herausgegebenen Katalog, Köln 1980.

Alexander von Hales: *Summa universae theologiae*. 4 Bde. Quaracchi 1924–48. – *Glossarium in 4 libros Sententiarum Petri Lombardi*. 4 Bde. Quaracchi 1951–57. – *Quaestiones disputatae*. 3 Bde. Quaracchi 1960.

Al-Farabi: Arab. Ausg.: *Al-Farabis philosophische Abhandlungen*. Hg. v. Dieterici, F., Leiden 1890, übers. Leiden 1892.

Al-Kindi: *Treatise on the Intellect*. Hg. v. McCarthy, R.J., in: Islamic studies 3 (1964), 110–149.

Alkuin: PL 100 und 101 (PL = Migne, J.P. Patrologiae cursus completus, Series latina, 18, 44ff).

Anselm von Canterbury: *Opera omnia*. In 2 Bdn. Hg. v. Schmitt, F.S., Stuttgart-Bad Cannstadt ²1984. – *Proslogion*. Lat.-dt. Hg. v. Schmitt, F.S., Stuttgart 1962. – *Monologion*. Lat.-dt. Hg. v. Schmitt, F.S., Stuttgart 1964. – *De Veritate*. Lat.-dt. Hg. v. Schmitt, F.S., Stuttgart 1966. – *Cur Deus homo*. Lat.-dt. Hg. v. Schmitt, F.S., Stuttgart ²1970. – *Vier Traktate. Wahrheit und Freiheit*. Übers. v. Verweyen, H. Einsiedeln 1982. – *Kann Gottes Nicht-Sein gedacht werden? Die Kontoverse zwischen Anselm von Canterbury und Gaunilo von Marmoutiers*. Lat.-dt. übers., erl. u. hg. v. Mojsisch, B., mit einer Einl. v. Flasch, K., Kempten/Algäu 1989.

Pseudo-Dionysius Areopagita: *Die Namen Gottes*. Eingel. u. übers. v. Suchlar, B.R., Stuttgart 1988. – Die Übersetzungen ins Lat. von Abt Hilduin von Saint Denys (832) und J. Eriugena (867) in: PL 122, Sp. 1023–1194

Aurelius Augustinus: *De vera religione/Über die wahre Religion* (lat.-dt.). Übers. v. Thimme, W., Stuttgart 1983. – *De beata vita/Über das Glück* (lat.-dt.). Übers. v. Schwarz-Kirchenbauer, I. u. Schwarz, W., Stuttgart 1982. – *Bekenntnisse*. Hg. u. übers. v. Flasch, K. u. Mojsisch, B., Stuttgart 1989. – *Über den dreieinigen Gott*. Ausgew. u. übertr. v. Schmaus, M., München 1951. – PL, Bde. 32–47, Paris 1844/49. – *Vom Gottesstaat*, Buch 11 bis 22, eingeleitet und kommentiert von Andresen, C., München ²1978, 835)

Averroes: *Opera*. Hg. v. Thomas-Institut d. Univ. Köln u. Leitung v. Zimmermann, A. – *Corpus Commentatoriorum Averrois in Aristotelem*. Hg. v. Wolfson, H.A., Cambridge 1949ff.

Avicenna: *Opera* (lat.). Venedig 1508 u. Franfurt a.M. 1961. – *Avicenna latinus*. Hg. v. van Rieth, S. u. Verbeke, G., Louvain/Leiden 1968ff.

Roger Bacon: *Opus majus*. Hg. v. Bridges, J.H., 9 Bde. Oxford 1897–1900 u. Frankfurt a.M. 1964. – *Opus tertium. Opus minus. Compendium studii philosophiae*. Hg. v. Brewer, J.S., London 1859. – *Rogeri Baconis moralis philosophia*. Hg. v. Delorme, F. und Massa, E., Zürich 1953 (Teil VII des Opus majus).

Boethius: *Trost der Philosophie*. Hg. u. übers. v. Büchner, K., eingel. v. Klinger, F., Stuttgart 1971.

Boethius von Dacien: *Opera omnia*. Hg. v. Green-Padderson, N.G., Kopenhagen 1976. – *De summo bono. Das höchste Gut*. Übers. v. Flasch, K. in: *Geschichte der Philosophie in Text und Darstellung*. Bd. 2 Mittelalter, Stuttgart 1982, 363ff. – Dort auch die verurteilten Thesen von 1277, 358ff.

Bonaventura: *Opera omnia*. 11 Bde. Hg. v. Collegium S. Bonaventurae, Quaracchi 1882–1902. – *Die Zurückführung der Künste auf die Theologie*. Hg. u. übers. v. Kaup, J., (lat.-dt. Ausg.), München 1961. – *Itinerarium mentis in Deum*. Hg. u. übers. v. Kaup, J., (lat.-dt. Ausg.), München 1961. – *Das Sechstagewerk*. Übers. v. Nyssen, W., München 1964 (lat.-dt. Ausg.). – *Soliloquium de quattur mentalibus exercitiis./Alleingespräch über die vier geistlichen Übungen*. Lat.-dt. hg. u. übers. v. Hosse, J., München 1985.

Dante: *De monarchia*. Hg. v. Ricci, P.G., Mailand 1965.

Dietrich von Freiberg: *Opera omnia*. Bd. I–IV, hg. v. Mojsisch, B. u.a., Einl. v. Flasch, K., Hamburg 1977–85. – *Abhandlung über den Intellekt und den Erkenntnisinhalt*. Hg. u. übers. v. Mojsisch, B., Hamburg 1980.

Johannes Duns Skotus: *Opera omnia*. Hg. v. Barlic, C.U.A., Rom 1950ff. – *Abhandlung über das erste Prinzip*. Hg. u. übers. v. Kluxen, W., Darmstadt 1974.

Meister Eckhart: *Die lateinischen Werke*. Hg. v. Benz, E./Becker, B./Koch, J. u.a., Berlin/Stuttgart 1936ff. – *Quaestiones Parisienses*. Hg. v. Geyer, B., Bonn 1931. – *Die deutschen Werke*. Hg. v. Quint, J., Berlin/Stuttgart 1958ff. – *Das Buch der göttlichen Tröstung und Vom edlen Menschen*. Übers. v. Quint, J., Frankfurt 1961. – *Deutsche Predigten und Traktate*. Hg. v. Quint, J., München ⁵1978. – *Kommentar zum Buch der Weisheit*. Eingeleitet, übers. u erl. v. Albert, K., Sankt Augustin 1988.

Johannes Eriugena: *Unvollständige Gesamtausgabe*. PL 121. – *Periphyseon* (De divisione naturae) 1–3. Hg. v. Sheldon-Williams, J. P. / Bieler, L., Dublin 1968–81. Dt. *Über die Einteilung der Natur*. Noak, L., Leipzig 1874 u. Hamburg 1983. – *De divina praedestinatione*. Hg. v. Madec, G., Turnhout 1978. *Expositiones* in *Ierarchiam coelestem*. Hg. v. Barbet, J., Turnhout 1975. *Commentaire sur l'Evangile de Jean*. Hg. v. Jeauneau, E., Paris 1972.

Robert Grosseteste: *Die philosophischen Werke*. Hg. v. Bauer, L., Münster 1912.

Johannes von Salisbury: *Opera omnia*. PL 199. Metalogicon und Polycraticus. Hg., v. Wepp, C.C.J., 2 Bde. Oxford 1929 und 1909.

Hegel, G. W. F.: *Vorlesungen über die Beweise vom Dasein Gottes*. Hamburg 1966.

Heinrich von Gent: *Opera omnia*. Hg. v. Macken, R., Louvain 1979ff. – *Summa Theologica*. Hg. v. Buytaert, E.M., St. Bonaventure, N.Y. 1953. Quodlibeta.

Hugo von St. Viktor: *Opera omnia*. PL 175–177. – *Didascalicon de studio legendi*. Hg. v. Buttimer, C.H., Washington 1939. – Dt. Auswahlsammlung: *Die Viktoriner. Mystische Schriften*. Hg. u. übers. v. Wolff, P., Wien 1936. – *Richard von St. Victor*. PL 196. – *Die Dreieinigkeit*. Übers. v. Balthasar, H.U., Einsiedeln 1980.

Nikolaus von Kues: *Opera omnia*. Hg. v. der Heidelberger Akademie der Wissenschaften (noch unvollständig) – *Der Laie über die Weisheit*. Hg. v. Hoffmann, E., übers. v. Bohnenstaedt, E., (dt.), Hamburg [4]1962. – *Drei Schriften vom verborgenen Gott*. Hg. v. Bohnenstaedt, E., Hamburg 1967. – *De docta ignorantia/Die belehrte Unwissenheit*. Hg. v. Hoffmann, E./ Wilpert, P. u. Bormann, K., Buch I,2 u. 3, (lat.-dt.), Hamburg 1970 u. 1977. – *Compendium*. Hg., übers. u. eingel. v. Decker, B./Bormann, K., (lat.-dt.), Hamburg 1970. – *De conjecturis/Mutmaßungen*. Hg., übers. u. eingel. v. Koch, J. u. Happ, W., (lat.-dt.), Hamburg 1971. – *Trialogus de potest/Dreiergespräch über das Können*. Hg., übers. u. eingel. v. Steigers, L. u. R., (lat.-dt.), Hamburg 1973. – *Vom Nichtanderen*. Hg., übers. u. eingel. v. Wilpert, P., (dt.), Hamburg 1976. – *De beryllo/Über den Beryll*. Hg., übers. u. eingel. v. Bormann, K., (lat.-dt.), Hamburg 1977. – *Vom Globusspiel*. Hg., übers. u. eingel. v. von Bredow, G., (dt.), Hamburg 1978. – *De apice theoriae/Die höchste Stufe der Betrachtung*. Hg., übers. u. eingel. v. Senger, G.H., (lat.-dt.), Hamburg 1986.

Moses Maimonides: *Dux neutrorum* (Führer der Unschlüssigen). Übers. v. Weiß, A., Hamburg [2]1972.

Raimundus Lullus: *Opera latina*. Hg. v. Stegmüller, F.R., Bd. I–V. Palma de Mallorca 1959–67; Bd. VI–XI, Turnhout 1975–83. – *Logica nova/Die neue Logik*. Lat.-dt. v. Lohr, Th. u. Hösle, V., Hamburg 1985.

Saadia: *The Book of beliefs and opinions*. Übers. v. Rosenblatt, S., New York 1948.

Salomo Ibn Gabirol: *Fons vitae (lt.)*. Hg. v. Baeumker, C., Münster 1892–95. Dt.: *Die Lebensquelle*. Hg. v. Gehlhaar, S.S., übers. v. Lahann, O., Cuxhafen 1989.

Siger von Brabant: *Questiones sur la metaphysique*. Hg. v. Graiff, C.A., Louvain 1948. – *De aeternitate mundi*. Hg. v. Bazan, B., Brüssel 1972. – *Quaestines super Librum de causis*. Hg. v. Marlesca, A., Louvain 1972. – *Questiones in metaphysicam*. Hg. v. Dunphy, W., Louvain 1981.

Thomas von Aquin: *Opera omnia*. Die sogenannte »Editio Leonina« erscheint seit 1882 in Rom. Die meisten der in der »Leonina« erschienenen Werke des Thomas sind in der Casa Marietti (Turin/Rom) in einer Handausgabe zugänglich gemacht worden. – *Summa Theologica*. (Lat.-dt.) Hg. v. Christmann, H. u.a., Salzburg 1933ff, die sogenannte »Deutsche Thomas-Ausgabe«. – *Untersuchungen über die Wahrheit*. I. u. II., übers. v. Stein, E., Louvain/Freiburg 1952 u. 1955. – *Über das Sein und das Wesen*. Übers. v. Allers, R. (dt.-lat.), Darmstadt 1965. – *Summe gegen die Heiden*. I. u. II. Bd. Hg. v. Albert, K. u. Engelhardt, P., III, Teil 1 v. Algaier, K. u. Gerken, L., Darmstadt 1974, 1982 u. 1990 (lat.-dt.). – *Fünf Fragen über die intellektuelle Erkenntnis* (Quaestionen 84–88 des 1. Teiles der Summe der Theologie). Übers. v. Rolfes, E., (dt.), Hamburg 1977. – *Von der Wahrheit. De veritate. Quaestio I*, hg. u. übers. v. Zimmermann, A., (lat.-dt.), Hamburg 1986. – *Über den Lehrer. De magistro*. Hg. u. übers. v. Jüssen, G./Krieger, G./Schneider, J.H.J. m.e. Einl. v. Pauli, H., (lat.-dt.), Hamburg 1988.

Auswahlsammlungen: *Die menschliche Willensfreiheit*. Übers. v. Wehbrink, P. Hg. u. m. e. Einl. versehen v. Siewerth, G., (lat.-dt.), Düsseldorf 1954. – *Über das Böse*. Übers. u. eingel. v. Welte, B., (lat.-dt.), De ver. u. 12, a. 1,2,5–7. Freiburg 1959. – *Sentenzen des Thomas von Aquin*. Übers. v. Pieper, J., München 1965.

Unentbehrlich für die Orientierung im Werk des Thomas ist: *Schütz, L.: Thomas Lexikon,* [2]1958.

Wilhelm von Ockham: *Opera Theologica*. Hg. v. Gal, G. u.a. Bonaventure N.Y. 1967–88. – *Opera Philosophica*. Hg. v. Boehnen, Ph. u.a. Bonaventure N.Y. 1974–89. – *Texte zur Theorie der Erkenntnis und der Wissenschaft*. Hg. u. übers. v. Imbach, R., Stuttgart 1984. – Summe der Logik, aus Teil I: *Über die Termini*. Hg. u. übers. v. Kunze, P., Hamburg 1984. – *Dialogus*. Ausg. übers. u. erl. v. Miethke, J., Darmstadt 1992.

Geschichte der Philosophie in Text und Darstellung. Bd. 2 Mittelalter Hg. v. Flasch, K., Stuttgart 1982.

Monographien

Albert, K.: *Meister Eckharts These vom Sein, Untersuchungen zur Metaphysik des Opus tripartitum*. Kastellaun 1976.

Angenedt, A.: *Das Frühmittelalter*. Stuttgart-Berlin-Köln 1990.

Baeumker, C.: *Witelo*. Münster ^{2}1991, 407ff.

Beck, H.: *Der Akt-Charakter des Seins*. München 1965.

Borst, A.: *Barbaren, Ketzer und Artisten, Welten des Mittelalters*. München 1988.

Borst, A.: *Die Katharer*. Freiburg, Basel, Ulm 1991.

Brentano, F.: *Geschichte der Mittelalterlichen Philosophie*. Hamburg 1980.

Copleston, F.C.: *Geschichte der Philosophie im Mittelalter*. München 1976.

Craemer-Ruegenberg, I.: *Albertus Magnus*. München 1980, 60.

Dawson, C.: *Die Gestaltung des Abendlandes*. Köln 1950.

De Rijk, L.M.: *La philosophie au moyen Age*. Leiden 1985.

Flasch, K.: *Einführung in die Philosophie des Mittelalters*. Darmstadt 1987.

Flasch, K.: *Das philosophische Denken im Mittelalter von Augustin bis Machiavelli*. Stuttgart 1986.

Fried, J.: *Die Formierung Europas 840–1046*. München 1991, 46 und 48.

Fuhrmann, H.: *Einladung ins Mittelalter*. München 1987.

Gerl, H.B.: *Einführung in die Philosophie der Renaissance*. Darmstadt 1989.

Gilson, É: *Die Philosophie des Heiligen Bonaventura*. Darmstadt 1960. – *Heloise und Abaelard*. Freiburg 1955.

Gilson, E./Böhner, P. H.: *Christliche Philosophie*. Paderborn ^{3}1954.

Heidegger, M.: *Sein und Zeit*. 72 ff, besonders 76.

Held, K.: *Treffpunkt Platon – Philosophischer Reiseführer durch die Länder des Mittelmeers*. Stuttgart 1990.

Held, K.: *Heraklit, Parmenides und der Anfang von Philosophie und Wissenschaft*. Berlin/New York 1980.

Hengstenberg, H.E.: *Das Band zwischen Gott und Schöpfung*. Frankfurt/Main, ^{2}1991)

Hirschberger, J.: *Geschichte d. Philosophie* Bd. 1. Basel, Freiburg, Wien ^{9}1974.

Hübner, K.: *Kritik der wissenschaftlichen Vernunft*. Freiburg/München 1978. – *Warum gibt es ein wissenschaftliches Zeitalter?* Hamburg 1984. – *Die Wahrheit des Mythos*. München 1985.

Imbach, R.: *Laien in der Philosophie des Mittelalters*. Amsterdam 1989.

Kluxen, W.: *Philosophische Ethik bei Thomas v. Aquin*. Hamburg ^{2}1980.

Kovach, F.J.: *Die Ästhetik des Thomas von Aquin*. Berlin 1961.

Mieth, D.: *Die Einheit von Vita activa und Vita contemplativa in den deutschen Predigten und Traktaten Meister Eckharts und bei Johannes Tauler*. Regensburg 1969.

Perpeet, W.: *Ästhetik im Mittelalter*. Freiburg/München 1977, 92–96.

Pieper, J.: *Muße und Kult*. München 1948. – *Über das christliche Menschenbild*. München 1950. – *Philosophia negativa*. München 1953. – *Scholastik*,

Gestalten und Probleme der mittelalterlichen Philosophie. München 1960, 51. – *Das Viergespann, Klugheit-Gerechtigkeit-Tapferkeit-Maß.* München 1964. – *Thomas von Aquin, Leben und Werk.* München ³1986, 50f.

Podlech, A. : *Abaelard und Heloisa oder die Theologie der Liebe.* München-Zürich 1990.

Rahner, K.: *Geist in Welt.* Innsbruck/Leipzig 1939.

Rolfes, B.: *Die Philosophie des Thomas von Aquin.* Hamburg 1977.

Ruh, K.: *Meister Eckhart, Theologe – Prediger – Mystiker.* München 1985. – *Geschichte der abendländischen Mystik.* Bd. 1, München 1990.

Saint-Maurice, B.: *Johannes Duns Skotus.* Paderborn 1956.

Scherer, G.: *Welt – Natur oder Schöpfung?* Darmstadt 1990.

Siewerth, G.: *Das Schicksal der Metaphysik von Thomas zu Heidegger.* Einsiedeln 1959.

Simon, H.,Simon, M.: *Geschichte der jüdischen Philosophie.* München 1984.

Stuhlhofer, F.: *Naturforscher und die Frage nach Gott.* Berneck 1988.

Ueberweg, F.: *Grundriß der Geschichte der Philosophie.* Bd. II. Die patristische und scholastische Philosophie. Hg. von Geyer, B., Tübingen ¹²1951.

Van Steenberghen, F.: *Die Philosophie im 13. Jahrhundert.* München-Paderborn-Wien 1977.

Verweyen, H.: *Nach Gott fragen, Anselms Gottesbegriff als Anleitung.* Essen 1978, 14.

Volkert, W.: *Adel bis Zunft. Ein Lexikon des Mittelalters.* München 1991.

Volkmann-Schluck, K.H.: *Nikolaus Cusanus, Die Philosophie im Übergang vom Mittelalter zur Neuzeit.* Bd. 2. Frankfurt/Main 1968.

Vorländer, K.: *Geschichte der Philosophie mit Quellentexten.* Bd. 2 Mittelalter und Renaissance. Vollständig neu verfaßt von Beckmann, J. P., Reinbek bei Hamburg 1990.

Waldschütz, E.: *Denken und Erfahren des Grundes. Zur philosophischen Deutung Meister Eckharts.* Wien 1989.

Weisheipl, J.: *Thomas v. Aquin – Sein Leben und seine Theologie.* Graz, Wien, Köln 1980.

Welte, B.: *Meister Eckhart, Gedanken zu seinen Gedanken.* Freiburg-Basel-Wien 1979.

Artikel aus Zeitschriften

Albert, K./Kurt Flasch: Einführung in die Philosophie des Mittelalters. In: *Philosophischer Literaturanzeiger* 42, 1989, 384 ff.

Theologie und Philosophie. 49. Jahrg., Heft 2/3, 1974. Bonaventura, Thomas von Aquin, 1274–1974.

Beierwaltes, W.: Negati Affirmatio: Welt als Metaphor, Zur Grundlegung einer mittelalterlichen Ästhetik durch Johannes Scotus Eriugena. In: *Philosophisches Jahrbuch*, 83. Jahrgang Freiburg-München 1976, 237–265.

Borst, A.: Karl der Große und die Zeit. In: *FAZ*, 24. Dez. 1991, Nr. 298, S. N3.

Dreyer, M.: Was ist Philosophiegeschichte des Mittelalters? in: *Philosophisches Jahrbuch*. 98. Jahrgang 1991, 2. Halbband, 354–364.

Flasch, K.: Bilder und Zeiten. In: *FAZ*, Samstag, 08.02.1992, Nr. 33.

Kluxen, W.: »Charakteristik einer Epoche. Zur Gesamtinterpretation einer Philosophie des lateinischen Mittelalters«. In: *Wissenschaft und Weltbild* 28, 1975, 83–90.

Artikel aus Sammelwerken und Lexika

Platonismus in der Philosophie des Mittelalters. Hg. v. Beierwaltes, W., Darmstadt 1969.

Studien zum Problem der Identität. Hg. v. Scherer, G., u.a., Opladen 1982.

Baeumker, C.: Selbstdarstellung. In: Schmidt, R. (Hg.), *Die Philosophie der Gegenwart in Selbstdarstellungen*. Hamburg ²1923, 1–30.

Chenu, M.D.: Art. ›Scholastik‹. In: *Handbuch theologischer Grundbegriffe II*. Hg. von Fries, H., München 1963, 482 ff.

Cobusch, Th.: Philosophie, Mittelalter. In: *Historisches Wörterbuch der Philosophie*. Hg. von Joachim Ritter und Karlfried Gründer, Bd. 7. Darmstadt 1989, 633–656.

De Vogel, C.J.: Boethius. In: *Nimm und lies. Christliche Denker von Origenes bis Erasmus von Rotterdam*. Stuttgart 1991, 127–139.

Geldsetzer, L.: Philosophie der Philosophie. In: *Historisches Wörterbuch der Philosophie*. Hg. von Joachim Ritter und Karlfried Gründer, Darmstadt 1989. Bd. 7, 904–911.

Günther, H.: Neuzeit, Mittelalter, Altertum. In: *Historisches Wörterbuch der Philosophie*. Hg. von Joachim Ritter und Karlfried Gründer, Darmstadt 1984. Bd. 6, 782–798.

Heinzmann, R.: Thomas von Aquin. In: *Klassiker der Philosophie*. Hg. von Höffe, O. München 1981, Bd. 1, 198–219.

Hödl, L.: ›... sie reden, als ob es zwei gegensätzliche Wahrheiten gäbe‹. Legende und Wirklichkeit der mittelalterlichen Theorie von der doppelten Wahrheit. In: *Philosophie im Mittelalter*. Hg. von Beckmann, J.P., u.a., Hamburg 1987, 225–243.

Honnefelder, L.: Der zweite Anfang der Metaphysik. In: Beckmann, J. P. u. a. Münster 1987, 165–187.

Imbach, R.: Wilhelm von Ockham. In: *Klassiker der Philosophie I*. Hg. von Höffe, O., München 1981, 220–244.

Koch, J.: Art. ›Scholastik‹. In: RGG 5 ³1961, 1494ff.

Kluxen, W.: Die geschichtliche Erforschung der mittelalterlichen Philosophie und die Neuscholastik. In: *Christliche Philosophie im katholischen*

Denken des 19. und 20. Jahrhunderts. Hg. von Coreth, E. SJ, Neidl, W. M., Pfligersdorfer, G. Graz-Wien-Köln 1988, 362–390.

Kluxen, W: Thomas von Aquin und die Philosophie. In: *Thomas von Aquin im philosophischen Gespräch.* München 1975.

Kreuzer, J.: Divina Ignorantia – Vom Wissen der Weisheit bei Eriugena. In: *Probleme philosophischer Mystik.* Hg. von Jain, E. und Margreiter, R., St. Augustin 1991, 197–210.

Kreuzer, J.: Natur als Selbstwerdung Gottes. In: *Miscellanea Mediaevallia.* Hg. von Zimmermann, A., Bd. 21/1: Mensch und Natur im Mittelalter, Berlin, New York 1991, 3–19.

Mieth, D.: Meister Eckhart. In: *Nimm und lies. Christliche Denker von Origenes bis Erasmus von Rotterdam.* Hg. von Hans Freiherr von Campenhausen, Stuttgart 1991, 270–306.

Nipperdey, T.: Luther und die moderne Welt. In: *Nachdenken über die deutsche Geschichte.* München 1986, 36–51.

Panofsky, E.: Zur Philosophie des Abtes Suger von Saint-Denis. In: *Platonismus in der Philosophie des Mittelalters.* Hg. von Beierwaltes, W., Darmstadt 1969, 109–120.

Ritter, A.M.: Dionysios Areopagites. In: *Nimm und lies. Christliche Denker von Origenes bis Erasmus v. Rotterdam.* Stuttgart 1991, 111–126.

Scherer, G.: Identität und Sinn. In: *Studien zum Problem der Identität.* Hg. v. Scherer, G., u.a., Opladen 1982, 1–203. – Die Unbegreiflichkeit Gottes und die Trinität bei Thomas von Aquin. In: *Im Gespräch mit dem dreieinigen Gott, Elemente einer trinitarischen Theologie.* Hg. v. Böhnke, M. u. Heinz, H., Düsseldorf 1985, 258–275.

Schmiedinger, H.M.: ›Scholastik‹ und ›Neuscholastik‹ – Geschichte zweier Begriffe. In: *Philosophie im katholischen Denken des 19. und 20. Jahrhunderts.* Hg. von Coreth, E. SJ, Neidl, W.M., Pfligersdorfer, G., Bd. 2, Rückgriff auf scholastisches Erbe, Graz, Wien, Köln 1988, 23–53.

Schrimpf, G.: Zum Begriff der scholastischen Philosophie. In: *Philosophie im Mittelalter.* Hg. von Beckmann, J.B., Honnefelder, L., Schrimpf, G. und Wieland, G., Hamburg 1987, 1–25.

Wieland, G.: Weisheit, Dialektik, Wissenschaft. In: *Thomas von Aquin im philosophischen Gespräch.* Hg. von Kluxen, W., Freiburg/München 1975, 204–210.

Wieland, G.: Rationalisierung und Verinnerlichung. Aspekte der geistigen Physiognomie des 12. Jahrhunderts. In: *Philosophie im Mittelalter.* Hg. von Beckmann, J.P., Honnefelder, L., Schrimpf, G. und Wieland, G., Hamburg 1987, 61–79.

Artikel Scholastik. In: Brugger, W.: *Philosophisches Wörterbuch.* 14. Aufl., Freiburg-Basel-Wien 1976, 335ff.

Namenregister

Sachregister

Angaben zum Autor

Georg Scherer, geb. 1928; Studium der Philosophie, Germanistik und katholischen Theologie; Dissertation über Max Scheler; seit 1965 Professor für Philosophie an der Universität Gesamthochschule Essen. Veröffentlichungen im Bereich der philosophischen Anthropologie und der Metaphysik.

Sammlung Metzler

Printed in the United States
By Bookmasters